佛山市教育科学规划2017年度高校专项课题"中学思想政治课程的公共参与素养培育研究"（课题编号：FSGH201706）

广东高校思政课区域协同创新中心（佛山科学技术学院）2022年度协同创新建设成果之一

九州文库

中学生公共参与素养育成研究

林瑞青　樊谨超　钟桂莹　著

九州出版社
JIUZHOUPRESS

图书在版编目（CIP）数据

中学生公共参与素养育成研究／林瑞青，樊谨超，
钟桂莹著．--北京：九州出版社，2022.6
ISBN 978-7-5225-0982-2

Ⅰ.①中… Ⅱ.①林… ②樊… ③钟… Ⅲ.①中学生
—思想政治教育—教学研究 Ⅳ.①G631

中国版本图书馆 CIP 数据核字（2022）第 102594 号

中学生公共参与素养育成研究

作　　者	林瑞青　樊谨超　钟桂莹　著
责任编辑	黄明佳
出版发行	九州出版社
地　　址	北京市西城区阜外大街甲 35 号（100037）
发行电话	（010）68992190/3/5/6
网　　址	www.jiuzhoupress.com
印　　刷	唐山才智印刷有限公司
开　　本	710 毫米×1000 毫米　16 开
印　　张	16.5
字　　数	315 千字
版　　次	2022 年 6 月第 1 版
印　　次	2022 年 6 月第 1 次印刷
书　　号	ISBN 978-7-5225-0982-2
定　　价	95.00 元

前　言

　　《中学生公共参与素养育成研究》一书，是广东省佛山市教育科学规划2017年度高校专项课题"中学思想政治课程的公共参与素养培育研究"（课题编号：FSGH201706）的最终成果。

　　本著作是林瑞青教授、樊谨超博士及所指导的硕士研究生的共同成果。本项目研究始于2018年，后因2016级教育硕士（学科教学·思政）研究生毕业、2017年和2018年暂停本专业研究生招生培养，研究工作暂时搁浅。2019年起，教育硕士（学科教学·思政）恢复招生，有了研究的新生力量，便接续展开研究和写作。时光荏苒，在林瑞青教授、樊谨超博士及所指导的研究生的共同努力下，终于大功告成。

　　本著作由林瑞青教授拟定研究大纲章节、梳理详细写作内容、明确学术写作规范，并展开撰写指导和修订；佛山科学技术学院马克思主义学院樊谨超博士直接参与了本项目研究和书稿写作；钟桂莹、黄新怡两位研究生付出了辛勤劳动，参与了书稿写作并对书稿进行了初步编辑和修改；林瑞青教授对全书进行了最后修改和审定。本书初稿分工如下：

　　第一章、第二章：樊谨超、钟桂莹；

　　第三章：钟桂莹；

　　第四章：姚家杰、钟桂莹；

　　第五章：覃潇灵、沈永丹、钟桂莹；

　　第六章、第七章：黄新怡、闫露露、钟桂莹。

　　囿于理论水平，本项目研究尚有一些不足之处，虔请大方之家批评指正。

目 录
CONTENTS

第一章

核心素养：新时代中学思想政治课程的育人目标

　　随着全球化和信息化发展迅猛，世界各国开始关注和研究现代教育应培养学生具备的核心素养，并逐渐形成各具特色的核心素养框架。核心素养指学生应具备的适应终身发展和社会发展需要的必备品格和关键能力，突出强调个人修养、社会关爱、国家情怀，更加注重自主发展、合作参与、创新实践。《中国学生发展核心素养》指出，我国以培养"全面发展的人"为核心，将学生发展核心素养分为文化基础、自主发展、社会参与三个方面，公共参与素养作为学生实现个体发展与适应社会发展的关键，是新时代中学生必不可少的核心素养。中学思想政治课程作为落实立德树人根本任务的关键课程，以政治认同、科学精神、法治意识和公共参与为学科核心素养，其中，公共参与素养是学生发展核心素养在社会参与方面的具体发展，也是中学思想政治课程基本理念和育人目标的集中体现，四大核心素养存在内在逻辑关系，有机统一于中学思想政治教育全过程。在中学思想政治课程中培育公共参与素养既符合课程自身属性的内在发展，又是适应现实需要作出的必然选择，对实现其育人目标具有重要意义。

第一节　中学思想政治课程的基本属性及其育人目标

一、中学思想政治课程的基本属性

（一）课程性质与内容

中学思想政治课以立德树人为根本任务，是帮助学生明确思想政治方向，增强其社会理解和参与能力、提高法律与道德修养的公民教育课程。课程的性质是开展马克思列宁主义、毛泽东思想、邓小平理论、"三个代表"重要思想、科学发展观、习近平新时代中国特色社会主义思想的基本理论教育，以中国特色社会主义物质文明、政治文明、精神文明建设常识为基本内容，引导学生紧密结合经济、政治、文化生活，通过理论学习和社会实践的过程领悟辩证唯物主义和历史唯物主义的基本观点和方法，切实提高学生参与新时代社会生活的能力，逐步树立建设中国特色社会主义的理想信念，在中学阶段逐渐形成正确的世界观、人生观、价值观，为终身发展奠定思想政治素质基础。

在初中阶段，主要开展道德教育、民主和法治教育、纪律教育，以社会生活为切入点，剖析社会发展规律，同时进行社会主义人道主义的道德品质和高尚的审美情趣教育，让学生充分认识社会主义民主、社会主义法治和民主集中制原则，树立遵守法律和纪律法规的概念，从而初步理解我国社会主义社会的发展历程与实际情况，提高其政治认同与法治意识，增强社会责任感与历史使命感。

《普通高中思想政治课程标准（2017 年版，2020 年修订）》规定高中思想政治学科的课程性质为："高中思想政治课程是落实立德树人根本任务的关键课程，以培育社会主义核心价值观为目的，是帮助学生确立正确的政治方向、提高思想政治学科核心素养、增强社会理解和参与能力的综合性、活动型学科课程。"[①] 它既是初中道德与法治课程与高校思想政治理论课程之间的衔接桥梁，又集学科综合性、意识形态引领性和社会参与实践性于一体，与学校德育管理工作、其他人文学科教学工作相互补充。

高中阶段要进行初步的社会经济学和其他社会科学常识教育。通过理论教育与实践教学，教师讲授马克思主义基本原理，让学生初步学会运用马克思主义的观点、方法分析去观察社会现象、解决具体问题、探索基本规律，认识马克思主义中国化的最新成果，充分理解中国特色社会主义进入了新时代的历史新阶段，通过了解新时代中国特色社会主义经济、政治、文化、社

---

① 中华人民共和国教育部：《普通高中思想政治课程标准（2017 年版，2020 年修订）》，人民教育出版社，2020，第 1 页。

会、生态文明等发展、建设进程，逐步树立共产主义远大理想和为中国特色社会主义现代化建设而奋斗的目标，坚定学生的中国特色社会主义道路自信、理论自信、制度自信、文化自信，基本形成正确的世界观、人生观、价值观，深刻认识人生的意义，理解物质和精神、个人与集体、权利和义务、主观和客观、革命和传统等问题的对立统一关系。

（二）课程的学科特点

思想政治学科具备鲜明的阶级性、知识性、主导性和实践性。思想政治学科属于无产阶级的科学理论体系，以马克思列宁主义、毛泽东思想和中国特色社会主义理论体系为教学基本内容。在育人的过程中始终坚持以马克思主义为指导思想，以马克思主义基本原理为根本哲学，以中国特色社会主义理论体系为主要内容，坚持唯物主义、辩证法与无产阶级思想，反对唯心主义、形而上学与资产阶级思想。坚定的无产阶级政治观与立场、高尚的共产主义思想道德与明确的中国特色社会主义核心价值观充分体现学科的鲜明的阶级性。

知识性是思想政治教育课程的固有属性。思想政治课必须传授以马克思主义为指导的社会科学相关知识，并且是通过一定的教学方式与载体使学生获得知识的同时进行思想教育、政治教育和道德教育。中学课程的教学以课堂教学为主，社会实践为辅，将理论知识与实践实训相结合，紧密结合青少年不同时期的思想、知识、心理、生理发展特点，循序渐进、由浅入深通过有目的、有计划、有组织的教学行为直接地或间接地向学生传授马克思列宁主义、毛泽东思想等的理论知识，从而形成了系统的、科学的政治思想教育和道德品质理论体系与教学方式，其理论知识性与其他思想政治教育、管理工作的教育性具有本质区别。

中学生思想政治课以思想政治教育和品德教育为根本教育目的，培育学生政治认同、科学精神、法治意识和公共参与的核心素质，从而具备正确的社会认知和一定的社会参与能力，初步形成符合新时代中国特色社会主义的世界观、人生观和价值观，为今后的成长与发展奠定意识形态基础，具备鲜明的主导性。

实践性体现于思想政治课是随着马克思主义中国化的进程不断发展丰富

起来的，是中国共产党领导人民在长期的革命斗争中不断探索尝试，在中国特色社会主义现代化建设的不断实践总结中发展起来的，其教学理论、方式方法、课程设置与教学内容随着世界格局转变、社会变革与受教群体特征变化而不断丰富与创新。思想政治学科在中国不同历史阶段中不断地研究社会实践，提出新的问题，积累新的经验，总结新的规律，用理论结合实践的方式指导学生运用所学的马克思主义理论指导自己的行动，形成正确的认知。

二、中学思想政治课程的育人目标

（一）育人总体目标

总体而言中学思想政治课程是让学生认识中国共产党是中国特色社会主义事业的领导核心，马克思列宁主义、毛泽东思想、邓小平理论和"三个代表"重要思想、科学发展观与习近平新时代中国特色社会主义思想是中国共产党的指导思想，习近平新时代中国特色社会主义思想是马克思主义中国化的最新成果，中国特色社会主义物质文明、政治文明、精神文明建设是课程的基本内容，教学过程中需引导学生了解中国特色社会主义现代化建设，同时学习与运用马克思主义基本观点和方法认识问题，分析问题和解决问题。在此过程中让学生具备在现代社会生活中应有的自主、自立、自强的能力和态度，集爱国主义、集体主义和社会主义思想情感于一身，初步形成正确的世界观、人生观和价值观。具体的育人目标分为育人的知识目标、能力目标、情感、态度与价值观目标。

（二）育人知识目标

在知识育人方面，要让学生在认识到中国共产党始终代表先进生产力的发展要求，代表先进文化的前进方向，代表最广大人民的根本利益的基础上，理解新形势下发展中国特色社会主义市场经济、社会主义民主政治、社会主义先进文化的意义与当代中国的公民道德建设和法治建设的基本要求，同时掌握在新时代下运用辩证唯物主义和历史唯物主义认识和把握社会发展规律的相关知识，为正确地选择人生发展道路奠定理论基础。

（三）育人能力目标

让学生在新的形势与不断变革的社会环境中提高用马克思主义立场、观点和方法面对实际问题，做出正确的价值判断和行为选择的能力；具备主动参与社会经济、政治和文化生活的基本能力与采用现代信息技术等方式方法收集、筛选社会信息的基本技巧；在社会生活中掌握正确处理竞争、合作关系的基本方法，同时增强依法律己、依法办事，有效维护自身权益的能力，为未来的自主学习、选择和探索奠定能力基础。

（四）育人情感、态度与价值观目标

课程目标以理想信念教育为核心，让学生在思想意识上形成以爱国主义为核心的民族精神，热爱中国共产党、热爱祖国与人民，增强民族自尊心、自信心和自豪感，坚定走中国特色社会主义道路的信念，树立为实现中华民族伟大复兴而奋斗的志向；在社会生活中关注社会发展，积极参加社会实践，做到诚实守信，增强社会责任感、民主法治观念与培养公民意识，同时热爱集体、乐于助人，倡导团结友善的精神；在个人的学习生活上乐于学习、尊重科学、追求真理，具备科学态度和创新精神，尊重世界各民族的优秀文化，关注全人类的共同利益，培养世界眼光，同时要热爱生活，积极参加健康有益的文化活动，保持昂扬向上的精神状态，追求更高的思想道德目标。

第二节　思想政治课程对中学生学科核心素养之培育

一、思想政治学科核心素养

学科素养是将核心素养融入学科教育之中，学科核心素养"是学生通过学科学习而逐步形成的正确价值观、必备品格和关键能力"[1]。它是统一了学科知识、学科能力、学科情感态度价值观等三维目标的综合概念。学科核心素养体现了"以人为本"的教育理念，是深化素质教育改革的重要成果，具体而言它是以学科知识和技能为基础，整合了情感与价值观而形成的综合

---

[1]　中华人民共和国教育部：《普通高中思想政治课程标准（2017年版，2020年修订）》，人民教育出版社，2020，第4页。

性的、内化的品质或能力，在发现问题、认识问题、分析问题、解决问题和总结经验的过程中体现学生的核心素养水平。

根据课程标准对学科核心素养概念的理解，高中思想政治学科核心素养是指中学生在思想政治课程中通过理论与实践学习，"逐步形成的正确价值观、必备品格和关键能力"①。具体来说，高中思想政治学科核心素养不但要体现学科思维与能力，更要通过思想政治课程知识、技能、情感价值观的传递，使中学生形成具有正确方向性的知识、能力、态度、道德观念和情感价值等，成为有信仰、有思想、有尊严、有担当的个体。课程标准指出，高中思想政治核心素养包括四个要素：政治认同、科学精神、法治意识和公共参与。这四个要素在内容上相互融合，逻辑上相互依存，总体而言明确了中学思想政治课程需要为中学生树立正确的政治方向、形成正确的价值观念、提高法治观念和法律意识、增强社会参与的意识与能力。这与其他学科核心素养有本质区别，其重点不在于突出课程需要教授、传递的具体知识、技能素养，而在于强调教育教学的方向，制定了具有思想政治学科核心素养的中学生标准与培养学生的基本要求。它集中反映了新一轮课程改革背景下中学思想政治课以发展素质教育为改革方向与"以人为本"的教育理念，全面展现了中学思想政治学科对学生未来发展的重要价值。

二、思想政治学科核心素养的构建依据

（一）构建依据

1. 新时代发展需要

党的十九大提出中国特色社会主义进入了新时代，中国共产党领导人民取得了改革开放和社会主义现代化建设的历史性成就，我国社会主要矛盾也已经发生了变化，生产力的发展与生产关系的调整必然会让社会生产方式、经济模式等产生变革，科技的迅速发展、产业的不断升级、社会的复杂多变、职业的加速更新换代和多元的价值观让人才的竞争更为激烈，人才的需求从过去的"专、精"综合性人才变成现在的"多、专、精"创新创业型人

---

① 中华人民共和国教育部：《普通高中思想政治课程标准（2017年版，2020年修订）》，人民教育出版社，2020，第4页。

才。新时代下人才需要具备创新创业思维与能力，需要在各方面、各领域具备发展的可能性以应对社会的快速变革，因此教育的变革发展随之而来。我国的教育方针从 20 世纪 50 年代社会主义建设初期的"培养德智体全面发展，有社会主义觉悟和有文化的劳动者"到党的十九大提出的"要优先发展教育事业，坚持以学生为本的教育理念，坚持发展素质教育的改革方向，落实立德树人的根本教育任务"，再到全国教育大会强调的"坚持中国特色社会主义教育发展道路，培养德智体美劳全面发展的社会主义建设者和接班人，教育已成为提高人民综合素质、促进人的全面发展的重要途径"。教育方针与理念随着时代发展、国情需要逐渐深化与完善，核心方向是培养全面发展的人才为中国特色社会主义现代化建设服务。培养"全面发展的人才"是思想政治教育核心素养的构建理念，社会政治性质与为现代化发展做贡献确立了教育的重要方向和功能，也正是思想政治课程的性质的体现。中学政治学科作为宣传和学习马克思主义理论、中国特色社会主义理论的主要学科，肩负着培养学生政治认同、法治意识、道德品质、理性认知等素养的责任。

2. 思想政治学科本质要求

中学思想政治学科的本质决定了其核心素养必须包括政治认同、价值认同等素养。中学思想政治课是以马克思主义理论为基础，培养社会主义公民素养的人文社会课程，是具有政治性、思想性和实践性等的综合课程，学生通过课程的学习需要树立正确的政治方向与坚定的理想信念，形成科学的世界观、人生观和价值观。对中学生而言首要是培养具有社会主义觉悟和品德的现代公民，因此政治教育、道德教育与法治教育是重中之重。与此同时科学的世界观、人生观和价值观的形成离不开理性思维与科学精神，在不断地实践认知的过程中才能正确处理各类问题，在个人成长中正视自身优缺点，正确处理各类社会关系。最后作为中国社会主义现代化事业的未来建设者，中学生必须要承担起维护和发展社会主义制度和社会秩序的历史使命与时代责任，因此在学生个体社会化的过程中要学会根据社会的要求与行为规律，提高自身有序参与社会生活的能力，在此过程中中学思想政治学科的实践教育起着重要的统领作用。

思想政治学科的课程教育需具有知识传递、能力培养与思想教育三大功能，与传统的知识性文化教育、科学教育不同的地方在于该课程教育需要结合时代特征、国家需要、社会发展与个人成长需求等内容进行鲜活的、生动的理论传承、思想引领与行为实践。因此中学的思想政治课程的教育价值不但体现为完成知识的传授，更体现为要对学生进行有效的政治观与价值取向的引导，强调情感认同、身份认同，实现行为的规范与有序，最终实现内在意识精神与外在行为相统一。具体而言，思想政治课程一是要对学生进行马克思主义理论教育，普及社会生活基本常识与规范其社会行为，使学生掌握思想政治学科的基本知识和基础技能。二是要对学生进行思想教育，引导学生关注、思考和热爱生活，树立正确的人生观与价值观，为学生的终身发展积累一定的意识形态素养，使其情感态度价值观积极向上。最后是提高学生认识、分析和解决社会或自身问题的思维与能力，培养和提高学生参与政治、经济和文化生活的意识和素养，增强参与社会生活的能力和水平。

3. 教育对象的群体特征

中学阶段是人生观、价值观和世界观初步形成的重要时期，也是个体社会化的起始阶段，学生个体在生理、心理上逐渐向成人过渡，根据中学生的心理特征与成长规律，该群体具备众多明显的群体特征，其中三项群体特征与意识形态及思想政治教育密切相关。一是生理与心理趋向成熟。生理上身体迅速发育，逐渐具备参与社会生活的行为能力，心理上"成人感"增强，从依赖家庭、父母向追求独立自主过渡、从幼稚走向成熟，有较强的自尊心，同时群体效应明显，易受他人影响，情绪起伏较大。二是理性的认知思维与自我意识逐渐形成。该群体智力发育逐渐成熟，记忆类型由机械记忆进一步向意义记忆转变，同时思维模式的理论化水平不断提高，认知与理解能力逐渐趋于成熟，思辨能力提高，形成理智的自我意识，对学习、生活、社会等具象或抽象事物有一定的整合、归纳、认知能力，可以初步形成个人经验与价值判断。三是对未来规划的逐步形成。人生观和价值取向的逐步清晰，开始有自觉选择未来发展方向的意识。中学时期对学习安排、时间规划、兴趣爱好甚至职业倾向的自觉性逐渐增强，理想信念逐渐明确，对未来产生一定的思考与规划。因此在完成高中的教育后无论学生是继续深造还是进入社会，中学阶段形成的思想政治核心素养都为其正确的世界观、人生观、价值观及科学的认知思维与行为规范奠定重要的基础。

随着科技全球化、信息全球化及文化全球化的程度加深，中学生的群体特征增大了意识形态工作中的思想政治教育难度。因素包括以下三点：一是多元的价值取向影响着学生的思想意识。随着我国进入新时代的深化改革时期，社会深层次的矛盾逐渐显露，与此同时西方多元的社会思潮与民族文化通过互联网或相关媒介传入中学生群体，潜移默化地影响着青少年学生的成长，冲击着社会主义意识形态，如拜金的价值取向、享乐的人生态度等等。二是信息媒介话语权的争夺竞争加大。随着 5G 时代的到来，信息的传递渠道将更丰富、传播的速度将更快速，同时信息的有效性大大降低、失真效应将更显现。因此传统互联端、移动互联端、社交平台、传统媒介等领地的话语权争夺、流量的争夺及虚拟意识形态阵地建设将直接影响着对中学生的思想引领效能。三是中学生随着自我意识的快速形成，在其发展过程中将会遇到诸多矛盾和困难。高中生的思想活跃，接受新鲜事物能力较强，但其理性思维与辨析能力尚不成熟，认识和处理问题的过程中容易片面化、极端化和情绪化。同时随着生理上的不断成熟，心理世界也变得越来越复杂，内心会充满矛盾与焦躁。因此在中学思想政治课程的学科核心素养培养中，要遵循其生理、心理发展规律，结合客观的时代因素、社会因素，了解学生内在的思想特点和外在行为方式，既要对其情感和思想上的波动进行引导，包括引导树立正确的政治观念与价值观念，养成以法治意识与良好的道德情操，又要对其行为进行有效干预与培养，包括认知上培养科学精神，提高辩证思维能力，实践上规范参与社会生活的行为方式，为他们有序的社会参与奠定良好的素养和能力。

（二）学科核心素养构建内容

教育部普通高中课程标准修订组基于"高中思想政治课程是落实立德树人根本任务的关键课程，以培育社会主义核心价值观为目的，是帮助学生确立正确的政治方向，提高思想政治学科核心素养、增强社会理解和参与能力的综合性、活动型学科课程"[1]的课程性质，从我国现行的教育方针出发，综合考虑时代特征、社会因素与中学生年龄特点，凝练了高中思想政治学科

---

① 中华人民共和国教育部：《普通高中思想政治课程标准（2017 年版，2020 年修订）》，人民教育出版社，2020，第 1 页。

核心素养的四个要素，即"政治认同""科学精神""法治意识""公共参与"。中学思想政治课程是包含了多方面社会生活的综合性学科课程，旨在实现个人的社会化教育，提升中学生的公民素养。思想政治学科核心素养四要素是对公民教育及衡量标准的集中体现，他们既各有侧重、相互区别，又相互支撑、共通共融，贯穿于中学思想政治课程教育教学全过程。

1. 政治认同

根据《大辞海：政治学·社会学卷》的解析，政治认同是"在社会中人们常会在一定的社会政治关系中确定自己的身份，如把自己看作某一国家或某一地区、某一阶级或某一政党的成员，并自觉或不自觉地以某一政治角色的要求来规范自己的行为"①，简单来说即人们在长期的社会政治生活中形成的一种归属感与身份认同感，包括对国家、政党、制度、民族、文化、价值等多面的认同。

习近平在全国教育大会上强调"在坚定理想信念上下功夫，教育引导学生树立共产主义远大理想和中国特色社会主义共同理想，增强学生的中国特色社会主义道路自信、理论自信、制度自信、文化自信，立志肩负起民族复兴的时代重任②"，可见政治认同是思想政治学科中首要的学科核心素养。新课标中学科核心要素的政治认同内涵是"我国公民的政治认同，就是拥护中国共产党的领导，坚持和发展中国特色社会主义，认同中华人民共和国、中华民族、中华文化，弘扬和践行社会主义核心价值观"③。该定义明确指出思想政治课程中学生需对政党、中国特色社会主义与社会主义核心价值观产生认同感，自觉地从国家、民族、文化等角度进行身份认同。

政党认同是中学生政治认同的前提。政党是国家政治系统运行的中坚力量，其核心本质是人民的权力的委托组织，肩负着衔接政府与人民的责任。要实现中国共产党的政党认同一是要对党的运行产生价值认同，充分认可党的无产阶级性质，并理解中国特色社会主义的政治理论、信仰、方针等相关

---

① 夏征农、陈至立：《大辞海：政治学·社会学卷》，上海辞书出版社，2010，第17页。
② 吴晶、胡浩：《习近平在全国教育大会上发表重要讲话》，《陕西教育（高教）》2018年第10期，第82页。
③ 中华人民共和国教育部：《普通高中思想政治课程标准（2017年版，2020年修订）》，人民教育出版社，2020，第4页。

内容；二是认同党运作的主体和方式，即认同政党的政治属性与党员的政治形象，认同我国法律、党章、道德行为规范等形式的制定，认同中国共产党的行为准则和办事程序；三是认同党的绩效，认同中国共产党带领人民取得的历史伟绩，认同当前党提出的方针国策及其实行效果。具体而言，主要是通过核心素养的培养引导学生积极拥护党的领导，充分认可中国共产党是最高政治领导力量，也是取得现代化建设成果的重要保障。党的领导是中国特色社会主义的本质特征和最大的优势，与西方国家的执政党相比，共产党的不断完善与加强领导，让其力量辐射范围更广，影响程度更深，凝聚力更强，这也是中国特色社会主义现代化经济、政治、文化能够平稳、快速发展、社会繁荣稳定、人民幸福的根本原因。因此作为政治认同的先决条件，培育学生中国特色社会主义政治认同的首要任务是提升学生对中国共产党的认同。

中国特色社会主义认同是中学生政治认同的主要内容。中国特色社会主义是改革开放以来中国共产党领导人民不断实践总结获得的宝贵经验与成就，它是新时代中国发展进步的根本方向，其包含了政党、文化、民族、价值观等一系列中国发展的政治性问题，具有方向性、理论性与系统性的特征，因此由道路认同、理论体系认同和制度认同共同构成。中国特色社会主义道路是立足于我国基本国情，在和平与发展的大时代背景下，社会主义建设的初期探索与改革开放的不断摸索中逐步形成的，是实现中华民族伟大复兴的科学道路，是实现国家富强、民族繁荣、人民幸福的强国之路；中国特色社会主义理论体系紧密结合当前时代条件和发展需要，在坚持马克思主义基本原理的基础上开辟了马克思主义理论的新境界，丰富了马克思主义的内涵；中国特色社会主义制度的本质与核心是实现人民当家作主，是维系社会秩序正常运作的纽带，对中国特色社会主义制度的认同是制度自信的具体表现，需要中学生内化于心外化于行，即有效地内化为自身的价值尺度与行为准则。

社会主义核心价值观认同是政治认同的基本内容。社会主义核心价值观反映了新时代下的社会价值取向，是马克思主义理论在意识形态与价值观层面上的体现。其中，"富强、民主、文明、和谐"为我国社会主义现代化的建设目标，体现着国家层面的价值目标，"自由、平等、公正、法治"是党和国家倡导的社会原则与基本理念，是集体社会层面的价值取向；"爱国、敬业、诚信、友善"是个人层面的价值准则，24 个字具有突出的教育与实践导向，可为包括中学生在内的广大公民理解并践行。对社会主义核心价值观的认同是政治认同的基本内容，是中学生坚定理想信念的价值基础，是在多元价值取向的复杂环境中，中学生能正确做出价值判断与行为准则的重要保障，价值认同对于巩固马克思主义在意识形态领域的统领地位具有重要意义。

在教育过程中要求学生将理论知识内化为自身的理想信念，外化为实践行为。正式步入社会参与公共生活前的正确的政治认识与政治取向，才有助于学生顺利地参与社会主义经济、政治、文化活动，政治认同素养起到关键的作用。学生自身的政治认同的形成，能够为其今后的自身发展提供精神支柱，在面对各种未知挑战时坚定自己的政治立场与理想信念，同时也充分体现思想政治学科的育人价值——"培育有信仰的中国公民"。在政治认同的过程中学生沿着正确的政治方向逐渐构建完成并不断完善，从而逐渐地将中国特色社会主义道路、理论与制度内化于心，与个人的发展目标形成有机整体，将自身的价值和社会主义意识形态保持高度一致性，最终成长为适应中国特色社会主义新时代发展的青年。

2. 科学精神

科学精神是人们在长期的客观实践活动中形成的共同信念、价值标准和行为规范，具体表现为人们在认识和改造世界的过程中显现出来的思维品质和行为特征，包括独立自主的思考、科学理性的判断、不断反思总结等。新课标明确提出，中学生思想政治学科核心素养的"科学精神"就是"坚持马克思主义的科学世界观和方法论，能够对个人成长、社会进步、国家发展和人类文明作出正确的价值判断和行为选择"[①]。根据该定义，科学精神包含了"性质属性""价值判断"与"行为选择"三个子维度。

科学精神的性质属性是马克思主义的科学世界观和方法论，即坚持辩证唯物主义和历史唯物主义。科学精神要求个人认可世界统一于物质、物质决

---

① 中华人民共和国教育部：《普通高中思想政治课程标准（2017 年版，2020 年修订）》，人民教育出版社，2020，第 5 页。

定意识的原理，坚持从客观实际出发认识世界和改造世界，运用相关基本原理和方法分析复杂事物，全面把握事物变化及其关系，坚持运用实践的观点、矛盾的观点、普遍联系的观点、发展的观点思考和处理各类问题，深刻把握事物发展的内在规律。新课标明确了学生具备科学精神核心素养的主要内容：用马克思主义立场、观点、方法观察和分析事物，探究问题、解决问题，解放思想，实事求是，这正是科学精神的性质属性的体现。

人们对事物能否满足自身的需求以及满足的程度所进行的评判称为价值判断，而"正确的价值判断"是与事物发展规律、人类社会发展规律相适应的价值判断。科学精神中的"正确的价值判断"必须符合于科学精神的性质属性，即以马克思主义的科学世界观和方法论为理论支撑的价值标准的绝对取向。个体正确的价值判断是以个人价值与社会价值相统一为基础的价值判断，体现着个人对集体、社会、国家的义务感和责任心。因此在教学中必须通过学习马克思主义哲学、中国特色哲学社会科学的学习，让学生树立辩证唯物主义和历史唯物主义世界观，从而具备作出正确的价值判断的意识标准与思维能力。此外，"正确的价值判断"又必须以个体独立自主的判断为前提，即对事物的评判要有符合自身价值观依据的标准，而标准又必须符合客观规律，避免出现自我中心主义的价值判断。因此在教育教学过程中要注重培养学生理性的思辨能力、科学的批判精神、时代化的创新精神，这也是新课标强调的科学精神"显示人自身自由发展的文明程度"① 的重要体现。

认识世界和改造世界是人类创造历史的两种基本活动，根据马克思主义认识论的观点，实践是认识的目的与归属，理性认识的最终目的是指导人类通过有效的实践改造世界。理性认识只有回到实践中才能发挥对实践的能动作用，而引导正确的行为选择正是科学精神作为理性认识回归实践的重要方式与载体之一。因此科学精神不止于意识认知本身，还包括引导实践的正确行为选择，新课标中明确指出，具有科学精神素养的学生应能够"感悟人生智慧，过有意义的生活；以锐意进取的态度和负责任的行动促进社会和

---

① 中华人民共和国教育部：《普通高中思想政治课程标准（2017 年版，2020 年修订）》，人民教育出版社，2020，第 42 页。

谐"①，正是体现出科学精神对学生行为的优化与引导作用，希望学生可以坚持以马克思主义理论指导实践，在成长的过程中理性、辩证、独立地看待各类问题与矛盾，进而加强自身的认识实践水平，实现全面发展成就自我。

从培养科学素养的意义角度看，科学精神是中学生在以后人生发展道路中所必备的思维品质，科学精神的培养与中学生的成长密切相关，深远影响其生活与未来发展。强化科学精神能够引领学生在个人成长和社会生活中进行思考、实践和反思，在面对实际问题时，能理性、辩证、创新地去分析和解决问题，并作出科学、正确、合理的选择，在不断认识的过程中感悟世界、体验人生，在持续实践中创造美好未来，形成正确的世界观、人生观、价值观。从育人的作用上看，科学精神属于人的"理性认识"，该素养的作用是助人形成正确的认知并为科学的实践做好准备，具体而言即培养学生的正确价值取向与辩证思维，为参与社会实践做好引导。中学时期培养科学精神可以使学生在系统学习的过程中真正地做到真"学马、懂马、信马、用马"，深入理解马克思主义基本理论的科学内涵，充分认识中国特色社会主义，在此基础上提高在日常生活中观察、分析、解决实际问题的能力，获得独立之人格、自由之精神、坚定之意志、批判之思想、科学之思维，能够用历史的、辩证的、创新的眼光来看待新时代中国特色社会主义社会。从地位上看，科学精神培养的更多的是根本的人的思维逻辑与行为选择，是政治核心素养系统中的过程性、条件性要素，是"政治认同"的逻辑推演、"法治意识"的思维基础、"公共参与"的行动指南，即达成政治认同、形成法治意识、实现公共参与的基本条件②。

3. 法治意识

根据新课标"我国公民的法治意识，就是尊法学法守法用法，自觉参加社会主义法治国家建设"③，即人对法律的认知、认可和遵循，也是人关于

---

① 中华人民共和国教育部：《普通高中思想政治课程标准（2017 年版，2020 年修订）》，人民教育出版社，2020，第 6 页。

② 中华人民共和国教育部：《普通高中思想政治课程标准（2017 年版，2020 年修订）》，人民教育出版社，2020，第 42 页。

③ 中华人民共和国教育部：《普通高中思想政治课程标准（2017 年版，2020 年修订）》，人民教育出版社，2020，第 5 页。

法治的情感、知识和态度的体现。中学思想政治学科对法治意识素养的培养标准是"具有法治意识素养的学生，应能够：理解法治是人类文明演进中逐步形成的先进的国家治理方式，全面依法治国是国家治理的一场深刻革命，明确建设社会主义法治国家的基本要求；树立宪法法律至上、法律面前人人平等的法治理念；懂得权利与义务的关系，养成依法办事、依法行使权利、依法履行义务的习惯；拥有法治使人共享尊严，让社会更和谐、生活更美好的认知和情感"①，这要求学生能够从内心深处崇尚法律，在日常生活中做到严守道德底线、自觉遵守法律，用法律来规范和约束个人的言行，并养成符合法治的行为习惯，同时具备能够主动运用法律、采取有效途径来解决问题的知识与能力，严格依法办事、依法行使自身合法权利和履行自身政治义务，维护公平正义、促进全面依法治国，以中国特色社会主义现代建设者的姿态积极参与社会主义经济、文化和政治生活。因此，法治意识素养的培养应包括三个方面。

一是树立公正平等意识。公正平等意识是法治意识本质核心，也是该意识形成的重要思想基础与前提条件。公平即公平正义，是法治的内在要求，是中国特色社会主义法治体系的重要价值支撑，法律法规的公平正义价值得到公民普遍认知与认同时，法治意识才具备广泛普及的人文基础。平等即法律面前人人平等，每个独立的个体都可以依法行使权利和履行义务，都享有法律的保护，同时法律具有绝对的权威性，没有任何个体可以凌驾于法律之上，即反对特权的存在。在培养中学生法治意识素养时首要的是为其树立公正平等意识，奠定意识形态基础与做好正确认知思想准备。

二是形成规则思维。形成规则思维是指个人具备自觉地将规矩作为自身言行准绳与处事原则的意志，并形成有效作用于正确行为选择的理性认识，体现着人对规则的内化，即通过构建内在逻辑将规则融入自身知识体系与价值体系，并自觉地以此原则、方法或习惯来开展实践。规则思维是法治意识的思想逻辑体现，作用于法治思维形成的全过程。中学生法治意识的规则思维表现为个人对建设社会主义法治国家的基本要求及我国法律法规、权利与

---

① 中华人民共和国教育部：《普通高中思想政治课程标准（2017年版，2020年修订）》，人民教育出版社，2020，第7页。

义务、社会规则等的认知，表现为对法治的重要意义、理念及推进全面依法治国等的认同，表现为对宪法法律至上上、法律面前人人平等及社会规范等发自内心的尊崇，表现为自觉地对依法办事、依法行使权利与履行义务及相关法律道德规范的践行与遵守。中学生已具备一定的规则意识，但往往只停留在感性认知的层次，即对违反规则与遵守规则的结果作用认知，缺乏对规则的理性认识与遵守愿望，因此培养中学生法治意识素养，要引导学生形成规则思维。

三是正确认识权利与义务。对权利与义务的认知是法治意识的直观体现，中学生的公正平等意识、规则思维最终都要作用于行使法定权利、履行法定义务的行为实践中。法律的主要内容是规定公民权利与义务，公民在依法享受权利的同时必须履行法定义务，权利与义务共生共存，是有机整体相辅相成的两个方面。培养法治意识素养要求中学生必须正确认识和坚持权利与义务统一的原则，不断加强权利义务意识，维护个人合法权益、自觉履行责任义务、主动承担社会责任，从而有助于实现人生价值又促进社会进步、发展与国家民主、法治进程。

法治意识是中学生参与社会生活的必备品质与素养，法治公正平等意识赋予中学生自由、平等、公正和法治的价值理念与基本的法治认同，法治规则思维可以帮助学生加强对法治、法律的理性认识，养成立原则、守规矩的思维方式和行为习惯，而权利义务的正确认识则为学生个人成长及社会生活的方方面面提供重要保障。总体而言，法治意识是公共参与的必要前提，也是政治认同和科学精神的必然要求①。

4. 公共参与

新课标指出公共参与是"有序参与公共事务，勇于承担社会责任，积极行使人民当家作主的政治权利"②，具有公共参与素养的学生，应能够："具有集体主义精神；遵循规则，有序参与公共事务；热心公益事业，践行公共道德，乐于为人民服务；积极参与民主选举、民主协商、民主决策、民主管

---

① 中华人民共和国教育部：《普通高中思想政治课程标准（2017 年版，2020 年修订）》，人民教育出版社，2020，第 42 页。

② 中华人民共和国教育部：《普通高中思想政治课程标准（2017 年版，2020 年修订）》，人民教育出版社，2020，第 6 页。

理、民主监督的实践，体验人民当家作主的幸福感；具备善于对话协商、沟通合作、表达诉求和解决问题的能力，勇于担当社会责任。"① 培养公共参与素养即培养公民通过各种合法途径与方式有序参与公共事务，依法行使政治权利与履行责任义务，并可以理性表达诉求、影响公共活动与公共政策的情感意志、知识与能力。因此应该从公共参与表现形式及原则、素养内涵、培养方式三个维度理解中学生的公共参与素养。

根据新课标对公共参与的阐释，可以将其概括为中学生以政治参与为主要表现形式，并试图影响公共生活与公共政策的一切实践活动。政治参与的本质是公民对于国家的权利、义务和责任关系，主要表现为参与社会主义民主政治建设。实现中学生积极的政治参与，必须引导其深刻地认知参与政治生活的重要意义、价值与作用，全面了解政治参与的基本内容，依法行使政治权利、依法履行责任义务，同时了解民主选举、民主管理等政治参与的途径和方式，有序地参与政治生活，早日树立人民当家作主的自信和责任感。除了参与政治生活外，能培养学生公共参与素养的公共事务相关领域的实践都是公共参与内容，包括对社会主义经济、文化等的参与。新课标中"有序参与公共事务"的要求体现着公共参与的原则，即有序协商。"有序"要求中学生在参与公共事务时，在必须遵循相应的客观规则、规律的情况下充分发挥主观能动性，"协商"是在参与公共事务中缓解矛盾、避免冲突的方式方法。只有在参与公共事务中做到有序协商，中学生才能客观认识到自己在社会中的角色与价值，在感受人民当家作主的过程中获得幸福感。

公共参与的素养内涵包括了公共参与的情感意志、知识与能力。情感意志是中学生"会参与"公共事务的前提条件，是个体的心理状态，外在表现为中学生对公共参与的态度与愿望，与参与行为相匹配，直接影响参与效能。对情感意志的培养一是需要引导学生正确认识公共参与的意义，充分理解其不但关系到社会、国家的发展，也充分影响个人的前途和命运；二是营造良好的公共参与氛围与人文环境，充分调动学生的积极性；三是采取与时俱进的方式方法，主动亲近学生、贴近学生；四是制定有效的公共参与评价

① 中华人民共和国教育部：《普通高中思想政治课程标准（2017年版，2020年修订）》，人民教育出版社，2020，第7页。

机制，一方面激励学生，另一方面为育人之成效提供重要依据。具备公共参与知识是中学生"能参与"公共事务的基础条件。有效的实践由正确的理论做指导，中学生公共参与素养的形成与公共事务实践需要具备一定的理论知识及社会事实的基本认知，包括对公共事务、政治生活、权利与义务等的基本了解，对社会机构、政府部门等的职能、性质认知。因此，首先需要通过课堂教育或实践教学将相关知识与经验有效传递给学生；其次学生需要调动主观能动性，主动认识公共参与的途径、方式方法和规则，在社会生活中积极践行理论知识，在实践中不断深化理论水平。公共参与能力是学生"参与好"公共事务的基础保障。公共参与能力包括学习提炼理论知识、对问题的观察与分析、规则思维、逻辑思维、创新思维等内在能力，信息的收集与整理、参与执行力、流畅表达自身诉求能力、创新方式方法等外在能力。对中学生个体而言，公共参与能力是相同的公共参与知识内化后形成的区别于他人的能力体系，同时也是情感意志的外化表现形式之一，是有效参与公共事务与社会生活的关键。

　　公共参与属于社会实践范畴，学科核心素养培养的最终目的是要将理论知识与社会实践结合起来，用理性认识指导实践，在实践中升华认知。新课标中也明确强调了"教学更加关注育人目的，更加注重培养学生核心素养，更加强调提高学生综合运用知识解决实际问题的能力"[①]。因此，培养公共参与素养最重要的是通过实践来达到其培养目的，通过社会生活、公共事务实现中学生的公共参与，将课堂内的学科知识转变为实际的社会认知和参与能力，强化学生公共参与的情感意志、知识和能力。因此，要积极引导学生关心和了解社会事实与相关政治活动，培养社会责任感与人文精神，使学生对公共生活、社会活动产生积极的情感意志；通过具体的行为实践参与公共事务与集体生活，锻炼学生运用理论知识观察、分析和解决问题的能力，让学生具备在人的社会化过程中应有的能力素养。

　　从关系上看公共参与素养是政治认同、法治意识和科学精神的外在行为表现，公共参与素养的培育不仅体现着中学生成为新时代中国特色社会主义

[①]　中华人民共和国教育部：《普通高中思想政治课程标准（2017年版，2020年修订）》，人民教育出版社，2020，第5页。

现代化建设者与接班人的使命与担当，也体现着其依法参与社会生活的思想意识和行动力。从育人的角度看公共参与素养是公共责任、社会参与、依法行使权和履行义务在实践层面的具体化，中学生已经具备基本的理性认知和行为能力，积极的公共参与有助于他们在人的社会化过程与真情实景的环境中发挥主观能动性，磨炼情感意志，增强社会意识，提高实践技巧，增强事物认知和辨析能力，促进对国家发展、社会进步与实现自我价值的理解认识。从教育意义上看公共参与是将个人发展和社会发展结合成有机整体，最终实现共同发展。马克思主义发展理论强调人的个体性与社会性的辩证统一关系，社会主义的集体主义决定了国家利益、社会整体利益和个人利益必须是统一整体，不存在不顾社会利益的个人发展，更不存在忽略个人利益的社会发展。因此中学生参与公共生活、社会实践，在推动社会发展的同时实现个人价值，为参与新时代中国特色社会主义现代化建设做好意识、知识与能力的准备。

政治认同、科学精神、法治意识和公共参与四大要素构成中学生的思想政治学科核心素养，中学阶段的思想政治课程或相关的实践活动围绕着核心素养的培养开展，既遵循了学生的身心发展规律，又符合我国新时代中国特色社会主义社会的建设需要，具体地反映了思想政治学科的本质属性，又将学科改革、学生成长、社会进步和国家发展相结合，兼顾了教育立德树人的宏观层面与实现个体发展的微观层面，系统凝练了中学思想政治学科的育人使命。

第三节 中学思想政治学科核心素养的内在逻辑关系

中学思想政治学科核心素养围绕着人的个体性和社会性关系开展，将个人成长与社会发展在政治认同、科学精神、法治意识、公共参与四大方面有机结合。根据新课标，政治认同素养"关乎学生的成长方向和理想信念的确立，也是'科学精神''法治意识'和'公共参与'有中国特色的共同标识"①；科

① 中华人民共和国教育部：《普通高中思想政治课程标准（2017年版，2020年修订）》，人民教育出版社，2020，第42页。

学精神素养"是达成'政治认同'、形成'法治意识'、实现'公共参与'的基本条件"①；法治意识素养是"体现当代中国公民依法行使权利、履行义务的必备品质，是'公共参与'的必要前提，也是'政治认同'和'科学精神'的必然要求"②；公共参与素养是"'政治认同''科学精神'和'法治意识'的行为表现"③。核心素养内在四要素既有区别，又相互依存、共同发展，辩证统一地作用于中学思想政治教育全过程，构成系统的有机整体。

一、政治认同为核心素养的方向性统领

从教育角度而言，思想政治教育属意识形态教育范畴，具有政治性属性与社会化功能，围绕宣传符合国家政权性质、社会集体利益、时代发展需要和个体社会化需要的政治主张、价值理念与行为道德规范，对个体进行系统的政治价值与政治规范教育的政治社会化活动，社会层面具有长久维护国家利益和社会稳定的目的与功能，个体层面为人的社会化提供意识形态保障，指明实现自我价值的方向与路径。思想政治教育的政治性属性和社会化功能决定了其必须以政治教育为根本导向。中学思想政治课作为思想政治教育的基础课程，其目的在于培养新时代中国特色社会主义事业的建设者与接班人，政治教育过程表现为引导中学生实现个体政治领域的社会化，成为国家政治系统的一部分，即通过政治内容的学习和实践，形成基础的政治态度、政治情感、政治价值、政治取向和政治行为能力。个体的政治认同是个人对政治系统及其运行的同向性概括，包括积极的态度、共融的情感和规范的行为，它是实现以政治教育为导向的前提与基础，关系着思想政治教育效能，也从根本上影响着国家政治稳定和发展。因此，政治认同是最能体现思想政治学科本质和学科特征的内涵要素，是统领科学精神、法治意识和公共参与

---

① 中华人民共和国教育部：《普通高中思想政治课程标准（2017年版，2020年修订）》，人民教育出版社，2020，第42页。

② 中华人民共和国教育部：《普通高中思想政治课程标准（2017年版，2020年修订）》，人民教育出版社，2020，第42页。

③ 中华人民共和国教育部：《普通高中思想政治课程标准（2017年版，2020年修订）》，人民教育出版社，2020，第42页。

等政治学科核心素养的方向标识。在培养学生的学科核心素养时，必须以政治认同为方向性统领，坚持马克思主义意识形态的方向引领，帮助学生确立社会主义属性的思想政治方向，引导其树立政治取向正确的世界观、人生观和价值观。

从辩证唯物主义角度而言，政治认同形成过程是个体在政治领域的正确理性认识形成过程，是认识过程中的第一次飞跃，对有效指导正确的实践具有重要的意义。政治认同概念最早由美国政治学家威尔特·A.罗森堡姆于1976年出版的《政治文化》中提出，他认为"政治认同首先是心理认同和意识认同，是对政治单位产生心理层面的归属感和认同意识，同时这种意识对人的行为产生导向作用，表现为强烈效忠于所属单位和团体，并尽义务和责任"①。可见政治认同不仅给予个人身份认定和归属感，更是强调认同心理和意识内化后的作用——激发个人社会责任感与促进社会发展积极行为，即正确的实践。结合概念内涵，政治认同的形成过程首先表现为本能的认知，即通过感官形成对家、集体、个人等的具象概念；其次通过情感、心理等要素形成感性认识，如对家的认同、对祖国的认同等，该认识下的认同具有自发性、不稳定性和方向紊乱性；再次是通过科学的思维方式，如学科教育、社会实践等，对"感性认识"进行加工、提炼，内化为自身的思想意识，形成理性认识；最后由理性政治认知与认同引导自身行为与实践，可归纳为"本能认知—情感心理—思维意识—理性认识—政治行为"。对中学生而言，政治认同的形成首先是政治服从，如遵守规章制度、受道德约束等；其次是通过教育与实践的相关方式使其内化，形成对政治正确的认知和价值认可；最终形成可以正确指导政治实践的理性认同。正确的理性认识是成功实践的前提与基础，可以有效推动实践从而升华认识促进个人的发展和社会的进步。因此，政治认同是中学生科学精神、法治意识和公共参与等要素的方向性、指导性要素，也是学生健康成长，社会长久稳定的前提性条件与基础。

从核心素养的相互作用机制而言，中学生政治认同形成过程从政治服从

————

① ［美］威尔特·A.罗森堡姆：《政治文化》，陈鸿瑜译，桂冠图书有限公司，1984，第78页。

的感性认知开始，需要通过科学精神的机理运作才能内化为独立的、正确的思维体系与情感意志，形成正确的理性认同，规避盲从认同、情绪化认同与伪认同。此外理性认识需要回归实践，政治认同最终需要外化为行为认同，形成有利于个人成长与社会发展的政治行为——法治意识和公共参与，学生依法行使权利和履行义务，有序参与公共事务和社会生活，是政治认同的外在表现与载体，因此，政治认同从顶层设计层面规定了其他核心素养要素的作用方向。

二、科学精神为核心素养养成的基础条件

科学精神是指由科学性质所决定并作用于人的实践之中的基本的精神状态和思维方式，是体现客观事物共性或事物发展内在规律的科学知识所形成的思想或理念。中学生思想政治教育中的科学精神要素以马克思主义唯物辩证法为哲学基础，追求认识的真理性、坚持认识的客观性和辩证性，让学生在终身发展过程与复杂多变的社会环境中学会辩证地思考、把握个人和社会发展的内在规律，用全面、联系、运动、辩证的观点分析处理各种问题与化解各类矛盾，以在服务于社会主义现代化建设大局中实现自我价值为中心，形成符合个体终身发展需要与新时代社会发展需要的价值判断和行为选择。科学精神素养既是实事求是、求真务实的精神态度，也是用理论指导实践，在实践中探索、检验和发展真理的思维方法与行为模式，培养学生从理性的思维角度辨析和理解个体与社会的关系的能力。从发展的角度而言，在国家层面上，科学精神反映了人类社会文明的进程阶段，是现代化精神文明建设的重点内容之一，是社会稳定可持续发展、国民素质提升的重要条件；在个体层面上，科学精神为学生世界观、人生观和价值观的形成奠定理性的精神基础，为知识与能力的习得奠定科学的思维基础。因此，强化科学精神是提高思想政治教育育人效能的基础条件。从核心素养的作用效能而言，科学精神作为基础条件客观存在并作用于三方面：

一是辅助政治认同的理性认知形成。从作用机制分析，科学精神与政治认同相辅相成，相互作用。学生对政治现象与知识的感性认知通过科学精神和理性思维转化为更全面、更真实、更稳定的理性认知从而形成正确的政治

认知，理性政治认知促使科学精神朝着正确的方向不断发展，并在其作用下促使个体从情感意志、思想意识和认知行为等方面深度认可、认同政治系统，即形成政治认同，同时科学精神得以发展、升华。相反，若缺乏科学精神或科学精神发展方向错误，则有可能无法形成理性政治认知或出现认知偏差，导致政治情绪认同、盲从认同，甚至伪认同、逆向认同出现。

从作用意义角度来讲，一方面，科学精神是中学生参与中国特色社会主义市场经济、民主政治与精神文化等现代化建设的必备素养与品质，有助于其践行中国特色社会主义理论，认同中国特色社会主义制度，从而衍生出合乎时代发展和政治方向的意识和行为。另一方面，科学精神是学生政治认同的坚实堡垒。新时代社会环境复杂多变与现代科学信息技术发展迅速，具备科学精神让中学生在面对多元的价值观、多样的文化理念、截然不同的理想信仰等的冲击时，有能力进行理性的分析、辨识、决断并做出正确行为选择，运用科学精神去捍卫自己的政治立场、理想信念和价值体系。

二是法治意识的内化过程，帮助学生从公民权利与社会责任的角度理解个体与社会的辩证统一关系，更好地融入社会发展。一方面，科学精神能够使个体客观地认识自我、认识世界，引导个体在正确的方向上自由地发展，体现为在符合社会规则下实现自我价值与创造自我生存环境。具备科学精神素养，中学生可以更准确、深入地理解法治意识是社会规则与责任的具体表现，是个人发展方向正确的具体要求，为法治意识的形成提供内在理性条件。另一方面，科学精神作为个体认识世界、改造世界的态度和思想，更理性地构筑人与人、人与社会之间的关系，能为个体奠定通往社会公共生活的能力基础，使个体更融洽地参与公共生活，也能更主动地接纳符合集体利益的公正、平等、合作的原则，愿意遵守维持公共生活的规则，为法治意识的产生提供情感心理条件。

三是为学生的公共参与提供科学指南和理论依据。科学精神素养是学生在不断地实践、学习知识、消化知识、积累知识并运用知识去改造自我和改造社会的循环过程中形成和发展的，最终帮助学生成为一个具有独立人格和终身学习能力的人。科学精神素养的性质属性、价值判断和行为选择为中学生认识社会、参与社会提供积极的情感态度、理性的思维方式和明确的实践路径，更强烈地激发中学生对于公共事务的参与热情与主观能动性，有效降低思想教育壁垒，提高了相关知识与能力习得的效率，增强学生的参与感、获得感和成就感。从长远发展来看，中学生成长心智不断成熟、社会化程度不断加深，逐渐成为社会的中坚力量，科学精神在其公共参与中的作用越发明显。一方面，中学生始终会以劳动者、消费者、政治公民等多个角色或身份参与社会经济、政治、文化生活，同时社会生活与公共事务将占据其人生大部分时间，科学精神可以帮助其高效地处理各类社会元素与管控各类风险，创造相对和谐、稳定的生存环境。另一方面，公共参与是我国政治社会化的重要媒介和实现方式，科学精神作为中学生公共参与素养形成的基础条件，直接作用于该素养的情感意志与知识能力培养，影响着政治社会化效能，间接地影响着国家未来政治稳定和发展。

三、法治精神为核心素养的必要内容

法治即法的统治，即在社会系统中法律居于最高的地位并具有最高的权威，国家权力和社会关系按照明确的法律秩序运行，并严格按照制度、流程协调和处理人与人、人与事间的矛盾，任何组织和个人都必须遵守法律、服从法律，它是一种治理国家的理论原则、社会管理机制和社会活动方式。从法治教育内容上看，建设社会主义法治国家是我国法治建设与政治体制改革的重要目标，加强公民法治教育，增强公民的法治意识是实现国家法治现代化的前提和基础。中学生的法治教育是推进法治建设的重要组成部分，法治精神与反映法治精神的体系制度是法治建设在意识形态领域的核心内容，在开展思想政治教育过程中不仅要让学生理解法治精神内涵，还要使学生在了解法律制度的基础上，认同社会主义法治道路并将其内化为个人的法治意识和外化为具体的行为和追求。因此，思想政治课程作为中学生法治教育的重要载体，法治意识素养是其必然的内容素养要求。

思想政治教育核心素养以法治意识为必然内容也是法治社会发展的必然要求。法治是人类社会发展必然的历史选择，建设社会主义法治国家，推进法治文明建设，培养中学生的法治意识是现代化法治社会发展的客观要求与内在驱动力。社会主义法治的实现过程是一个由法治理念、概念上升为标准的、统一的思想意识与言行规范，并在法治意识与践行规范的长期作用下具

象化为法治系统、法律制度的动态转化过程。在此过程中个体的法治意识是对法律的充分认知、信任、依赖并保持敬仰的精神品格和内在精神动力，发挥着关键的能动作用。中学生法治意识的培养关系着未来现代化建设者的法治素养与未来社会的法治程度，学生的法治意识的形成依赖于其接受思想政治教育后，对法治认识的深度、宽度和制度践行的自觉性。学生对法律了解得越多、理解得越深，则对法治的认识更为理性，对法治的认同、践行和坚守则更为自觉。随着法治意识的形成，学生对法律才没有疏远感和恐惧感，激发对法律的信任、信心和尊重，从而使法律不断推进现代化法治国家的建设。因此，法治意识培养作为思想政治教育或法治教育的必然内容是国家、社会法治发展的必然要求。

法治意识作为核心要素必然内容，与政治认同、科学精神和公共参与等素养联系紧密。首先，法治意识是政治认同的必然要求。政治认同一方面要求学生认可和接受中国特色社会主义道路、理论和制度安排，理解和支持国家的治国理念与治理方针，从理智和情感上接受社会主义核心价值观并主动承担中国特色社会主义的建设。另一方面要求学生树立强烈的家国情怀、民族意识和身份认同，确立正确的政治方向与理想信念。因此，具有政治认同的学生必然要具备法治意识，树立公正平等意识促进法治国家观念与社会主义核心价值观的形成，培养规则思维深化对国家法治体系与依法治国方略的理解与认可，践行权利与义务。其次，法治意识是在正确的政治方向下，科学的理性思维、价值判断和行为选择共同作用于法治领域后形成的必然结果。学生的法治意识一方面体现为法治认知、认同思想意识，另一方面体现为规范言行和依法解决问题的能力，他们最终还是要学会用理性的思维处理人与事、人与人、人与社会的三重关系，即以法律规范为标准和准则，用科学的方法论去认识、辨析和解决问题。因此，法治意识蕴含科学精神的思维逻辑与行为选择，体现了科学精神的性质属性与价值内核。最后，法治意识是公共参与的必然前提，两者相互作用和补充，涵盖了"社会责任"的认识与实践两方面。中学生法治意识重视培养学生的法治认知、规则思维与坚守法律行为方式，为中学生参与公共事务、承担社会责任提供了意识保障、价值引导和言行准则。一方面公共参与的顺利开展和学生遵循规则、有序参与均需要权威的、持续稳定的、形成共识的规则、准则作为前提保障；另一方面公共参与素养要求学生承担社会责任，积极行使人民当家作主的政治权利，而明确权利与义务的范围，掌握行使权利与承担义务的方法与途径是学生政治参与、公共生活的前提条件，该前提有助于提高公共参与的效率、效能，增强学生人民当家作主的幸福感。

四、以公共参与为行为表现

公共参与素养反映了中学生有序参与公共事务、主动承担社会责任与积极行使政治权利的情感意志和知识能力。一方面，新课标要求具备该素养的学生能"遵循规则，有序参与公共事务；热心公益事业，践行公共道德，乐于为人民服务；积极参与民主选举、民主协商、民主决策、民主管理、民主监督的实践，体验人民当家作主的幸福感"[1]，该要求一是阐明了公共参与的主要表现形式与内容是在意识形态认同下的政治参与和社会活动，是学生的政党认同、中国特色社会主义认同与核心价值观认同在政治生活、社会生活层面的行为表现，即在培养学生过程中引导其以公民身份认知为切入点，通过各类民主活动参与政治生活，在理论学习和实践活动的交互过程中，了解政治生活常识，运用马克思主义基本原理和方法等知识有序参与公共生活；二是强调了在参与过程中规则思维、公正平等意识和民主意识的实践表现与"体验人民当家作主幸福感"的实践目的，体现了法治意识与公共实践相互作用和补充，即内在"法治意识"指导并保障"公共参与"的有序开展，外在"公共参与"深化"法治意识"的动态过程。另一方面，新课标指出具备公共参与素养的学生"具备善于对话协商、沟通合作、表达诉求和解决问题的能力，勇于担当社会责任"[2]，是中学生具备公共理性精神和依法维护公共利益的具体要求，其本质一是科学精神作用于人与人、人与事、人与社会三个层面的外在表现，引导学生掌握理性的为人处事方法，符合中国社会主义方向的价值判断与维护公共利益的行为选择；二是政治认同与法治意识在社会责任领域的践行原则与方式，即遵循参与公共事务、社会生活的

① 中华人民共和国教育部：《普通高中思想政治课程标准（2017年版，2020年修订）》，人民教育出版社，2020，第7页。
② 中华人民共和国教育部：《普通高中思想政治课程标准（2017年版，2020年修订）》，人民教育出版社，2020，第7页。

规律性，依法行使权利与履行义务。

总体而言，公共参与素养的内涵与培养要求涵盖了政治认同、科学精神与法治意识在实践层面的基本要点，是思想政治素养核心要素的外在行为表现。

第四节　公共参与是思想政治学科核心素养的集中体现

中学生思想政治学科核心素养是思想政治学科在中学阶段的具象化表现，是中学生在学习思想政治学科知识与意识形态教育后所形成的关键素养，包括了政治认同、理性精神、法治意识、公共参与四大要素。公共参与集中体现了中学思想政治学科理念的基本内涵与发展结果，是学科核心素养的重要载体。新课标明确了我国公民的公共参与就是"有序参与公共事务，勇于承担社会责任，积极行使人民当家作主的政治权利"[1]，广泛培养公民公共参与的意义在于强化人民群众是历史创造者的主体地位，有利于公民了解并行使知情权、表达权、参与权和监督权，更好地表达自身思想意志，从而推进民主政治进程，实现科学性和民主性的统一；有利于引导公民有序地投身到公共经济生活、公益活动与公共服务中去，充分调动个体积极性与创造力，激发社会活力，推动社会经济、政治与文化的和谐发展。对中学生的公共参与素养的培养，可以促使他们获得参与社会主义民主政治生活的价值体验，掌握正确参与经济、政治、文化生活的方式方法，在实践中全面提高政治认同、科学精神与法治精神，成为合格的中国公民。

一、公共参与是中学思想政治学科核心素养的重要载体

新课标中明确强调了"教学要更加关注育人目的，更加注重培养学生核心素养，更加强调提高学生综合运用知识解决实际问题的能力"[2]，明确了学科核心素养的培养要以实践为检验方式，将课堂内的学科知识转变为实际

---

[1] 中华人民共和国教育部：《普通高中思想政治课程标准（2017年版，2020年修订）》，人民教育出版社，2020，第6页。

[2] 中华人民共和国教育部：《普通高中思想政治课程标准（2017年版，2020年修订）》，人民教育出版社，2020，第5页。

的社会参与行为和解决问题的能力，体现了马克思主义理论"认识的二次飞跃"，即理性认识需要回归并指导实践，接受实践的检验，最终通过实践环节形成更高层次的认识。属于社会实践范畴的公共参与是思想政治教育核心素养系统中的结果性、实践性要素，中学生的公共参与素养的习得一定程度上反映了个体政治认同、科学精神和法治意识的内化程度，发挥检验学科核心素养培养质量的作用。若缺乏了公共参与素养的培养环节，思想政治类课程往往会变成传统填鸭式的知识灌输型教学，一方面只能教授给中学生一定的社会知识、理论知识，缺乏了所学知识与实际生活的联动教育环节，更无法让学生通过实践辨别所学内容的真伪或验证、吸收所学知识，造成学而不信、知行脱节的结果。另一方面无法在精神意识和行为领域营造活跃的学习情景，学生的情感意志无法被调动，理性思维无法得到锻炼，法治意识缺失践行的经验，政治认同缺乏具体的表达，导致感性思维泛滥、感性认识误导实践、价值取向错误、政治信仰盲从，学法、知法却不会用法、懂法甚至出现违法言行。因此，中学生必须参与到公共事务的实践中才能在发挥自身主观能动性的基础上提高认识，明确自身的权利与义务，深刻感受社会运作的规则、程序和形式，践行对中国特色社会主义的认同。公共参与是对政治认同、科学精神和法治意识这三种素养培养质量的集中体现，同时也发挥着中学生思想政治教育实践检验作用。

二、公共参与素养是思想政治课程基本理念发展的必然结果

新课标的课程基本理念指出要"构建以培育思想政治学科核心素养为主导的活动型学科课程"[1]，"活动型学科课程"是中学思想政治学科的课程特点之一，也是区别于其他学科的课程概念标志之一，"课程活动化"是该课程的核心教学方法，"活动课程化"是其内容的主要特征，思想政治学科对传统知识型讲授方式的变革将学生个体社会生活与课堂理论知识紧密结合，集中体现了思想政治学科理念发展的内在逻辑与实践逻辑的相统一。

以公共参与素养培养为具体内容与以参与公共事务为外在行为表现，是

---

[1] 中华人民共和国教育部：《普通高中思想政治课程标准（2017 年版，2020 年修订）》，人民教育出版社，2020，第 2 页。

连接学生学校教育和社会生活的最佳方式。良好的公共参与素养需要以其他素养为基础：一是要具备政治认同的方向和立场。学生需要对国家、政党、政治经济体制、基本政策、发展路线等问题及对个体所处的社会人文环境有规范的认识与价值认同，以便更积极参与公共事务。二是要具备科学精神的基本素养。运用科学精神参与社会民主生活，为参与及处理公共事务提供思维方法。三是以法治意识作为确保公共参与顺利进行的前提保障。学生在培育公共参与素养时需要用法治意识来明确自身参与的条件与程度，按照一定的公共事务行为准则参与社会生活。最终，政治认同的形成，科学精神的运用与法治意识的构建将以公共参与为外在形式展现，学科核心素养在实践中内化为个体综合素养，政治认同从知识、情感领域延伸至行为习惯，得以巩固和明确；科学精神不仅表现为个人认知与价值判断，更表现为对待社会生活、公共事务的精神和行为；法治意识从思想理论层面融入日常实际生活，增强其解决公共事务问题的能力。因此，构建"活动型学科课程"既需要通过公共参与实现"课程活动化"，又需要公共参与素养保证"活动课程化"的规范性、有序性。

第五节　中学思想政治课程培育公共参与素养之可能

一、培养公共参与素养是中学思想政治课程发展需要

（一）培育公共参与素养是中学思想政治课程的基本要求

中学思想政治学科是针对中学生的一门马克思主义基本理论与观点的教育课程，其目的是培养中学生的公民思想政治素养与提高其现代社会生活适应能力，其内容涵盖了社会主义政治、经济、文化、社会、哲学、法律等方面的常识教育。培养公共参与素养充分体现了课程的教育价值、培养目的与主要内容，是思想政治课程的基本要求。

课程教育价值重点在于引导中学生了解、运用马克思列宁主义、毛泽东思想和中国特色社会主义理论的基本观点与方法，帮助中学生形成马克思主

义价值观，习得科学的思维方式与养成规范的行为习惯，尤其是社会动态的关注、社会现象的分析、社会问题的解决与社会发展的认知等方面，为中学生今后融入社会生活做好准备，这既是人的全面发展的必然要求，又是国家在青年思想政治教育与意识形态工作方面的基本要求。从培养目标上看，要让中学生在知识方面掌握马克思主义理论，了解社会常识；能力方面具备参与社会实践的法律、思维、行为等基本素养；情感意识方面要形成意识形态认同，增强社会责任感和民主法治观念，培养公民意识。要实现该教育目标则要以中学生的实际生活与日常事务中的共性要素为载体，即公共事务；以其主动参与社会生活、公民生活的情感意志为基础，即公共意识。内容上，该课程以政治学、经济学、哲学、法学、社会学、心理学等众多学科的基础知识为框架，将理想信念、家国情怀、法律法规教育等内容融入经济、政治、文化、社会、生态等多个领域，形成与中学生个人发展、集体生活息息相关的学科知识，最终通过理论讲授与社会实践的方式让中学生掌握理解。

课程的教育价值、培养目标和基本内容体现了思想政治课程是集德育教育、社会认识和政治教育于一体的综合性课程，其本身既有学科教育的专业性，又有德育工作的导向性。而公共参与很好地体现了课程的理论性与实践性相结合的要求，课程的教育价值、培养目标与基本内容通过公共参与素养的培育得以实现与反映。在课程中将与社会公共生活相关的内容有方法、有选择地引入课堂，将思想政治教育有计划、有规律地渗透公共事务中，引导中学生关注、关心、参与社会公共生活。在此过程中，学生不断积累社会知识和提高社会参与能力，深化对马克思主义理论与中国特色社会主义社会的认同与内化，巩固和发展思想政治学科核心素养，实现人的全面发展。因此，培育中学生的公共参与素养是思想政治课程的基本要求。

（二）公共参与是中学思想政治课程教学发展的需要

中学阶段的集体生活与课堂学习让青少年从少年个体角色向参与公共生活的公民角色转变。转变为公民角色一方面需要在精神意识领域转变，形成公民意识、认同公民身份、具备公民品德；另一方面需要在生活行为上转变，落实公民权利与责任，以公民身份规范、有序参与集体生活，理性、合理处理公共事务。此过程需要家庭的针对性引导和学校的有效教育，而在学校教育中思想政治课程则是重要环节。在新时代下中学生信息获取渠道日益丰富，价值取向多元，自主意识不断增强，逐渐形成自己的判断与主张，容易偏信亲眼所见、亲身所历、亲历所悟的事物与结论，而不再容易相信课本或家长、教师的话语。为更好地发挥思想政治课程育人效能，新课标结合"实践育人"的理念，提出构建"活动型学科课程"，其核心是强调学科知识的"实践性"与"延展性"，课程在已有的课堂理论教学上，需要丰富教学资源，开展各类主题鲜明、形式多样的实践活动，让中学生广泛参与，实情实景地感受社会环境与公共生活，把课堂教学、理论知识延伸到真实的世界与实际事物中，切身实际地理解和运用书本、课堂的知识，增进社会认识的同时强化参与感、价值感与认同感。

可见，从中学生的实际生活出发，通过具有规律性、针对性、可持续性的实践介入传统课堂教学或将理论知识融入各类实践活动中，加强知识学习和实际运用的联动，是思想政治课程教学的发展需要。为了满足课程需求，必然要开展各类公共实践，尤其是与集体生活、社会生活息息相关的活动，在过程中中学生不断丰富社会知识，深化对理论内容的认同，通过联系社会实际逐渐养成公共参与素养。因此，开展公共参与是思想政治课程适应中学生成长与课程教学发展的需要。

二、公共参与是人的全面发展需要

公共参与不但是人类现代文明生活的重要内容，更是人的本质性活动。个体通过公共参与可以表达自身意愿诉求、维护个人合法权益、享受社会发展成果、促进自身全面发展。根据马克思关于人的本质与人的全面发展理论，公共参与是个体重要的社会活动，是实现自身全面发展的重要途径。

关于人的全面发展，马克思强调它是"人以一种全面的方式，也就是说，作为一个完整的人，占有自己的全面的本质"①，关于人的本质马克思从人的类特性（劳动实践）、社会关系和人的需要三方面进行了描述。在《1844年经济学哲学手稿》中他关于人的类特性的描述是"一个种的全部特

---

① ［德］马克思、恩格斯：《马克思恩格斯全集》（第42卷），人民出版社，1979，第123页。

性、种的类特性就在于生命活动的性质，而人的类特性恰恰就是自由的自觉的活动"①。他强调了人的类特性的两个重要特点：一是每个个体的生命活动都是有意识的。人能将自身生命本身变成自我意识，并以此为意识对象。二是人的生命活动都是自由的、独立的。在意识的作用下将自身生命和自身活动当作认识和改造的对象，按照自身的意愿需要自主地、有计划地、有目的地改造和创造自己的生活。人的类特性即生产劳动或实践活动，人能够进行有意识的、有目的的行为，利用自身智慧使用并创造工具，改造自然或自身从而满足自身生存发展需要。在《关于费尔巴哈的提纲》中马克思强调"人的本质不是单个人所固有的抽象物，在其现实性上，它是一切社会关系的总和"②，即强调了"一切社会关系的总和"的人不可能实现单纯的、孤立的生产劳动，人类的生产劳动只能是一种社会活动，要实现有效的生产劳动必须存在一定的社会关系。在《德意志意识形态》中马克思提到"在任何情况下，个人总是从自己出发的，但由于他们彼此不需要发生任何联系这个意义上来说，他们不是唯一的，由于他们的需要即他们的本性，以及他们求得满足的方式，把他们联系起来（两性关系、交换、分工），所以他们必然要发生相互关系"③，即人的需要被自身意识所意识到，这种内在需求催生了人的生产劳动与实践，随之而来的一切活动方式构成了人的社会关系。与动物捕食、繁殖等满足生存的本能需求相比，人的需求更为丰富，包括物质需要、精神需要和发展需要等，人的需求满足方式也更为复杂多样，不仅带有客观自然性，更大程度依赖于人的主观能动性，人类社会是通过人在一定社会关系中劳动实践满足自身需求并产生新的需求中不断进步与发展的。马克思正是从人的劳动实践、社会关系、人的需要等方面对人的本质提出了系统的阐释。

根据人的全面发展理论，马克思指出人的全面发展就是人的本质的发

---

① ［德］马克思、恩格斯：《马克思恩格斯全集》（第42卷），人民出版社，1979，第96页。

② ［德］马克思、恩格斯：《马克思恩格斯选集》（第1卷），人民出版社，1995，第60页。

③ ［德］马克思、恩格斯：《马克思恩格斯全集》（第3卷），人民出版社，1960，第514页。

展，包括基于生产实践的劳动能力发展、个人需求发展和社会关系发展。马克思还指出"任何人的职责、使命、任务就是全面地发展自己的一切能力"①，也就是在一定的社会关系中能适应不同的实践需求，并在交换交替职能过程中，让自己先天的和后天的各项能力得到自由的、充分的发展，"一切能力"既表现为改造自然的劳动实践能力，也表现为自身体力、智力、兴趣才能，还表现为构建社会关系的能力。从个人发展角度而言，公共参与是实现人的全面发展的重要途径，通过丰富的公共活动，个人情感意志得到表达与满足，生存物质得到保证，综合能力与个性素养得到协调发展，物质需求、精神需求与发展需求均得到满足。就中学生而言，公共参与作为一种集体性实践性活动，往往需要中学生在了解并遵循一定的规则下，切身实际地参与公共生活或公共事务，充分发挥主观能动性，运用所学知识和能力，合理地解决或创造性地解决问题，并掌握事物发展的内在规律，从而提高自身的认知水平与综合能力。在此过程中学生的表达能力、思维能力、动手能力等能力均得以锻炼，影响个人需求的因素，如兴趣爱好、价值取向等得以正确发展。

在是否实现个人全面发展上，马克思认为社会关系的发展体现着个人全面发展程度，他指出"个人的全面性不是想象的或设想的全面性，而是他的现实关系和观念关系的全面性"②，即实现人的全面发展体现于人与人、人与社会的关系中。新课标中关于具备公共参与素养的学生要求是马克思观点的具象化表达。新课标认为具备公共参与素养的学生："具有集体主义精神；遵循规则，有序参与公共事务；热心公益事业，践行公共道德，乐于为人民服务；积极参与民主选举、民主协商、民主决策、民主管理、民主监督的实践，体验人民当家作主的幸福感；具备善于对话协商、沟通合作、表达诉求和解决问题的能力，勇于担当社会责任。"③ 可见中学公共参与一方面是个

---

① ［德］马克思、恩格斯：《马克思恩格斯全集》（第 3 卷），人民出版社，1960，第330 页。
② ［德］马克思、恩格斯：《马克思恩格斯全集》（第 46 卷下），人民出版社，1980，第 36 页。
③ 中华人民共和国教育部：《普通高中思想政治课程标准（2017 年版，2020 年修订）》，人民教育出版社，2020，第 7 页。

体在参与公共生活的过程中，了解国家的经济、政治、文化生活现状，一定程度上参与社会各领域公共事务，不断深化与社会的关系；另一方面公共生活的开展无法由独立的个体完成，在参与社会公共事务过程中独立的个体必然与其他个体实现多方面的交互，联结成全新的社会关系，在新的社会关系中个体不断适应、调整，最终形成稳定的人与人关系。因此，培养中学生公共参与素养一定程度上推进了人的社会关系发展。

三、公共参与是治国理政的需要

个体在公共参与中一方面实现人的全面发展，另一方面通过公共参与奉献社会、服务集体，保证社会各领域与机制的有效运行与不断完善，实现集体利益的最大化，推动社会文明的现代化进程。因此，公共参与还是治国理政的需要，是个人作为公民的权利与责任。

党的十八大提出倡导富强、民主、文明、和谐，倡导自由、平等、公正、法治，倡导爱国、敬业、诚信、友善，积极培育和践行社会主义核心价值观。社会主义核心价值观是社会主义核心价值体系的内核，体现社会主义核心价值体系的根本性质和基本特征，反映社会主义核心价值体系的丰富内涵和实践要求，是社会主义核心价值体系的高度凝练和集中表达。它为国家体制与社会倡导模式的立足和发展提供价值和方向引导，有利于在新时代多元化、多样化、多变化的社会环境中巩固马克思主义意识形态，巩固全党全民族团结奋斗的共同思想基础，引导公民形成价值共识，对于促进人的全面发展、引领社会全面进步，实现中华民族伟大复兴具有重要现实意义和深远历史意义。在党的十九大报告中，习近平总书记又再次强调"培育和践行社会主义核心价值观"，"要以培养担当民族复兴大任的时代新人为着眼点，强化教育引导、实践养成、制度保障，发挥社会主义核心价值观对国民教育、精神文明创建、精神文化产品创作生产传播的引领作用，把社会主义核心价值观融入社会发展各方面，转化为人们的情感认同和行为习惯"①。为充分

---

① 习近平. 决胜全面建成小康社会夺取新时代中国特色社会主义伟大胜利——在中国共产党第十九次全国代表大会上的报告，中华人民共和国中央人民政府，http：//ww. gov. cn/zhuanti/2017-10/27/conttnt_ 5234876. htm，引用日期：2017 年 11 月10 日。

发挥社会主义核心价值观的引领作用，强化其精神凝聚效能，必须将其融入社会发展的各方面，通过一定的方式和渠道，让人们在社会践行中培育，在培育中巩固和内化，最终转化为公民的自主意识、情感认同和行为习惯，推进国家现代化建设，实现中华民族伟大复兴。

参与公共事务与公共活动正是社会主义核心价值观有效的传递介质与推进国家现代化建设的重要实践方式。公民积极参与权力机关的选举与立法，主动关注行政部门与各机关的日常运作，有利于防止权力的滥用和腐败，确保政府廉政、干部纯洁；自觉参与政治领域的各种民意调查和普法活动，主动提出建议和表达意愿，有利于行政部门了解民意、改进决策，促使政府不断健全民主制度，推动决策科学化和政治民主化，推进政治民主。公民主动参与集体决策与社会治理，监督各项制度的运作，确保"有法可依、有法必依、执法必严、违法必究"，通过合法渠道表达利益诉求，保障自身权益，促使权力机构执政公平、公正、公开，保证每个社会成员平等享有各项权利及承担相应的义务，实现社会的公平与正义；积极关注和参与生态环保事项，促进资源环境不断改善。良好的公共参与让社会各方面的利益关系得以合理协调，社会各种矛盾得到有效处理，人与自然相处和谐，有利于社会的长治久安与和谐稳定。公民积极关注涉及教育科学文化事业的政策及项目，并提出意见与建议，有利于推动教育科学文化事业的发展，促进基础教育进步与文化繁荣，提高国民整体素质；主动参与文化建设活动，倡导健康文明的生活方式，营造正能量的社会人文环境，有利于先进文化的建设。

可见，公民积极参与公共事务或公共活动，不但是推进国家"富强、民主、文明、和谐"，实现社会"自由、平等、公正、法治"的重要途径与方式，更是个人"爱国、敬业、诚信、友善"的践行。因此，公共参与是国家治国理政的需要。

四、公共参与是社会治理的需要

党的十九届四中全会通过了《中共中央关于坚持和完善中国特色社会主义制度、推进国家治理体系和治理能力现代化若干重大问题的决定》，明确提出要建设人人有责、人人尽责、人人享有的社会治理共同体。该论述指明了我们在新时代下的社会治理方向与目标，体现着党和国家对社会运行规律认识的不断深化，社会治理共同体具有鲜明的广泛性、实践性和针对性。同时习近平总书记指出，新时代属于每一个人，每一个人都是新时代的见证者、开创者、建设者。这一论述充分说明了新时代属于全体中华儿女，新时代下社会治理共同体的建设秉承了这一精神，强调"人人"，即突出人民主体地位，每个公民都是主体，都是中国特色社会主义社会治理的参与者和建设者，都是治理合力的见证者和实践者，社会治理共同体中不存在旁观者和局外人。"有责"和"尽责"强调了公民的责任与义务，在社会治理过程中每位公民要依法参与民主选举、民主协商、民主决策、民主管理、民主监督，积极参与协商共治等。"人人享有"是国家给予公民共享治理成果的庄严承诺，也是强调了依法保障公民的合法权益和权利。社会治理共同体建设成果具有全民性与全面性，确保每一个人能公平地享有发展权利、机会和成果，实现人生理想，满足人民群众美好生活需要。

在国家治理体系与社会治理工作格局中公共参与是其重要的环节，也是构建"人人有责、人人尽责、人人享有"的社会治理共同体中不可或缺的重要内容和基本需要。

首先，公共参与是推动社会治理创新的重要力量。主要体现在以下两个方面：一是公共参与可以凝聚人民群众的智慧，提高社会治理的效率。社会治理涉及众多领域，既有繁杂琐碎小问题，又有直接关联民众切身利益的大问题，各地政府治理资源有限，若再陷入过于琐碎具体的事务或无法准确把握社会问题的主要矛盾中，必定导致各项治理低效能地运作，激化社会矛盾。引导公民有序地参与公共事务或政治生活，可以集中民众智慧，聚焦主要社会问题，并为社会治理的主体提供及时有效的信息与解决方案，提高社会治理的效率。二是公众参与有利于促进社会治理的良性运作，提升治理效能。政府在社会治理中占据主体地位，在治理体系与治理能力的现代化建设过程中，各部门机构势必需要经历探索、尝试的阶段，在各类实际问题上难免会存在利益的倾向性，而公共参与是公民自下而上式的参与和监督，一定程度上可以降低部门机构不合理的自利性，促进治理体系的良性运作。另外，通过公共参与，公民的诉求得以表达，利益得以保障，了解政府当前的工作情况与治理规划，从而会产生对政府部门理解、支持和拥护的良性情绪，而民众的拥护又会反过来激发政府不断完善公共服务、创新社会治理，提高治理效能的动力。

其次，公共参与是实现社会治理共同体的有效保障。构建社会治理共同体体现着国家权力向社会回归，政府权力向民众回归的良性转化，是公民与政府、社会与国家的有效合作与互动，公共参与在此过程中起到重要的保障作用。公共事务、社会生活的每一个环节均与公民切身利益息息相关，他们具有参与社会治理的天然优势，一方面他们对生活中迫切需要解决的实际问题了解得更为透彻；另一方面他们对每一个治理决策带给自身现实生活的影响的感受更深刻。因此，通过公共参与让公民充分表达个人意愿，参与决策的全过程也有利于政务的公正、公平、公开。在此基础上，将民众观点进行整合、提炼，完善社会治理中各类具体问题的政策制度，并贯彻执行接受实践和大众的检验，再不断地根据实际情况进行修改、调整。公共参与一定程度上保证了社会治理的科学性与实效性。此外，民众的参与也起到了监督、督促的作用，有利于克服社会治理中相关部门出现的执政盲目性与随意性，巩固了社会治理共同体的建设。

最后，公共参与是提高公民整体素养的重要途径。在"人人有责、人人尽责、人人享有"的社会治理共同体中，人民群众是其重要组成部分，公民的道德水平、政治素养等综合素质是影响社会治理的重要因素。同样人民群众也是公共参与的主体对象，公共参与从形式上来讲是具备时效性、目的性的政治共同体，其存在目的是在自觉遵守公共规范，相互合作、共同决策的基础上促进公共利益的实现。政治共同体中的每个公民自由而平等，彼此之间相互尊重，各自承担责任与义务，通过思想、言语和行动上的参与及合作，借助与不同成员之间的相互帮助，依靠分享共同创造的物质资源与精神财富而不断发展和完善自身。因此，公共参与是人的道德、人格和能力得以充分发展的重要途径。公民积极参与社会治理中的公共事务与公共活动，是公民对参与社会治理责任的自觉承担，是构建治理共同体的理性行为，也是公民素质发展的重要途径。

第二章

本体论：新时代中学生公共参与素养的理论剖析

公共参与素养无论是对于民族、国家还是个人而言都具有不可替代的作用，加强中学生公共素养研究是顺应时代发展的内在要求。近年来，中学生公共参与素养受到教育工作者的广泛关注，已取得一些相关成果，但主要集中于教学过程的具体实践，往往缺乏支撑的理论依据，使得公共参与素养培育的效果大打折扣。新时代中学生公共参与素养培育的第一要义是准确掌握公共参与素养的科学内涵，对其理论框架进行梳理，以便为深入探讨研究以及开展实践活动寻求科学的理论支撑。理论研究在公共参与素养的整体发展中起着前提性和奠基性的作用，新时代中学生公共参与素养从不同理论观点中汲取有益成分，逐渐形成本体的概念框架和逻辑结构。通过梳理中学生公共参与素养的理论渊源，从当前的研究和实践需求出发，重新审视相关的基本概念，从而厘清公共参与素养的基本内涵，凝练其主要特征及核心内容，为中学生公共参与素养培育建立科学的理论体系打下基础。

第一节　中学生公共参与素养的理论依据

实践的成功离不开科学理论的指导，通过吸收和借鉴相关研究的积极成果，努力做到古为今用、洋为中用，有利于把握思想政治课教育教学的规律。马克思主义理论、教育学、政治学和社会学为中学生公共参与素养培育奠定了坚实的理论基础，深刻认识和把握这些理论依据，有助于更好地为培养中学生公共参与素养的实践开展提供科学的理论指导。

一、马克思关于"人的本质"理论

在马克思主义产生前，古今中外历代思想先贤都对人的本质做了大量的探索，但大部分均脱离了人所生存的具体的历史条件和特定的社会关系谈论人性和人的本质问题。马克思从分析费尔巴哈入手，批判了历史唯心主义的抽象人性论，从历史唯物主义的角度出发，从人的类特性（劳动实践）、社会关系和人的需要三方面阐释了"人的本质"，为人的本质理解提供了科学的思维方法。

在《1844年经济学哲学手稿》中，马克思关于人的类特性的描述是"一个种的全部特性、种的类特性就在于生命活动的性质，而人的类特性恰恰就是自由的自觉的活动"①。人的本质是"自由、自觉的活动"，即劳动。劳动是人类区别于其他动物的标准与依据。马克思强调"通过实践创造对象世界，即改造无机世界，证明了人是有意识的类存在物，也就是这样一种存在物，它把人类看作自己的本质，或者说把自身看作类存在物"②。劳动将人与动物区分开来，与动物因生存被动适应环境，和因肉体机能需要的本能劳动活动不同，人的劳动是在意识的作用下将自身作为认识世界和改造世界的主体，生命和自身活动当作认识和改造的对象，根据自我意识和目的选择对象，按照自身的意愿、需要自主地、有计划地、有目的地改造和创造自己的生活，并在选择与创造的过程中充分发展了人的意识。人类在高度发达的有意识的大脑的指导下，为获得自身生命延续、物质和精神发展所需要的物质生产资料和生活资料，主动地去了解世界，按照自己的认识和需要利用和改造世界。在劳动的过程中，人在改造客观世界的同时，心智也在不断地发展，人的意识得到强化，自我价值得以实现，同时人的语言、文字、思维、规则、经验等逐渐诞生与丰富，劳动将人类个体、集体、社会与自然界有机地统一起来。

在此基础上马克思从实践出发，以劳动结成的生产关系为基础，从实现

---

① ［德］马克思、恩格斯：《马克思恩格斯全集》（第42卷），人民出版社，1979，第96页。

② ［德］马克思、恩格斯：《马克思恩格斯全集》（第42卷），人民出版社，1979，第97页。

发展的视角出发来诠释人的本质，否定了从单个人的抽象物（如自我意识、自由、人、理性、正义等）出发来界定人的本质。他在《关于费尔巴哈的提纲》中提出了"人的本质不是单个人所固有的抽象物，在其现实性上，它是一切社会关系的总和"①。马克思主义认为，现实的人必定处在特定的历史条件与自然环境中，在劳动实践的过程中不断地改造自然、改造自身，为了克服自身的不足，达成自身目标必定相互配合、共同合作。因此，人的劳动必定不是彼此分割、独立的，而是结成一定社会关系的劳动，正是在社会关系中才形成了人的本质。这一观点一是强调了社会性是人的本质属性，人类不断认识自然和改造自然是在前人奠定的物质文明和精神文明的基础上进行的，个体必定不能脱离复杂的社会活动与生产关系而孤立地存在，每个个体均为社会关系的承担者。二是强调了社会性这一人的本质属性取决于全部社会关系的总和，而不仅仅由社会关系的某一个方面或个体属性所决定。社会关系是复杂、多方面的，既包括物质利益关系，又包括精神意识关系等等。在认识和改造自然的过程中，人不同的社会交往、劳动分工等形成了不同的社会关系，多方面的社会关系有机统一地作用于个人，社会关系的总和决定了人的各种属性。在人的全部社会关系中，人们因劳动结成的生产关系是最主要的，它是决定其他一切关系的基本关系，对其他的社会关系起着决定支配作用。因此，人在生产关系中所获得的规定性也就是人的最基本的规定性。三是强调了人的本质是现实的、具体的，并且随着社会历史变化发展的。人的社会关系总是现实的、具体的，必定会随着生产力和生产关系的矛盾运动而不断地发展，即随着历史的发展而变化，不同社会历史条件下的人、同一社会历史条件下的人所处的社会关系总是各不相同的，他们现实的具体的本质也各不相同，人的社会性是人的一般性与历史特殊性的有机结合。

马克思还提出需要是人的本质，是劳动与社会关系的最终统一，人的需要是认识与改造自然的目的与动力，引发社会生产劳动，而需要的共通性与求得满足的内在动力不断催生人与人的社会关系需要，最后求得满足的方式

---

① ［德］马克思、恩格斯：《马克思恩格斯选集》（第1卷），人民出版社，1995，第60页。

让人与人的社会关系需要得以实现，将劳动与社会关系有机统一。在《德意志意识形态》中马克思是这样描述的，"我们遇到的是一些没有任何前提的德国人，所以我们首先应当确定一切人类生存的第一个前提也就是一切历史的第一个前提，这个前提就是：人们为了能够'创造历史'，必须能够生活。但是为了生活，首先就需要衣、食、住、行以及其他东西。因此，第一历史活动就是生产满足这些需要的资料，即生产物质生活本身。""在任何情况下，个人总是'从自己出发的'，但由于从他们彼此不需要发生任何联系这个意义上来说他们不是唯一的，由于他们的需要即他们的本性，以及他们求得满足的方式，把他们联系起来（两性关系、交换、分工），所以他们必然要发生相互关系。"① 需要是人产生劳动实践的原始动力，这种需要是人对外界环境依赖的延伸，但与动物原始的生理需要及自然给予的满足方式不同，人的需要是不满足于原始自然给予的物质条件而主动用自身力量去改造自然或自身，从而创造满足身心需求的需要。人的需要既包括物质生活需要，又包括精神生活需要，同时具有显著的主观意识指向性、历史特殊性与一般社会性。为了满足需要，人进行劳动实践，发挥主观能动性改造自然、改造自身，在过程中社会关系得以产生并随着劳动而发展。在一定的社会关系中，人通过劳动获利占有需要对象，阶段性解决人与需要对象之间的矛盾。随着环境变化、劳动的发展和需要的转变，社会关系的稳定性被打破，人与需要对象间产生新的矛盾，为了使劳动收益最大化，必须调整社会关系促使劳动的向前发展和纵向深化，人类就是在不断满足和产生新的需要的过程中波浪式前进与螺旋式上升。

马克思关于"人的本质"理论从人的存在基础、存在状态和存在动力三个方面进行了论述，将人的本质归纳为劳动实践、社会关系和需要的统一体。这为人的全面发展与人的社会化奠定了重要的理论基础与发展方向。

---

① ［德］马克思、恩格斯：《马克思恩格斯全集》（第3卷），人民出版社，1960，第513—514页。

二、人的社会化理论

(一) 人的社会化内涵与本质

人的社会化是社会学和社会心理学研究的基本问题之一，它主要是指个体在与社会的互动过程中，逐渐养成的独特的个性和人格，从生物人转变为社会人，并通过社会文化的内化和角色知识的学习，逐渐适应社会生活的过程。苏联社会心理学家安德烈耶娃指出："人的社会化是一个双方面的过程，它一方面包括个体通过进入社会环境、社会体系，掌握社会经验；另一方面包括因个体的积极活动，积极介入社会环境，而对社会关系体系积极体现的过程。"① 人的社会化是个人与社会两大主体双向化的过程，在这一过程中个人与社会相互影响、相互促进，社会文明得以传承与进步，社会结构得以发展与优化，个人得以实现全面发展。每个个体一方面身处自然环境中，属于完整的自然人，天生具备自然生存能力；另一方面置身于人类物质文明和精神文明共筑的社会环境中，不具备社会观念与生存技能，因此个体只有接受社会化才能适应社会环境，实现真正的生存与全面的发展，同时社会也是由每个个体组成的，其发展离不开人的继承与创造，其运行也离不开人的维持与参与，社会化在个人与社会之间起着重要的作用。

人的社会化即人的社会性发展，其核心是"社会将一个自然人转化成为一个能够适应社会环境，参与社会生活，履行一定社会角色的社会人的过程"②。实现人从自然人到社会人的发展，即人的本质的发展。根据马克思关于人的本质理论，人的本质是以需要为原始动力、劳动实践为核心的一切社会关系总和，这种"社会关系总和"将个人与社会有机地统一起来，把个人本质的发展看作是个体的内在需要形成和外在社会赋予的双向过程，个体本质的内在需要发展是在个体与外在社会的互动、互渗和互进作用下进行的，外在赋予也是在个人的内在需要作用下进行的，人的本质的发展就是在人与社会的交互过程中实现的，即人的"社会性"发展。因此，人的社会化的本质是人的本质的形成、实现、发展和完善的过程，也即以社会需要为原

---

① ［苏］安德烈耶娃：《社会心理学》，上海翻译出版公司，1984，第31页。
② 费孝通：《社会学概论》，天津人民出版社，1984，第54页。

动力的人的全面发展。

（二）社会化的基本内容

人的社会化是社会依托社会机构或社会渠道（包括家庭、学校、工作单位、传播媒体等），按照一定的标准培养和塑造自己的社会成员，这也是人的社会性的养成过程与实现人的全面发展的过程。社会化的过程中个人需要学习社会技能、规范行为举止、形成良好思想价值观念、准确地认知角色、养成理性思维等。著名的社会学家费孝通曾明确指出："人的社会化是个人学习知识、技能和规范，获得社会生活的资格，发展自己社会性的过程。"①在社会学中人的社会化的基本内容包括政治社会化、道德社会化、性别角色社会化、生活和劳动技能社会化等。总体而言，可以概括为以下三个方面：

一是促进人格形成和发展，培养正确的自我意识。人格是指个体稳定、综合的心理特征的外在反映，是一个人基本的精神面貌与情感意志的体现。它包括个性倾向和持续、稳定的心理特征。在人的社会化过程中，人格的形成和发展受先天和后天的因素影响，一方面它由一定的遗传或生理特征决定；另一方面它是在一定的社会条件基础上，通过社会实践活动逐步实现的，是社会化的产物。人格的核心内容及其形成、发展的标志是自我意识，它是个体对自己存在及存在状况的感知，是对自己的特征及生理、心理状况的认识，其中包括了自我评价、价值感、成就感、自尊心、自信心等一系列涉及认识自己的内心活动。人的社会化要培养正确的自我意识，就是要人们把对自己的认识与社会规范协调一致，使人们在经历了社会化的过程之后，从外在行为到内心世界都尽可能地合乎社会需要。

二是内化价值形态，传承社会文化。社会化研究的文化角度认为，社会化就是社会价值、文化的传承过程。社会化的人是稳定具备了社会和群体的行为方式和社会关系，并将符合社会需要的价值、道德、文化等的主要内容内在化了的人。按照这种观点，社会化的内容就是个人学习和掌握社会文化。社会文化的核心内容包括价值体系、社会规范和社会关系三大部分。人们通过社会化接受价值体系，可以确定行为的目标和行为的方式。通过社会化而使人们接受社会规范，可以约束人们的行为，调整个人与社会，个人与

---

① 费孝通：《社会学概论》，天津人民出版社，1984，第54页。

个人，群体与群体之间的社会关系。

三是掌握生活技能，培养社会角色。社会化研究的社会结构角度认为社会化就是使人"变得具备社会性"，正确认知并扮演自己的"社会角色"。社会化的最终结果体现在个人对社会角色的扮演上，多样的社会关系赋予了个人多个社会角色，社会化过程就是角色学习与扮演的过程。承担社会角色又必须以基本生活技能和专业技能的掌握为基础。未成年人必须首先学习基本生活技能，并在此基础上掌握专门技能。成年人除不断深化专业技能外，也需要不断发展基本生活的技能，同时不断深化在社会化不同阶段对于不同角色的理解和把握。

（三）人的社会化实现途径

人的社会化的实现途径是促进人的社会化的重要方式。关于人的社会化的途径，主要有决定论和能动论两大理论。两大理论各自侧重社会化的不同阶段、内容与方式。决定论强调人的本质发展过程中社会外在赋予对人的内在需要形成的影响作用，一般把社会机构或者社会环境当作人的社会化的决定因素，并把社会机构、环境作为社会化的主体，人作为社会化的对象。这些社会机构环境主要包括家庭、学校、工作单位、朋友、长辈、大众媒体、公共舆论等，在社会化内容和形式上具有目的性明确、固定性强、适用性广的特点。因而，决定论把教育作为人的社会化的最基本和最重要途径。能动论强调个体内在需要的形成是其社会性获得和发展的关键因素，学习、吸收和运用是人的社会化的主要途径，教育引导是诱发内在需要形成的重要手段，学习和内化的方式主要包括劳动实践、认知同化、案例研究、角色扮演等。此外，可以结合马克思人的本质理论关于人的存在基础、存在状态和存在动力为理论依据，提出人的社会化的途径。一是人以自由的劳动为存在基础，劳动又是以具体的实践活动为基础所生成的，因而应该把实践作为人的社会化的基本途径之一；二是人的本质是社会关系的总和，劳动实践是构建社会关系的基础，但在现实生活中社会关系的发展并不仅依托劳动实践，而且可以通过人际交往建立和发展，因此扩大与深化人际交往也是人的社会化的重要途径之一。

三、人民主权理论

（一）卢梭人民主权学说

卢梭出生于法国阶级等级鲜明时代的普通家庭，作为第三阶级的学徒工遭受了各种磨难，这让他决心进行彻底的社会民主建设，他在《社会契约论》中提出的人民主权思想重新燃起了受尽压迫的第三阶级人民新的生活希望。卢梭认为人民享有的主权是绝对的，是自然赋予人类的天然权力，任何个体都不能独占，他在《社会契约论》中描述了理想的民主共和制国家应该是领土面积小、人口数量少，但可以保证人们的平等、自由，生活富足、和平，人们能够实现自给自足，每一个公民都能直接参加民主选举，实现直接民主。卢梭提出的人民主权思想对人类文明的民主发展产生了重要的影响，卢梭的人民主权理论核心内容包括以下两个方面：

一是主权和立法权属于人民。一方面卢梭认为在一个共同体内部的人们都是主动放弃了自己一定程度上的自由，在这个集体中每个人都具有相同的利益和意志，主权便来自这个集体共同的意志——公意中，而公意是由成员共同约定形成的，存在于人们自愿缔结而形成的社会契约中，这种共同的意志最后将会以一个持久的、稳定的、发展的状态得以展现，即公约。共同体内部每个成员都有服从、遵守社会公约的义务，公约对每个成员的赋予或约束都是平等和公平的，所以主权属于共同体内部每一个成员，即全体人民的。另一方面立法权属于人民。集体主权属于人民，集体中最高的权力自然也属于人民，而不属于政府、机构，更不属于个人。在卢梭看来，人民主权的主要表现形式是人民享有国家立法权，公意是国家法律形成的基础，公约必定能反映人们的共同利益与意志，因此只有人民直接参与并全部赞同的条款才是法律，否则便不具有法律效力，政府由人民选择产生，作为人民的委托者，政府仅具有执行法律的权力。二是主权不可分割、不可转让和不可代表。卢梭认为"主权既然不外是公意的运用，所以就永远不可能转让；并且主权者既然只不过是一个集体的生命，所以就只能由它自己来代表自己；权力转移，但意志却不可以转移"①。主权来自人民，是人民公共意志的具体体现，公意作为人民共同体的公共意志，是一个整体，因此个人的意志是不能转让的，主权也就不能转让，每个人只能代表自己行使权力，同样主权作为共同意志的体现，必须服务于集体，若出现分割，公意则只是体现个人意识或大众意志。关于最高主权，基于对理想的民主共和国的设想，卢梭认为一切国家事务必须由人民亲自去做，极力反对代议制，就像他在《社会契约论》中提到的，立法者的共同体是不可能被腐蚀的，但却易于受欺骗；它的代表是不容易受欺骗的，但却易于被腐蚀。所以一旦个人的权力被代表，那么人民容易被代表们篡夺权力，所谓的代表若被权力所腐化就不能真心实意地反映人民的意愿，最终人民将会丧失主权。

卢梭人民主权学说具有重要的历史意义，但受历史条件的制约具有两个明显的局限性：一是彻底反对代议制，认为代表制度是导致人民丧失主权的主要手段，倡议人民对国家的一切政治事务必须事必躬亲，这种直接的民主在只有几万人的雅典城邦中或许可以实现，但随着国家的发展"主权不可代表"是经不起民主发展的实践检验的。二是对学说代表的阶级属性。尽管卢梭认为主权属于人民，但他提到的"人民"主要是指雅典城邦中不靠劳动却可以享受劳动成果的资产阶级，雅典城邦中妇女、奴隶、外邦人等，占人口大多数的下层劳动人民均无民主可言，因此从这个角度来看，卢梭的人民主权是小资产阶级利益的民主。

（二）马克思主义人民主权理论

马克思主义的民主理论是在卢梭民主思想的基础上逐步形成、完善和成熟起来的，他充分考察了社会阶级特征及其所处的历史阶段，分析总结了人民革命实践与国际工人运动经验，从唯物史观的角度重新审视了人民主权思想，赋予了国家观和民主观新的内涵。马克思主义民主理论主要包括以下内容：

一是无产阶级专政。这一理论是在《共产党宣言》中提出的，马克思认为无产阶级同资产阶级之间的斗争要像资产阶级同封建地主阶级之间的斗争一样，要将革命进行到底，彻底地夺取革命最终胜利，推翻旧的专制政府，

---

① ［法］卢梭：《社会契约论》，何兆武译，商务印书馆，2006，第120页。

实现民主革命，建立真正的民主国家。社会发展的直接动力就是阶级的斗争，无产阶级取得最后的胜利就是为了掌握国家政权，实现人民民主，这里体现了人民主权的真正实质，表述了人民主权也是具有阶级性的，人民主权也是阶级的产物，只有无产阶级在国家政权中发挥了主导作用，才能决定人民民主的无产阶级性质。

二是人民当家作主。马克思在论述无产阶级性质的人民主权时，在《法兰西内战》中曾指出巴黎公社式的民主共和国里的人民群众可以真切地参与到国家的政治生活中来，他们可以充分行使对国家的政治管理权，这是因为掌握实权的"差不多都是工人或公认的工人代表"[1]，普通劳动者的政治地位发生了实质性的改变，他们代替其他性质国家中的剥削阶级掌握了国家政权，"所以它所通过的决议也就完全是无产阶级性质的"[2]。在无产阶级专政的民主共和国，劳动者是国家的主人，人民直接或间接参与国家政治，一切国家政策都是以无产阶级的利益为出发点，这便是无产阶级民主人民主权的核心体现，即人民当家作主。此外，马克思、恩格斯对巴黎公社所实行的人民普选制进行了充分的肯定，并认为这是使公社领导人成为人民的公仆，代表人民利益执掌国家政权的正确制度形式，并将其称之为"防止国家和国家机关由社会公仆变为社会主人"[3] 的首要办法，人民通过普选可以自由选择能够代表自己利益的公民为公仆。在无产阶级政权国家，人民根据自身的利益选出能代表他们利益的代表，他们授予这些代表相应的权力。但是这种授予的权力并不具有绝对性和永恒性，代表们代表人民执行国家权力，在法律的范围内仅具有权力的使用权，所有权仍掌握在人民手中。所以，当这些代表的某些行为违背了人民的意愿时，人民有权选择新的代表为自己服务。国家必然会考虑社会绝大多数民众的切身利益，无产阶级（人民）选出的代表也必然能代表社会绝大多数人的利益，这便是人民当家作主的具体实践。

---

① ［德］马克思、恩格斯：《马克思恩格斯选集》（第 2 卷），人民出版社，1972，第330 页。

② ［德］马克思、恩格斯：《马克思恩格斯选集》（第 2 卷），人民出版社，1972，第330 页。

③ ［德］马克思、恩格斯：《马克思恩格斯选集》（第 2 卷），人民出版社，1972，第335 页。

　　三是人民享有民主选举和民主监督的权利。马克思在《法兰西内战》中曾提到"公社是由巴黎各区通过普选选出的市政委员组成的。这些委员是负责任的,随时可以罢免。其中大多数自然都是工人或公认的工人阶级代表……它既是行政机关,同时也是立法机关。警察不再是中央政府的工具,他们立刻被免除了政治职能,而变为公社的负责任的、随时可以罢免的工作人员"①。马克思高度赞扬了巴黎公社无产阶级政权建立的民主政治形式,其中民主选举、民主监督制度的设立得到了他充分的肯定。巴黎公社的委员都是由公社的人民通过选举产生的,均可代表无产阶级的利益或本身就是无产阶级者,委员向上层反映广大工人的意愿和需求,将个人的意志凝聚成公社意志,再上升为广大无产阶级的意志,实现真正的民主选举,保证了国家规则由人民制定,并始终服务于人民。但仅仅有了民主选举并不能彻底保障人民的主权,正如卢梭人民主权学说提到的,一旦个人的权力被代表,那么人民容易被代表们篡夺权力,形成代表的独裁专制或者代表的权力所腐化。正如马克思说到的"法官和审判官,也如其他一切公务人员一样,今后由选举产生,要负责任,并且随时可以罢免"②,毛泽东在 1945 年谈论如何解决一个国家兴亡历史周期率问题时也说道:"我们已经找到新路,我们能跳出历史周期率。这条新路就是民主。只有让人民来监督政府,政府才不敢松懈;只有人人起来负责,才不会人亡政息。"③可见要彻底地保障人民的主权,要实现人民对政府的制约,必须给予并保障人民的监督权与一定程度的罢免权。人民对政府实行实时监督,并有权利、有渠道、有方式对不称职的公职人员进行检举督报,才能保证政府工作的透明度与公务人员的纯洁性,建立有效的监督机制并实行有效的监督管控,才能防止独裁专制或贪腐现象的产生。

---

① ［德］马克思、恩格斯:《马克思恩格斯选集》(第 3 卷),人民出版社,1972,第 55 页。

② ［德］马克思、恩格斯:《马克思恩格斯选集》(第 3 卷),人民出版社,1972,第 56 页。

③ 黄方毅:《毛泽东与黄炎培延安话民主》,《民主》1990 年第 2 期第 36—38 页。

四、群众路线理论

"群众路线"是以毛泽东同志为核心的第一代中央领导人创立、发展和不断完善成熟，指导我们党开展革命、建设、改革开放和新时代建设的基本理论和工作方式，是历代中央领导集体不断丰富而来的智慧结晶，是经过发展实践与人民检验的宝贵经验。

党的群众路线核心内容是党在自己的工作中实行群众路线，一切为了群众，一切依靠群众，从群众中来，到群众中去，把党的正确主张变为群众的自觉行动。党的群众路线体现了蕴含着"人民群众是历史的创造者"的历史唯物主义群众史观和"认识来源于实践，又服务于实践，实践又是人民群众的实践，实践是检验真理的唯一标准"的辩证唯物主义认识论原理，是马克思主义哲学在革命建设实践中的具体贯彻和创造性运用。具体而言，党的群众路线理论由四个结构性要素组成：一是党的领导为主体要素；二是"一切为了群众，一切依靠群众"为客体要素，即群众观点；三是"从群众中来，到群众中去"为实现路径与工作方式；四是"把党的正确主张变为群众的自觉行动"为群众路线的目标要求。四者紧密联系、缺一不可，是党在革命时期、建设时期、发展时期和新时代的理论基石。

首先，群众路线是党领导的群众路线，是由党的性质决定的群众路线——由工人阶级先锋队领导的、工农联盟为基础的，代表最广大人民利益的、最先进文化前进方向和先进生产力发展要求的政党所领导，在过程中始终贯彻全心全意为人民服务，与最广大的人民群众取得并保持紧密的联系，时刻把为人民谋利益作为一切工作的出发点和落脚点。践行党的群众路线必须要坚持党的领导，贯彻党的政治路线，要以人民群众满意不满意、高兴不高兴、赞成不赞成作为是否贯彻落实群众路线的衡量标准，使党的路线、方针、政策和作风充分体现最广大人民群众的根本利益和要求，得到最广大人民群众的拥护。其次，群众路线的核心内容是一切为了群众，一切依靠群众。毛泽东在党的七大上作《论联合政府》的书面报告，强调党的群众路线的核心内容："我们共产党人区别于其他政党的又一个显著的标志，就是和最广大的人民群众取得最密切的联系。全心全意地为人民服务，一刻也不脱离群众；一切从人民的利益出发，而不是从个人或小集团的利益出发；向人民负责和向党的领导机关负责的一致性；这些就是我们的出发点。"① 无论是革命年代还是中华人民共和国成立初期，无论是改革开放还是新时期，我们党所做的工作都是为了人民的利益而奋斗，为人民幸福而努力，真心地为人民群众办实事、谋利益，不论遇到多少艰难险阻，都始终坚持把国家和人民的利益放在首位。毛泽东曾在《一九五七年夏季的形势》的报告中强调："共产党员要善于同群众商量办事，任何时候也不要离开群众。党群关系好比鱼水关系。如果党群关系搞不好，社会主义制度就不可能建成，社会主义制度建成了，也不可能巩固。"② 毛泽东将党和群众的关系形象地比喻成"鱼和水"关系，党是社会主义建设的领导者，人民群众是推动社会主义发展的促进者，党之所以能够取得革命、建设和改革的伟大胜利，是因为党始终相信群众，紧紧依靠群众。如今，我们党在新时代更要善于积累总结人民群众宝贵的实践经验，发掘蕴藏在人民群众中渊博的智慧和强大的力量，激励广大人民群众投身于社会主义建设事业。再者，群众路线的实现路径和方法是从群众中来，到群众中去。毛泽东在《关于领导方法的若干问题》中指出："在我党的一切实际工作中，凡属正确的领导，必须是从群众中来，到群众中去。"③ "从群众中来"意味着党的正确主张来源于实践，即真正可以满足人民群众的根本需要，关乎百姓切身利益的实际主张，强调党要重视开展基层调研工作，倾听人民群众的利益诉求，制定出正确的路线、方针、政策。"到群众中去"意味着把制定出的路线、方针、政策贯彻落实到人民群众中去，让人民群众检验党的路线、方针、政策是否与他们的利益一致，是否与他们的根本需要一致。最后，实现人民群众把党的正确主张转化自觉行动，并在实际行动中让这些路线、方针、政策得到检验、完善和发展。

---

① 毛泽东. 毛泽东选集（第3卷），人民出版社，1991，第1095页。
② 中共中央文献研究室编：《建国以来毛泽东文稿》（第6册），北京：中央文献出版社，1992，第547页。
③ 毛泽东. 毛泽东选集（第3卷），人民出版社，1991，第899页。

第二节　中学生公共参与素养的重大意义

一、公共参与素养是培养担当民族复兴大任的时代新人的需要

习近平总书记在党的十九大报告提出了要"培养担当民族复兴大任的时代新人"，同时也意味深长地寄语青年，"青年兴则国家兴，青年强则国家强。青年一代有理想、有本领、有担当，国家就有前途，民族就有希望。"① 可见，与历史其他时期的"社会主义新人"和"当代青年"相比，时代新人与现代青年以"民族复兴"为历史使命和责任担当，中国特色社会主义进入新时代靠的是中华民族担当起历史重任的一代代仁人志士与主动肩负天下兴亡的一代代热血青年。新的时代孕育新的青年、呼唤新的责任与担当，成长在新时代的青年享受着时代发展所赋予的幸福与荣光，同时也要肩负起续写民族大业、辉煌篇章的职责，当代青年绝非新时代中国特色主义建设的"看客"或"过客"，而是中华民族伟大复兴的参与者、实现者与领导者。

习近平总书记在北京大学师生座谈会上曾强调"中华民族伟大复兴，绝不是轻轻松松、敲锣打鼓就能实现的"，"广大青年生逢其时，也重任在肩"，②。民族复兴需要当代青年将个人梦、个人理想与国家和民族复兴的伟大事业相结合，"担当民族复兴大任"是时代新人的评价尺标和培养目标。"千里之行始于足下，不积跬步无以至千里"，当代青年要践行使命与担当，要有肩负"大任"的理想信念，更要有尽其"小责"的社会意识，需要有"济天下"的情怀，更要有"善其身"的本领。因此，时代新人更需要立足当下，脚踏实地，关注生活、认识社会，牢牢地将自我与社会、国家、世界联系到一起。而公共参与很好地将个人、社会与国家凝聚起来，统一起来。

---

① 习近平. 决胜全面建成小康社会夺取新时代中国特色社会主义伟大胜利——在中国共产党第十九次全国代表大会上的报告，中华人民共和国中央人民政府，http：//ww. gov. cn/zhuanti/2017-10/27/conttnt_ 5234876. htm，引用日期：2017 年 11 月10 日。

② 习近平：《在北京大学师生座谈会上的讲话》，《人民日报》2018 年 5 月 3 日第 2 版。

通过公共事务或公共生活锻炼中学生的公共参与素养，并引导其以公共参与的姿态跟紧时代步伐，以公共参与的精神融入社会发展，以公共参与的高度展望世界。当代青年内有良好的公共参与意识，外有稳健的公共参与能力，无论身处何方、身居何位，都能质朴地、深沉地在公共事务中承担起新时代历史使命与责任担当。

伟大的中华民族从受尽压迫到站起来、富起来、强起来的历史飞跃，靠的是历代有志青年"天下兴亡，匹夫有责"的使命担当，有志之士用他们的智慧、知识、才干和能力承担起了民族复兴的使命。中国特色社会主义进入新时代，时代新人是建设中国特色社会主义的新生力量和实现中国梦的中坚骨干，在和平与发展的时代，科技是第一生产力，而人才更是核心竞争力，丰富的知识和过硬的能力是时代新人承担起使命与担当的硬条件。习近平总书记在《在纪念五四运动 100 周年大会上的讲话》中指出："青年是苦练本领、增长才干的黄金期。"[1] 青年时期正是生理和心理快速发展并迈向成熟的时期，智力和体力都在迅速增长，青年应该把握机会，不断丰富知识、提高素养、强化干事创业的本领能力，掌握真才实学，增益其所不能，努力成为各行业、各领域的有用之才。习近平总书记在北京大学师生座谈会上强调"时代新人应当坚持实践第一、知行合一，求实务实、有为善为，脚踏实地干事创业，用勤劳的双手创造美好生活。撸起袖子加油干，始终干在实处、走在前列"[2]。可见，作为时代新人除了树立坚定的理想信念、累积丰富的理论知识、练就过硬的本领外，还要具备求真务实、脚踏实地的劳动品质，遵循理论知识的引导，置身实践之中，用"干事创业"践行民族复兴的中国梦。培养公共参与素养正是将理想抱负、理论学习、社会实践融于一体，公共参与以实践为导向，可以让中学生首先作为参与者或旁观者逐渐接触和参与各方面社会事务，增长见识、积累知识和掌握必备本领，内化成基本素养。在此基础上通过引导，让中学生将内化的知识与外化行为相统一，增强他们在公共参与的主体性地位，让其广泛、深入、独立、主动地承担起社会

---

[1] 习近平：《在纪念五四运动 100 周年大会上的讲话》，《人民日报》2019 年 5 月 1 日第 2 版。

[2] 习近平：《在北京大学师生座谈会上的讲话》，《人民日报》2018 年 5 月 3 日第 2 版。

责任与公共职责，最后成长为国家合格公民与社会的栋梁之材，真正具备"干事创业"的本领，在新时代经济建设的主战场、政治文化发展的大舞台、社会建设的新领域、生态保护的最前沿为中华民族伟大复兴贡献智慧和才华。

二、公共参与素养有利于培养社会主义现代公民

公民是享有从事管理社会和国家等公共事务权利的人，作为国家的现代公民，可以享有该国宪法和法律规定的权利和必须履行宪法和法律规定的义务，其既有客观存在的生命体的自然属性，也具备国家成员身份，具备参与社会管理、享受权利和承担义务的法律属性。一个合格的社会主义现代公民，从自然属性而言，马克思主义必定是其精神底色、爱国主义必是其情感底线、集体主义是其终身关切、全面发展是其成长目标；从法律属性而言，社会主体意识、民主法治观念、道德修养、社会责任感、公民基本技能是其必备的公民要素。

中学生是社会、国家未来的中流砥柱，更是新时代中国特色社会主义事业的建设者，理应在不同的阶段以不同的方式承担起一定的社会责任。但相对闭塞的学习环境与生活环境，导致中学生专注于学业，对社会发展、公共事务、政治生活等缺乏了解，对如何参与社会、行使权利、履行义务更是缺乏实践经验，因此，通过具体的实践，培养中学生的公共参与素养，可以让学生在正式步入社会前获得有关公共事务、公共生活、权利与义务等方面的主动意识、知识能力与实践经验，让其可以更好地融入社会并实现全面发展，成为合格的社会主义现代公民。

培养中学生公共参与意识，有利于学生全面认识地方政策法令，感受公职人员为民办事，确信政府是执政为民，从而提高对政府、公职人员工作的理解度和认可性；有利于学生自觉与主流意识形态保持一致，维护党的权威，增强政治意识；有利于学生树立家国情怀，增强民族自豪感和自尊心，时刻把集体利益放在首位；有利于增强社会参与的使命感和荣誉感，学会有序文明地参与集体生活，体会依法行使权利与承担义务的神圣，提高公民意识和国家观念。

　　培养中学生公共参与知识，有利于学生全面认识政府职能，了解与自身生活密切相关的机构部门与相关政务的开展，初步掌握社会事务办理的基本流程与方法；有利于学生了解我国政治制度、法治体系和政治生活，强化依法行使政治权利、履行政治义务的公民意识；有利于学生理解党的领导和执政地位是历史和人民的选择，党的领导是中国特色社会主义的根本保证和最大优势。

　　培养中学生公共参与能力，有利于学生理性思考，正确看待社会现象，通过正当途径准确表达自己的意愿；有利于学生学会依法向政府部门求助和投诉，更好地维护自己的合法权益，促进自身承担社会责任与义务；有利于学生积极参与基层民主治理，激发为社会发展出谋划策的主人翁精神；有利于学生明白人的全面发展目标，用实际行动提升自身的综合能力，目光不只局限于课堂学习与成绩的提升，更要放眼于世界人才的综合竞争。

三、公共参与素养有利于提高中学生综合能力

　　公共参与是"有序参与公共事务，勇于承担社会责任，积极行使人民当家作主的政治权利"[1]，具备公共参与素养的中学生必定能遵循规则，有序参与公共事务，积极参与民主实践，同时践行公共道德，热心公益事业。公共参与要求中学生不但要有正确的价值认知、政治认同和法治意识，还要有丰富的知识储备、良好的思辨能力和较强的执行力，更要有表达诉求、对话协商、沟通合作和解决问题的能力。因此，在中学思想政治课上学生公共参与素养的培育，也是综合能力的培养。

　　培育公共参与素养有助于增强学生表达能力。个人的表达具备自然属性与法律属性，一方面表达是个体的自然能力之一，表达个人诉求、意愿、情感是中学生参与集体生活的基本技能；另一方面从法律属性讲，个人表达诉求、意愿是其表达权的行使方式之一，而表达是公民行使社会主义民主权利重要的方式之一，人民有权就国家发展、社会治理等方面表达自己的意见、看法，是人民当家作主的具体体现，受《中华人民共和国宪法》的保护。可

---

① 中华人民共和国教育部：《普通高中思想政治课程标准（2017年版，2020年修订）》，人民教育出版社，2020，第6页。

见，表达能力是公民重要的基础能力之一，表达能力主要受个体内在理解能力、思辨能力、语言文字基础、逻辑思维及表达技巧等因素的影响，一般而言，有效的表达必定是基于个人对单位客观事实或现象进行全面观察、认知、分析后，产生独立的理解、认识或价值取向，经过逻辑编排后形成个人的观点、意见等表达内容，并用习惯的文字、语言、行为和表达技巧将其具象化、通俗化、共识化，达到传递信息、抒发情感或交流思想的目的的作用。可见，表达能力受多种能力因素的共同影响，其本身就是综合能力的具象表现之一，而参与公共生活、处理公共事务、开展政治参与可以为中学生提供理想的表达场所、公平的表达机会、和谐的表达环境、具体的表达内容、丰富的表达对象和较低的犯错成本，中学生不但可以锻炼与表达相关的能力，还可以增强自信心和成就感、积累实践表达的经验。但由于各方面原因，中学生在实际生活或处理公共事务的过程中，往往无法做到准确、合理、高效地表达自己的意愿，而是用错位的，甚至是一些极端的方式去表达自己。例如，常见的有中学生因对学校的政策制度不满或者对家长管教不满，在社交平台进行辱骂、讽刺、挖苦等的对抗式表达，甚至出现过激的、有危害性的行为。这从一定程度上说明，部分中学生表达诉求的能力不足，不能采取合情合意的方式与途径去表达自己的意见。因此，通过思想政治课培养学生公共参与素养，是提高学生的表达能力，锻炼学生的综合能力的重要方式。

培育学生公共参与素养有利于提高学生的集体沟通合作能力。沟通是人与人、个人与群体间以语言、文字、行为等为载体，进行信息、思想和感情的传递和反馈的过程。合作是个人与个人或群体之间为达到共同目的，实现各方利益诉求，彼此相互妥协、配合而采取的一种共同行动的活动方式。有效的沟通是良好合作必不可少的基础要素，在社会生活中一般的沟通合作以双方理解并达成一致为导向，以语言或文字为媒介，采取相互配合的行为实现共同目的，满足集体或自身需要和利益，有较强的目的性、即时性和阶段性。从中学生个人层面而言，沟通合作是其社会化的重要体现，适当的沟通合作有助于建立良好的人际关系、发现自身的不足，有助于调动多方积极性取得共赢，有助于减少双方误会促进团队和谐，等等。从国家集体层面而言，公民的良好沟通合作是推动发展和创新的前提条件，是社会稳定和谐的关键因素，是国与国、民族与民族间实现相互尊重、合作共赢的重要方式。

可见，作为时代新人，中学生的沟通合作能力不仅关乎自身发展，更与国家未来发展密切相关。中学生的沟通合作能力可以在公共参与中得到充分的锻炼，参与公共事务正需要每个中学生个体以实现共同目标为出发点，以有效沟通为桥梁，以合作的形式达成共识，在过程中承担自身角色的职责并在出现问题、矛盾时通过表达、交流与合作克服困难，保障各方面的利益，完成公共事务。当前受多方面的因素影响，中学生在沟通合作能力上均存在不同程度的问题，如受客观环境局限，缺乏自下至上的沟通合作锻炼；受信息技术发展影响，更倾向于线上沟通导致瞬时沟通能力不足、效果不佳；受家庭因素或成长环境影响，不易达成合作共识或不愿沟通，等等。若长久缺乏锻炼，必定影响其个体的社会化，导致各方面能力发展不均衡，无法肩负起民族复兴的大任，甚至无法成长为合格的公民。因此，通过公共参与培养中学生沟通合作能力，有助于提高学生个体综合能力，为实现人的全面发展奠定基础。

第三节　中学生公共参与素养的基本内涵

一、公共参与和公共参与素养

（一）公共参与

根据《现代汉语词典》，"公共"意为属于社会和集体的，具备公有、公用的属性，"参与"是加入某种事情的制定或者执行当中，因此"公共参与"可解释为加入社会或集体的事务中，并一同执行或制定。

学术界从不同的学科背景和认定的范围出发，将公共参与的定义分为狭义和广义理解。狭义的定义包括"公共参与就是公民为维护或促进社会公益，通过各种合法的途径与方式表达利益诉求、影响公共活动以及公共决策的社会政治行为"[1]；"公共参与主要指的是政府之外的个人或社会组织通过

---

[1] 中央编译局比较政治与经济研究中心，北京大学中国政府创新研究中心：《公共参与手册：参与改变命运》，社会科学文献出版社，2009，第3页。

一系列正式和非正式的途径直接参与到政府公共决策中，它包括公众在公共政策形成和实施过程中直接施加影响的各种行为的总和"①。广义定义包括公共参与和公民参与、公众参与的概念相统一，是公民试图影响公共事务决策和执行的一切活动②；"公共参与就是指公民通过合法的途径与方式，主动或者被动地进行直接或间接参与，影响公共活动和决策的过程"③；"参与是实现善治的基础，而且公民进行参与的首先是政治方面的社会公共生活。但不仅仅是政治参与，还包括公民对其他社会生活的参与"④。公共参与的广义定义与狭义定义的区别主要在于范围的差异，狭义定义为公民只在政治生活的范围内参与公共事务，而广义的则认为政治参与是公共参与的主要内容，其他内容还包括社会经济、文化、民生等各个层面的公共事务。

《普通高中思想政治课程标准（2017 年版，2020 年修订）》将每个思想政治学科核心素养做了总结归纳，从学科角度出发阐释"我国公民的公共参与，就是有序参与公共事务，勇于承担社会责任，积极行使人民当家作主的政治权利"⑤。该定义指明了公共参与的参与主体、参与要求、参与对象和主要属性：首先，指明了公共参与的主体是公民，依法享有权利与履行义务；然后，提出了公共参与要"有序参与"和"勇于承担社会责任"的要求；其次，明确了参与对象为"公共事务"，即社会各个领域的事务；最后，强调了中学生的公共参与以政治参与为主要属性。

（二）公共参与素养

1. 素养

"素养"主要指人长期持有并保持稳定的修养和素质，是后天学习、训练而获得而非先天具备的修习涵养。它具有几个明显的特征：一是素养是个体内在学习和外在环境共同作用下形成的稳定、持久品质形态结构，一旦形

---

① 王周户：《马克思主义群众视野下的中国公众参与制度建构》，西北大学博士学位论文，2011 年。

② 贾西津：《中国公民参与：案例与模式》社会科学文献出版社，2008，第 1—2 页。

③ 李艳霞：《影响公共参与强度的主体性因素分析》，《城市问题》2011 年第 1 期第 78 页。

④ 俞可平：《公民参与的几个理论问题》，《青海人大》2007 年第 1 期第 56-58 页。

⑤ 中华人民共和国教育部：《普通高中思想政治课程标准（2017 年版，2020 年修订）》，人民教育出版社，2020，第 6 页。

成，不易受外界因素干扰；二是经过后天的不断学习、反复训练和长期熏陶习得的，不是与生俱来或短期练习获得的；三是范围涵盖较广，包括态度、意识、知识和行为等。

2. 公共参与素养

公共参与素养是指公民能够通过合法途径与方式参与公共事务，表达合理的利益诉求，影响公共活动以及公共决策的意识、知识和能力。该定义强调了以下三点：一是公共参与素养的表现载体为公共事务的参与。公共事务是指公共领域中需要共同参与的事务，参与主体需要运用公共参与素养完成相应的任务。可见，公共参与素养以实践为载体。二是公共参与素养的最终能效为表达利益诉求，影响公共活动以及公共决策。培养和锻炼公共参与素养的最终目的是让中学生成长为合格公民，并在社会生活中充分发挥主体作用，推动公共事务的良性发展，实现自我价值。三是公共参与素养的具象表现为公共参与意识、公共参与知识和公共参与能力。

二、新时代对公共参与素养提出的要求

党的十九大提出中国特色社会主义进入了新时代，随着国内主要矛盾、国际形势、社会结构的变化，对人才的需求也发生着较大的变化，教育方针从党的十八大提出的"把立德树人作为教育根本任务，培养德智体美全面发展的社会主义建设者和接班人"发展到党的十九大提出的"要优先发展教育事业，坚持以学生为本的教育理念，坚持发展素质教育的改革方向，落实立德树人的根本教育任务"，核心方向是培养全面发展的人才为中国特色社会主义现代化建设服务。

思想政治课程是实现中学生政治教育、思想引领、社会认知和综合能力培养的主要阵地。思想政治课程以立德树人为根本任务，以培育社会主义核心价值观为根本目标，是帮助学生确立正确的政治方向，塑造学科核心素养、增强社会理解和参与能力的综合性、活动型学科课程。公共参与素养作为学科核心素养之一，是政治认同、法治意识和科学精神的外在行为表现。《普通高中思想政治课程标准（2017 年版，2020 年修订）》认为"我国公民的公共参与，就是有序参与公共事务，勇于承担社会责任，积极行使人民当

家作主的政治权利"①，具有公共参与素养的学生应能够："具有集体主义精神；遵循规则，有序参与公共事务；热心公益事业，践行公共道德，乐于为人民服务；积极参与民主选举、民主协商、民主决策、民主管理、民主监督的实践，体验人民当家作主的幸福感；具备善于对话协商、沟通合作、表达诉求和解决问题的能力，勇于担当社会责任。"②

综合以上教育方针、思想政治学科性质与公共参与素养相关概念，结合中学生的身份、生活与学习环境，新时代对公共参与素养提出的要求可概括为，通过课程教育中学生能够逐步树立公民意识和集体主义精神，不断增强参与公共事务管理和社会生活的知识和能力，从而能够以有效的方式积极主动参与班级、学校、社会等领域的公共事务，行使合法权利，履行法定义务、承担公共责任、维护公共利益、践行公共精神，具备稳定的认知和行为能力。

（一）树立集体主义精神和公民意识

具有集体主义精神，积极参与民主生活，体验人民当家作主的幸福感，是新时代对公共参与素养的政治要求，也是首要要求。一方面，"集体主义是社会主义和共产主义道德的基本原则，是调节个人与个人之间、个人与集体之间利益关系的根本准则"③，我国人民民主专政的国家性质和人民代表大会制度的根本政治制度决定每一个公民都应当树立集体主义价值观，具备集体主义精神。另一方面，我国人民民主专政的本质是人民当家作主，我国的民主具有广泛性、真实性、管用性，树立公民意识，具备主人翁精神是公民行使民主权利、享有民主建设、参与民主生活的内在先决条件，两方面既是对公民素养的要求，也是对中学生公共参与素养的基本要求。培育中学生公共参与素养，就必须要培养其集体主义精神与公民意识。尤其在新时代下，物质生活丰富多彩，文化价值复杂多元、社会竞争加剧，加上成长环境的影响，中学生的个人主义精神和利己主义思想越发强烈，"三观"内在博

---

① 中华人民共和国教育部：《普通高中思想政治课程标准（2017年版，2020年修订）》，人民教育出版社，2020，第6页。

② 中华人民共和国教育部：《普通高中思想政治课程标准（2017年版，2020年修订）》，人民教育出版社，2020，第7页。

③ 张耀灿、陈万柏：《思想政治教育学原理》，高等教育出版社，2001年。

弈也更为激烈，容易出现认知偏差、政治立场摇摆、理想信念动摇的问题。因此，塑造学生的集体主义精神和公民意识是对新时代培养公共素养提出的首要要求。

（二）有效处理纠纷和解决问题

具有公共参与素养的学生，"应该具备善于对话协商、沟通合作、表达诉求和解决问题的能力，勇于担当社会责任"[1]，概括而言，该要求即培养学生公共参与素养，让其可以合情、合理、合法地处理纠纷和解决问题。事实上，无论是参与公共事务还是家庭、校园生活，必然需要对话交流、沟通合作和表达自身诉求，面对误解、分歧、争执和纠纷，因此，参与公共事务必然要求学生有处理纠纷和解决问题的能力。在中学阶段学会与集体相处、与他人沟通，理性、客观看待人与人、人与事、事与事的冲突，寻求途径妥善解决，从而避免激烈的矛盾或突发危机事件，这对学生的成长成才及日后参与社会生活有着深远和重要的意义。

（三）遵守规则与有序参与

具有公共参与素养的学生，应该能够"遵循规则，有序参与公共事务"[2]，这是新时代对中学生公共参与的基本要求。狭义的中学生公共参与是指以政治参与为主要表现形式，并试图影响公共生活与公共政策的一切实践活动，广义的是能培养学生公共参与素养的公共事务相关领域的实践。无论如何划定实践类型的范围，公共参与的实践性、公平性和公共性都是其固有的属性，无论何种类型的社会事务都有其标准的流程、明确的规则，以确保维护主体的权益，保障公共参与的顺利进行。无论参与者是何种背景都需要严格遵守规则，按照既定的流程和要求，参与公共事务或公共生活。就中学生而言，他们在中学阶段自主意识开始形成，具备一定的参与能力和热情。从主观上而言，他们好奇并想要参与到社会生活中，但是其心理不稳定，容易受外界因素干扰，在参与公共事务或表达利益诉求时，仍存在一定

---

[1] 中华人民共和国教育部：《普通高中思想政治课程标准（2017年版，2020年修订）》，人民教育出版社，2020，第7页。

[2] 中华人民共和国教育部：《普通高中思想政治课程标准（2017年版，2020年修订）》，人民教育出版社，2020，第7页。

的冲动和非理性倾向，容易出现"失序"或"紊乱"参与行为。因此，"有序参与""遵守规则"是对中学生参与公共事务的基本要求。

（四）勇担社会责任

具有公共参与素养的学生，"应该热心公益事业，践行公共道德，乐于为人民服务"①，概括而言即要求中学生勇担社会责任，这是新时代对公共参与素养的重要要求。中学生公共参与素养的培养的直接目的重在了解社会、树立意识、锻炼思维，掌握知识和行为养成，长期目标是培养有担当、有知识、有能力、有情怀的中国新时代青年。参与公共服务和热心公益事业是中学生承担社会责任、参与社会生活的最佳方式。在公益活动中学生可以去除功利私欲，放下成绩考试，全心全意为他人服务，在帮助他人、参与社会的过程中实现自我价值，在实践中领悟公共道德和公益精神，树立新时代青年的责任感。

三、中学生公共参与素养培育的内涵

《普通高中思想政治课程标准（2017 年版，2020 年修订）》关于我国公民公共参与的定义为"有序参与公共事务，勇于承担社会责任，积极行使人民当家作主的政治权利"②，并指出"具有公共参与素养的学生，应能够：具有集体主义精神；遵循规则，有序参与公共事务；热心公益事业，践行公共道德，乐于为人民服务；积极参与民主选举、民主协商、民主决策、民主管理、民主监督的实践，体验人民当家作主的幸福感；具备善于对话协商、沟通合作、表达诉求和解决问题的能力，勇于担当社会责任"③。这一定义，明晰了思想政治课程中学生公共参与素养培育的内涵：有序参与公共事务、践行公共理性精神和依法维护公共利益。

---

① 中华人民共和国教育部：《普通高中思想政治课程标准（2017 年版，2020 年修订）》，人民教育出版社，2020，第 7 页。

② 中华人民共和国教育部：《普通高中思想政治课程标准（2017 年版，2020 年修订）》，人民教育出版社，2020，第 6 页。

③ 中华人民共和国教育部：《普通高中思想政治课程标准（2017 年版，2020 年修订）》，人民教育出版社，2020，第 7 页。

(一)有序参与公共事务

"有序参与公共事务"体现着公共参与的原则与内容。"有序参与"要求中学生在参与公共事务时,必须遵循相应的客观规则、规律,在此基础上充分发挥主观能动性,积极参与,提出建议与意见,充分发挥主体作用。中学生"有序参与"的前提是要形成规则意识,目的是保障公共参与的顺利开展,维护参与主体的权益和形成良好的行为习惯。参与"公共事务"是以公民身份的认知为切入点,开展民主选举、民主协商、民主决策、民主管理、民主监督等政治参与活动,在此过程中引导学生将认识论、辩证法等所学知识应用于社会实践中,了解政治生活常识,提高参与能力。有序参与公共事务,既有利于提高学生参与公共事务的热情和信心,增强社会责任感,又有利于实现政府部门、社会组织决策的民主化、科学化。

(二)践行公共理性精神

公共理性精神是社会成员在公共生活中对人们共同生活及其行为准则、行为规范的主观认同,在客观行动中遵守并执行。中学生的公共理性精神追求正义感和公共道德,体现为"求真向善"价值理念、理性思考和知行合一的实践能力以及具备公共参与素养的学生所展现出来的"遵守规则""有序参与""践行公共道德""对话协商"等均是践行公共理性精神。随着国家推进治理体系和治理能力的现代化,公共参与的领域将不断丰富,类型不断多样化,参与的主体不断增多,主体影响力也将越来越大。因此,中学生公共参与素养,必须践行公共理性精神,将国家利益、集体利益和个人利益相统一,以公共的视野和思维逻辑进行参与,在公共事务中充分彰显公共价值,促进公共参与的民主化与效能化,实现社会的科学发展。

(三)依法维护公共利益

公共参与属于社会实践范畴,一方面从利益创造角度而言,参与公共事务是将社会发展与主体发展、集体利益与个体利益相统一,并谋求利益最大化的过程,包括利益获得者最大化与利益成果最大化,公共事务的开展或公共参与行为本身往往带有一定的目的性和现实性。另一方面我国社会主义的根本制度决定了公共事务的政治属性与发展性质,同时公共参与又是公民社会公共责任、集体主义精神、依法行使权和履行义务在实践层面的具体化。

因此，参与公共事务是在特定的方向上谋求利益成果最大化的过程，具备了基本理性认知和行为能力的中学生进行公共参与，必然要以集体利益为归宿，依法维护公共利益。

第四节　中学生公共参与素养的主要特征

中学生思想政治学科是一门具有完整学科体系的社会科学，在教学对象、教学知识、教学方式和培养目标等方面均有其自身的学科特点。正确认识中学生思想政治学科公共参与素养的主要特征，对于培养中学生的公共参与素养、提高思想政治教育效能都具有重要的意义。中学生思想政治学科公共参与素养的主要特征是科学性、民主性、实践性、社会性、体验性、教育性。

一、科学性

公共参与素养的科学性特征是中学思想政治学科理论体系正确性和教育教学科学化的具体体现。一方面在知识体系上，中学思想政治课程坚持以马克思列宁主义、毛泽东思想、邓小平理论、"三个代表"重要思想、科学发展观和习近平新时代中国特色社会主义思想为指导，是具体的马克思主义理论教育课程，是唯物辩证法与方法论在治国理政、民主生活和社会实践等方面的科学运用；另一方面在培养方式上，通过社会公共活动，引导中学生主动运用辩证唯物主义和历史唯物主义的理论观点与科学方法，促进其对政府、社会公共组织决策的理解，加深对于中国社会热点问题的本质认识，充分发挥公共参与素养与对中学生的世界观和价值观培育的积极作用，塑造学生独立、理性的人格和辩证、科学的思维，从而塑造他们面对社会现实生活与人生顺逆境时的积极的精神状态，以及追求实现人生理想、实现幸福生活的人生态度。

当今正处于新时代百年未有之大变局之中，国际关系纷繁芜杂，社会也处于起伏转化的进程中，中学生面临的各类环境都在不断地发展和变化。而公共参与正是中学生接触和融入当前生活环境、社会环境、成才环境的重要途径，培养其公共参与素养，以便让中学生有序地参与当前社会生活、认识民主政治，正确地理解社会现象和问题，用理性的眼光和科学的思维立足于当下实际，放眼于未来生活。可见，参与社会生活要求中学生具备理性的处事观，在面对多元的价值理念，能做出正确的抉择，面对多样的文化，能自信并包容，面对复杂的社会问题，能做出理性的分析、判断和选择，同时积极地思考应对策略，面对人与人、人与事的矛盾纠纷时，能有效协商、避免冲突，最后合情、合理、合法地解决问题，这也是公共参与素养的科学特征在社会生活中的具体体现。

二、民主性

公共事务的"参与"是指公民通过某种政治活动，力求影响政治决策，以维护个人、组织或集体公共的利益。公共参与不是简单的"凑人数"，更不是被动地接受或执行，而是公民作为参与主体的积极行为，具有自主目的性和计划性。公共参与的民主特征体现为公民作为具有社会性的个人，具备积极主动地参与公共事务和公共管理，践行公共精神，自觉承担公共责任的强烈意愿。同样，民主性是中学生政治参与和公共事务处理过程中的重要特征。中学生的公共参与是有序参与公共事务，勇于承担社会责任，积极行使人民当家作主的政治权利，就实现中学生积极的政治参与而言，必须让其自发地认知参与政治生活的重要意义、价值与作用，自主地了解政治参与的基本内容，自觉地依法行使政治权利、依法履行责任义务，自行了解民主选举、民主管理等政治参与的途径和方式，早日树立人民当家作主的自信和责任感。具体而言，中学生公共参与素养的民主性特征体现在两方面，一是中学生在参与社会公共生活时，主动理解、支持政府、社会组织的正确决策，坚定落实决策的信心与信念，遵守并拥护决策，自觉践行政府、社会公共组织的决策，助力决策的实施，积极主动参与社会公共生活，加强民主参与、民主协商、民主决策、民主管理、民主监督的能力，增强关心社会公共生活的政治责任感；二是在参与公共事务时，中学生要充分了解公共参与制度，并结合自身实际情况，通过社情民意反映、社会听证、专家咨询、重大事项社会意见征集等渠道，有针对性地提出自己的建议和想法，促进决议和政策的民主化和科学化。这既有利于政府部门、社会组织充分发挥民主，了解民情、民意，凝聚民智、民力，又提高了中学生参与公共事务的热情和信心。

三、实践性

公共参与素养的实践性特征表现为引导学生在社会生活与公共事务中践行学科思维，将知识与实践结合起来，用理性认识指导实践，在实践中升华认识，最终逐渐形成高水平的行为规范和自觉认知。

从理论角度而言，马克思主义实践论认为实践是理解和把握人与世界关系的前提和基础，实践是认识的来源，是认识发展的动力，也是认识的目的与归属。根据新课标准的阐释，可以将公共参与概括为中学生以政治参与为主要表现形式，并试图影响公共生活与公共政策的一切实践活动，其本质属于社会实践。公共参与素养的培养是立足于现实世界的知识教育，同时接受现实世界的检验，具备该素养的学生将掌握的一系列经验和知识与实践活动相结合，通过实际活动，结合自身实际情况拓展知识、丰富经验，内化学科思维，这充分体现公共参与素养的实践特征。从实际生活角度而言，具备公共参与素养的中学生可以充分实现有序参与公共事务（尤其是政治参与），同时具备解决问题和纠纷的能力，形成公民意识、承担社会责任。具体而言，实践的过程即中学生在家庭生活、校园生活和有限的社会活动等现实场景中，将课堂理论知识与个人的实际情况、面临的实际问题相结合，并通过具体的行动将内在知识外化于行，从而促进自身的全面成长，最终成为合格公民的过程。在此过程中，实践是情感、意识、知识、行为转化的重要桥梁和手段。

四、社会性

中学思想政治课的最终目的是培养新时代合格的社会公民，使其能够有序参与社会生活、承担社会责任，积极行使人民当家作主的政治权利。在公共参与的实践过程中，引导学生同社会活动、社会关系、社会环境产生交互作用，建立对社会的正确认知，增强学生的政治理解与社会参与能力，从而形成身份认同意识、主流政治意识和道德法治意识，以便适应未来的社会生活与政治生活，体现出公共参与素养具有较强的社会性特征。根据新课标的培养内容，培养公共参与素养始于对自身身份角色的认同：一是让学生建立对公民身份、地位的基本认识，二是让学生明确自身在社会生活中的角色，重于培养学生的公民主体意识，即权利行使意识和义务承担意识，让学生明确权利与义务的关系；强调对于公共事务参与知识、能力、方式的培养，逐步将知识面扩展到社会事务、文化公益等社会生活和民主管理、民主监督等政治领域；获得对政治生活、社会生活的参与意识、知识和能力的全面提高。培养公共参与素养归根结底是帮助学生了解社会生活方面的常识，完成基本的法治普及、知识储备和能力培养，为日后参与社会和政治生活奠定基础。可见，中学生公共参与素养与社会密切相关，其社会性特征始终贯穿公共参与的每一环节。

五、体验性

中学生公共参与素养的体验性特征表现在以下三个方面：一是公共参与涉及的范围广、领域多、跨度大，参与方式多样、要求各异，部分公共事务参与可能需要丰富的行业经验或人生阅历，或是涉及某些领域的专业知识和技能，与之不同的个体对参与公共事务的类型、方式、需求不尽相同，因此中学思想政治课在培养学生公共参与素养的过程中要兼顾多方面、宽领域的内容，尽量丰富公共参与的类型与参与方式，但受实际因素和主体特征的影响，中学生公共参与只适合相对地进行和有限度地开展，以初步尝试和了解参与为主，重在理论联系实际，知识与实践的联动，而非公共事务本身的发展过程与结果。二是中学思想政治课作为中学德育课程，与时事政治教育相互补充，与学校德育管理工作相呼应，是整合人文社会科学领域知识的综合型课程，更是衔接中小学思想品德教育和高校思想政治理论课程的过渡阶段，其内容涵盖政治学、社会学、心理学、法学、经济学、哲学等领域，但专业性较浅、知识性较弱，其目的是帮助学生初步了解社会生活和民主政治的总体样貌。三是根据新时代教育改革要求，中学思想政治课教学不能只局限于知识的传授，更要注重综合能力的培养，要立足于学生的现实需求和生活经验，将教学从课堂扩展到其他环境，鼓励开展激活思维、丰富思路、开阔视野的探究性学习活动与体验式教学活动，提高学生处理社会参与过程中出现的不确定情况的能力。

六、教育性

教育性特征是中学思想政治课培育公共参与素养过程中的首要特征。中学思想政治课偏重于学生的思想道德教育和政治意识教育，其目的是培养学生独立、健全的人格，良好的道德情操和鲜明的政治态度、立场与情怀。其教育性特征在不同时期侧重有所不同，初中政治学科侧重思想品质和道德观念教育，其公共参与以思想道德、纪律规范、文化活动为主，凸显道德文化的教育属性。高中政治学科侧重在树立社会主义合格公民意识的基础上，强化学生的社会主义意识形态和政治立场教育，公共参与的社会属性与教育特征更为明显。总体上来说，中学思想政治课的主要任务就是通过思想政治课堂教学，让学生了解作为一个合格社会主义公民应该掌握的政治知识，并通过公共参与将其内化为政治意识和生活素养，从而形成稳定的政治认同、科学精神和法治意识，承担社会责任，成为一名合格的社会主义公民。

新时代下意识形态领域的斗争将更为激烈、隐蔽和频繁，思想政治教育一直是我国教育教学和管理工作的重点，公共参与作为中学生思想政治教育学科核心素养的行为表现，具备为政治和社会服务的重要功能。这就要求中学思想政治课在培养学生公共参与素养过程中，要牢牢把握其教育性特征，把政治教育放在首要位置，树立鲜明的政治旗帜，同时教育学生在面对社会改革和实践创新中的新问题、新挑战时，要站在历史的高度，用辩证的思维、国际的眼光看待与处理，坚定马克思主义信仰和社会主义理念。

第五节 中学生公共参与的核心内容分析

公共参与素养的核心内容包括公共参与意识、公共参与知识、公共参与能力、公共参与实践与公共参与评估。这五个方面的内容具有紧密联系，层层递进的关系。学生只有树立强烈的公民意识，具备积极的公共参与情感意志，才能主动学好相关的公共参与的知识，并在理论的指导下开展公共参与实践，最后在正确的评估参与中不断认识自我，提高自身的公共参与能力，强化参与意识，奠定积极的参与情绪，久而久之使自己成为一个有强烈社会责任感和主人翁精神的现代社会公民。中学生的公共参与素养培育的过程本身就是习得公共参与知识、树立公共参与意识、提高公共参与能力、践行公共参与实践和总结评估、内化升华的过程。

一、公共参与意识

根据马克思主义理论，意识是人脑对客观物质世界的能动反映，它能反作用于物质世界。公共参与的意识是一种公民主体意识对自我身份认同后以主人翁的心态积极有序参与社会管理和国家事务的理性认识和参与的自觉性。公共参与意识是公共参与行为的内在动力，公共参与的行为一定程度上反映参与意识的强弱情况，公共参与的行为越多，积极性越强，行为表现越好，表明公民公共参与的意识越强烈。一般而言，公共参与意识包括对公民身份和社会角色认知、依法行使权利和履行义务的意识和按照约定的程序积极主动、理性有序参与公共事务的情感意志等内容。中学生公共参与意识在"中学学习阶段"这一特殊背景下体现为中学生积极参与国家和社会公共事务的主体意识。

首先，要通过一系列教学活动，让学生认识到尽管他们还是处于未成年阶段，但自身正往独立、自由的个体发展，意识到自身的公民身份，即在参与社会公共生活与国家事务管理过程中，明确自身是"主角"，不依附任何权威或个体，享有参与公共事务的权利与义务，同时具备政治认同和爱国情怀的主人翁精神。这是培养学生公共参与意识的基础，其核心就是对公民身份的认知。

其次，要意识到公共参与在个人、社会和国家层面的重要性和价值，认识到参与管理公共事务的深远意义和积极作用，理解到个体与公共事务间的相互关系，树立积极参与的情感意志，将自身发展与社会发展相统一。只有积极有序地参与公共事务与政治生活，依法表达自身意愿、履行权利与义务、维护合法权益，发挥自身作用，公民的利益诉求才能得以实现。每个公民的积极参与才能让政府部门、社会组织了解民情民意、凝聚民智民力，推动民主的发展和法治的进步，社会才能维持稳定的发展秩序，国家才能更好地维护和扩大公共利益。

再者，要培养学生集体主义精神和规则意识。公共参与是多个实践主体共同与社会关系、社会环境和社会活动产生交互作用的过程，集体主义精神是中学生参与公共事务管理的前提条件，参与公共事务的过程中既有复杂思想和价值观的相互碰撞，又有利益诉求相冲突的激荡，中学生必须具备集体主义精神，才能在个人利益与他人的利益、集体利益相冲突时，站在他人或集体的立场与角度，持正确的利益观，做出正确的抉择，避免极端个人主义思想或利己主义的出现。规则意识是公共参与顺利开展的重要保障，任何公共事务都按既定的程序与流程开展，参与人需在约定的规则、相应的规律下发挥主观能动性参与公共生活，即参与主体受相应的规章制度、法律法规所约束，以保障公共事务可以"有序"地进行，出现冲突矛盾时可以有效"协商"。

最后，要让学生正确认识权利与义务辩证统一的关系，这是培养公共意识与主人翁精神的关键一环。一方面，公共参与是每个公民的权利，个体通过参与公共生活，不但丰富自身的精神生活，了解政府职能部门的运作，享受公共建设的文明成果，而且通过参与公共事务的解决，表达自身诉求，维护自身利益。另一方面，公共参与又是每个公民的责任与义务。这是因为，第一，个体积极参与公共事务是国家、政府维持公共秩序合理运行、促进社会和谐发展和建设社会主义政治文明的重要方式与渠道；第二，作为社会共同体中的一员，中学生作为未来社会的主力军、国家的建设者，有责任与义务维护集体利益，必须早日树立责任与担当意识。

二、公共参与知识

知识是人类在实践过程中认识客体世界的经验成果，是人类社会智慧与文明的传承，是每一代人改造自然、发展社会的重要依据。知识是理性认识的结果，内容包括事实、信息、规律和经验等，丰富、正确的知识对人的实践起到促进作用，是个体参与社会活动和从事具体工作的重要支撑。公共参与知识往往体现着国家政治属性、社会运作规律、文化价值理念与道德法规，是人们在实践中认识社会状况、改造社会环境的经验成果和总结，它反映了参与意识内化程度和影响着公共参与能力的发挥，关系着公共参与实践的效果，因此公共参与知识是有序公众参与的基础，公民参与公共事务管理作为一种实践的过程，自然需要一定的知识作为基础前提。

中学生的公共参与知识，总体而言包括三方面的内容：一是相关知识概念，涵盖"公共参与是什么""为什么要进行公众参与"等。二是公共参与相关的社会事实，即"参与什么公共事务"，包括国家政治体制、基本的法律法规等政治知识，也包括认识和明确主体所享有的权利、应履行的义务和责任等法治知识，更包括了解政府机构、社会组织的性质、功能和运作等的社会知识，即对社会公共生活的构成和体系有整体性的把握。三是公共参与的途径、方式和规则，即"如何参与公共事务"，包括社会活动组织方式、宣传媒介与信息渠道、学生参与的资格要求、参与的程序规范等，即让学生充分了解公共事务的参与事实，同时在遇到困难或矛盾纠纷时，应该如何合法、合情、合理地有效解决。

具体而言，公共参与知识是融合了经济、政治、文化、社会等方面的综合知识，既有理想信念的教育，也有价值观的引导，既有权利与义务法治意识的培养，也有传统文化和民族精神的传承。通过梳理《中国特色社会主义》的发展，让学生了解人类社会的进程，认识到中国特色社会主义理论是最符合中国实情指导思想，中国特色社会主义道路是党领导人民奋斗出来的自由富强之路，帮助学生树立理论自信、道路自信，坚定理想信念，为参与公共事务奠定意识形态基础；通过《经济与社会》帮助学生了解我国基本经济制度和分配方式，认识社会主义市场经济的制度优越性，为中学生树立制度自信，并把握正确的价值尺度，为参与相关的公共活动奠定理论基础；通过《政治与法治》帮助学生了解民主法治，树立权利与义务意识，奠定理性、有序参与公共生活的意识基础，初步了解政府、机构的相关知识，掌握参与民主决策、民主管理等政治生活的方式方法，为公共参与的实践做好准备；通过《哲学与文化》让学生认识我国优秀的传统文化，传承以爱国主义为核心的民族精神和以改革创新为核心的时代精神，树立文化自信。知识储备是学生参与公共实践的基础，理论指导实践，学生只有掌握了公共参与的相关知识，才能更好地开展实践，从而在实践中不断丰富和检验已有的知识，让公共参与知识内化于心、外化于行，促进学生的公共参与素养的形成和发展。

三、公共参与能力

公共参与能力是指公民在参与社会公共事务时，通过其认知和行为所展现的综合素质与表现水平，直接影响公共参与的效能，是公共参与素养培养的着力点与目的之一。公民公共参与表现除了受到公共参与意识、参与知识的影响外，还受到逻辑思维、执行力、理解分析能力、沟通表达能力等其他能力与技能因素的影响，诸多因素可归统为公共参与能力。若缺乏参与能力，无论多么强烈的情感意志和丰富的知识体系都无法得到充分的表现。

公共参与能力是建立在热心公共事务、了解社会事实、知道参与规则基础上的综合能力，作为中学生只有切身参与实践活动才能准确校对参与的情感意志，真正检验课堂理论知识，才能有效锻炼和切实提高其综合能力与技能。公共参与能力的形成过程是中学生将公共参与的"描述性知识"和"程序性知识"转化为"策略性知识"，是感性认识或部分理性认识彻底升华为理性认识，是意识与知识内化于心，并为外化于行做好准备的过程。

与一般社会公民的公共参与相比，中学生公共参与类型相对单一、内容相对固定、形式相对简单，其目的也是为中学日后参与公共事务奠定意识、知识和能力的基础，因此中学生的公共参与能力应至少包含三个方面：

一是资源整合运用能力。新时代是移动互联、数据互通的合作时代，中学生也是在互联网和大数据环境中成长起来的年轻一代，这为锻炼和提高资源整合运用能力提供了良好的内外条件。具体而言，资源整合运用能力是指在有限的时间内进行信息收集和整合，并利用现有的资源完成任务、掌握知识或学习技能的能力。它是参与公共事务或社会生活的首要能力，这不仅是因为网络和线上是了解相关信息的重要渠道和参与方式；还因为其直接影响公共参与的能力：一方面社会管理事务往往涉及多个领域、行业和专业，显然中学生或独立公民不具备该能力，较难在短时间内相对全面地认识和了解所参与事务全貌，无法有效形成客观、公正、全面的建议和意见，无法深度参与公共事务的讨论，无法充分发挥自身的作用，另一方面培养资源整合运用能力的过程即思辨与总结的过程。面对大数据时代的到来，信息资源爆炸式增长，学生需要做到去粗取精、去伪存真，最后为我所用，该过程所展现的辩证思维、价值意识、政治方向关系着公共参与的方方面面。

二是表达沟通协商能力。表达沟通协商能力是特定场景下的思维与语言能力，起着传递与交互信息，让主体对特定信息产生相同理解的作用。语言表达是公民参与公共事务管理和社会生活最直接、最主要的表达方式，沟通和协商是公共参与民主性特征的体现，是促进公共事务产生决议的重要途径。中学生参与公共事务，需要具备一定的语言表达能力才能发表对某项公共事务及决策的看法或是表明自己的某种立场，具有良好的语言表达能力是中学生参与公共事务的基础和前提。公共参与的过程是社会群体或个体针对公共政策或活动，表达所在共同体或自身的看法和意见，争取实现利益诉求或解决具体问题的过程。因此，意见不统一的情况时有发生，作为中学生一方面要秉持正确的利益观、是非观；另一方面要学会聆听他人意见，站在不同立场看待问题，辩证地分析问题，并及时与他人交换意见甚至是通过辩护来求得认可。掌握良好的沟通能力有助于促进参与的有效进行，有助于共识的高效达成。在双方或多方的激烈沟通过程中，尤其是利益相冲突的情况下，参与公共事务管理的主体间往往容易产生分歧甚至是矛盾，难以达成共识。因此，协商能力是公共参与中必不可少的能力，协商是社会化解矛盾、解决纠纷的重要方式。协商即通过商议，参与方做出合理的妥协与让步，以求意见达成一致。在参与具体的公共事务时，让中学生学会共同协商，互相进行合理让步达成共识，引导其成为"讲原则、明事理、懂人情、守底线"的公民。

三是创新能力。思想政治教育学科的教育成效体现为学生能持以正确的政治观、价值观，能独立运用一定的基本理论对客观对象一定范围的实际问题进行分析、判断和决策，培养的学生带有明显的主体性特征与主体差异性。影响成效的因素有很多，包括主客体的差异性、教育教学模式等，其中较为重要的是学生创新能力。中学生公共参与的创新能力是在具备参与意识、知识和其他基础能力后的高级内化与升华，是在参与社会公共事务过程中表现出创造性思维和开拓性行为的能力，主要通过分析能力和应用能力凸显。具备创新能力的学生有着更积极的参与意识、更活跃的思维与更强大的处理问题的能力，要注意创新能力不是天马行空的想象力和不着边际的执行力，而是有着清晰方向、严密逻辑和严谨规范的思维和行为能力。因此，培养创新能力要通过具体的教学活动，让中学生在学习唯物论、辩证法和认识论的基础上，锻炼形象思维、方向性思维等创新思维，熟练运用各类设问检查法、列举分析法等创新方法。

四、公共参与实践

公共参与实践是指在现代社会中，公民参与管理社会公共领域各项事务的活动，是实现公共参与的关键一环，也是公共参与的核心环节。中学生进行公共参与实践有益于认识社会参与事实、了解民主管理的程序、感受民主决策的价值、体会民主监督的作用，运用和检验理论知识，增强参与意识，提高参与能力。在具体的参与经济、政治、文化、公益等社会活动的过程中，学生将参与意识、知识和能力外化于行，实现知行合一，自主行使自身权利、履行义务、承担社会责任，为日后真正的公民生活、政治生活做好准备。因此，中学生进行公共参与实践，一方面要树立规则意识，养成良好的公共参与行为习惯；另一方面要践行权利与义务，承担社会责任。

中学生公共参与实践应结合各地域特点、学校特色，通过形式多样、形象具体的活动开展。

其一是通过校园事务培育集体参与意识与主人翁精神，包括班级公共生活与校园事务参与。班级公共生活是中学生参与得最直接、最密切的公共事务与集体生活，包括班会、班委选举、班规商议与制定、日常事务管理等。该类实践参与具有频率高、普及性强、参与性强的特征，中学生可以通过参与班级事务表达自身权益诉求与个人观点，充分发挥主体作用，并初步体会公共参与的实践过程，把握集体与个人的关系，将集体意识与主人翁精神相统一。校园事务参与则涉及范围更广，要求更高，包括参与各社团组织、筹划或参与庆典活动、参与学生会职务精选、对学校事务提出建议和意见等。

其二是通过组织参观访问开展公共参与，可以让学生更直观地感受社会参与。在参观访问中学生切身实际地成为公共参与共同体中的一部分，建立参与公共事务的真实感，为有序参与公共事务打下基础。比如，学校可以邀请当地的非遗传承人前来讲授相关文化历史与传统技艺，传承人的直观感性经验可以帮助学生树立民族情怀与文化自信，项目作品可以激发学生对传统文化的兴趣，传承优秀文化成果；可以邀请信访办的工作人员分享群众监督的案例以及应该注意的问题，明确民主监督的范围和流程，为现实操作提供经验；可以组织学生参观访问社区街道的调解室，实地了解日常民众纠纷的一般处理办法，引导学生在遇到矛盾或误解时，学会沟通与协调。由于中学生正处于特殊的成长学习阶段，受主客观条件的制约，参观访问是中学生实现政治参与的重要途径与特殊方式。因此，要设置有效的互动机制和任务机制，与课堂教授的知识理论形成交互模式，避免活动流于形式。

其三是开展社会调研活动，深入社会生活了解社会事实，锻炼公共参与能力。社会调研是一种能够使学生了解社会进而关注社会，最后参与社会的实践形式，它能拉近学生与社会生活的距离，极大地调动学生的公共参与热情，该形式往往较容易形成公共参与成果，增强学生的参与价值感与成就感。在开展社会调研活动前，要结合学科知识内容和学生的生活实际，设置包括社会热点、时事政治与历史文化等方面的调研主题，组成调研小组，针对研究问题，开展调研，最后形成结论或决策，并做好评估反馈。

其四是参加公共活动和公益事业，提升社会责任感。参加公益活动是培养学生集体主义精神的有效途径，对于提高学生的公德意识，促进其精神境界的升华具有重要作用。

五、公共参与评估

公共参与评估与公共参与教学评价在主体、目的和方式上有着很大的区别，公共参与评估是中学生对参与公共事务管理或社会活动的质量、效果和自身表现进行评价，是中学生开展公共参与实践的最后一环，是其进行自我评价、总结与反思的过程，即意识、知识、行为全面内化的过程；教学评价是指教师对教学目标的实现效果、教学过程的开展、教学效果的呈现等多方面的内容作出的价值判断。

在教授学生开展公共参与评估时要注意以下几点：一是要运用多种评价方式综合评估。根据高中思想政治新课标关于课程评价中的指导性意见，"评价要将过程性评价与总结性评价相结合，着重评估学生解决情景化问题的过程和结果"①，中学生进行评估时应将总结性评价和形成性评价相结合，前者更侧重于公共参与的结果和成效，看重学生的认知因素，忽视非认知能力的发展，其作用目的是考评、对比，评价氛围相对严谨、正式；后者侧重于既定评价外的因素，重视发展性价值评价，是自我发展潜能的评价，其作用目的是激励与改进，评价氛围相对开放、宽松。公共参与作为带有政治方向的社会性素养，培育过程需要通过影响学生内心世界，从而使学生的认识与行为朝着既定、预期的方向自由发展，因此，需要利用认知因素把握整体方向，非认知因素调节、影响学生的内心世界。二是评估体系要以公共参与素养为框架。公共参与作为中学思想政治教育核心素养之一，有着明确的培养目标和知识结构，同时中学生参与公共事务管理的直接目的是学习公共参与知识、锻炼公共参与能力，根本目的是塑造公共参与意识与公民意识，为日后的社会生活、政治生活奠定基础，因此，在进行评估时必须以公共参与素养为评价体系。三是评估主体适当多元化。尽管公众参与评估是以学生为主体，但单一的评估往往较为片面、局限和主观，不利于公共参与素养的培育。在评估过程中可适当获取多方面的评价，包括老师、同学及其他的参与者，在主体、客体、第三方等多维度的评价中进行评估，以求实现客观、全面、立体的公共参与评估。

第六节 中学生公共参与的基本形式、类型

伴随国家治理体系与治理能力现代化的到来，社会治理的开放性的程度也将越来越大，公民的主体意识和参与社会公共生活的热情日益上升，而公共参与作为社会公民参与国家事务管理和社会生活的重要渠道，其形式必然

---

① 中华人民共和国教育部：《普通高中思想政治课程标准（2017 年版，2020 年修订）》，人民教育出版社，2020，第 41 页。

越来越多样。目前，中学生公共参与的基本形式主要有个体参与和集体参与、线下公共参与和线上公共参与，类型主要包括政治参与、经济参与、文化参与、社会参与和其他参与。

一、中学生公共参与的基本形式

（一）个体参与和集体参与

公共参与的主体是我国的社会公民，即享有从事管理社会和国家等公共事务的权利的人。根据公共事务的不同类型、不同开展目的与不同需要，部分公共事务允许公民以个人身份参与，部分活动必须由集体组织参与。因此，公共参与从参与主体范围来划分，可分为两种参与方式：个体参与和集体参与。

就中学生而言，个体参与是指学生以自己个人名义、身份，独立参与公共事务管理或社会活动的一种实践行为，个体参与对中学生要求较高，需要具备较强的参与能力和丰富的相关知识。集体参与是指学生与他人合作、相互协助，形成目标明确、利益统一、阶段性的参与公共体，往往表现为组织或团体，并以集体的方式参与社会公共生活的实践行为，如班级组织志愿活动、加入公益机构关爱活动等。中学生的集体参与一般以项目小组、班级、团组织、学生会与社团等为依托，这是中学生主要的公共参与形式。中学阶段学生心智未发展成熟、知识能力不完善，加上学业压力等因素，课余时间较少，其公共参与主要是通过思想政治理论课程或第二课堂，在学校或老师的组织下，参与班级管理、校园生活和社会实践活动，或是在家长、长辈的陪同下共同参与社会活动或服务实践。

（二）线下公共参与和线上公共参与

线下公共参与是早期公共参与的主要形式，即参与主体切身实际地进入公共事务管理环境，在共同的外在因素下进行法治具体的行为实践，具有直接现实性、直观可触性。部分的公共参与必须以线下开展的形式进行，如公益服务、志愿活动等。线下参与也是中学生参与公共生活的主要方式，公共参与是学生政治认同、意识和科学精神的外在行为表现，线下参与的实体行为可以充分表现他们参与意识、参与知识和参与能力的内化成效，在一定程度上反映着思想政治教育的效能，为评估公共参与提供现实依据。

随着互联网科技的发展，尤其是近几年新媒体技术的不断成熟，移动互联网时代悄然到来，它将公民与社会生活、时事政治与公共事务紧密、即时地联系起来，公民也日益习惯依托互联网平台，运用新媒体技术，积极参与社会生活与公共事务管理。公共参与的线上形式突破了线下参与的局限，打破了时空限制，大大降低主办及参与成本，扩大了参与主体的范围和数量，让公民可以便捷、迅速、高效地参与部分公共事务，提高了政府部门、社会机构在组织社会参与时的便利度、丰富性和实效性。线上形式使公民进行公共参与的形式日趋多样化和网络化，成为公民公共参与的一种主要途径。对于中学生的公共参与素养培育而言，在充分运用线上线下相结合的参与形式的同时，也要辩证地看待这两种方式，做到参与形式上相互补充，取长补短。

二、中学生公共参与的基本类型

（一）政治参与

政治参与是公民通过合法方式参与社会政治生活，表达个人或组织诉求，影响政府决策、国家政治过程或政治生活的社会政治行为，范围涵盖了行政、立法、司法等各个领域。中学生的政治参与是公共参与的主要类型活动，可以理解为狭义的公共参与，表达为"积极行使人民当家作主的政治权利"和"积极参与民主选举、民主协商、民主决策、民主管理、民主监督的实践，体验人民当家作主的幸福感"。概括而言，中学生的政治参与是学生以主人翁身份了解国家大事，关注社会政治形势，参与民主生活，表达自身利益诉求的政治行为。当前我国中学生政治参与主要以新闻阅读、组织参观走访政府部门、邀请公职人员做分享等方式开展。

（二）经济参与

经济参与是指作为市场经济参与主体的公民，为了维护公共经济利益，有序地参与经济生活，关注经济问题，影响社会主义市场经济活动的行为。

中学生经济参与主要表现为有序地参与经济生活，对经济政策提出建议，对市场经济行为进行监管，就相关经济问题提出自己的看法，如学生会组织学生就饭堂饭菜价格进行讨论与提议等，是与学生实际生活密切相关的公共事务类型。

（三）文化参与

文化参与是指公民消费的文化实践以及能够反映生活质量、传统和信念的活动。中学生积极主动参与文化活动，在微观层面上既有利于丰富课余生活，调节身心，又有利于开阔视野，促进自身的全面发展；在宏观层面有利于文化事业的繁荣和文化传承性的保持，提高国民的文化素养，为文化产业的发展，为文化经济的带动提供活力。中学生的文化参与主要表现为参与各类健康的文化活动，保护当地的文化遗产，传承和发扬优秀的传统文化，促进文化产业和文化事业的发展。例如积极参与所在街道、社区举办的文艺活动，参与地方的传统节日庆典等。

（四）社会参与

社会参与是指公民参与日常社会生活事务，影响社会公共生活的行为，它是公民实现与社会交往，实现自身社会价值的重要方式。在公共参与素养中的表达为"有序参与公共事务，热心公益事业，践行公共道德，乐于为人民服务"和"具备善于对话协商、沟通合作、表达诉求和解决问题的能力，勇于担当社会责任"。通过社会参与了解社会事实、服务社会是中学生实现自身社会价值的重要途径，主要形式包括参加社会调研、志愿者活动、公益事业等。例如就当地水污染问题进行调研，关爱孤寡老人与留守儿童，等等。

（五）其他参与

广义的中学公共参与范围可以理解为非个体独立参与的一切事务，因此类型还包括家庭参与、校园参与、社区参与等其他类型的事务。家庭也是由独立个体构成的，一定程度上可以概括为由私人领域组成的公共领域，尽管公私界限相对模糊，但不可否认家庭中存在客观意义上的公共领域和私人领域。因此参与家庭生活，尤其是家族事务、亲友活动是公共参与的类型之一。校园参与是中学生主要的参与类型，包括班级、校园内部的一切活动。社区是群众在一个领域里形成的一个生活上相互关联的集体，是宏观社会的缩影，社区参与关系到个人自身的生活环境和自身对所在社区的归属感、认同感，中学生社区参与即参与社区的事务管理、文化活动和进行社区服务。例如，打扫社区街道卫生，参与社区文化活动，等等。

第三章

中学思想政治课程培育公共参与素养的当代审思

近年来，国家愈发注重公民在国家中的主体地位，强调发挥公民在国家现代化进程中的积极作用，激发了许多公民的公共参与热情，公民在参与公共事务管理的探索和实践中取得了一些成效，与此同时显露出许多问题，公民的公共参与素养面临新挑战、新要求。培育现代公民，关键在于提高其公共参与的素养水平，引导公民积极参与到社会公共生活及其发展进程中。新时代中学生公共参与核心素养的培育既是国家和社会发展的时代使然，又是贯彻新课程改革理念，坚持立德树人的具体要求。为加强新时代中学生公共参与素养培育的针对性和有效性，有必要对当前中学生公共参与素养的现实状况做一个全面而深入的了解，查找目前培育公共参与素养存在的主要问题以及困境并加以分析，进一步摸清当前高中生公共参与素养的基本情况，通过多维度的审视和探索，形成当前中学思想政治课程培育公共参与素养现状的全面认识，作为后续提出优化中学思想政治课程培育公共参与素养策略的现实依据。

第一节　新时代中学生公共参与素养的缺失及其致因

新时代中学生是未来的栋梁之材，肩负着时代的重任。习近平总书记对青少年寄予厚望："青年一代有理想、有担当，国家就有前途，民族就有希望，实现我们的发展目标就有源源不断的强大力量。"① 新时代中学生作为

---

① 习近平：《在同各界优秀青年代表座谈时的讲话》，《人民教育》，2013 年第 10 期，第 2—5 页。

国家的后备军，对国家建设和社会发展有着重要的影响。影响公民教育成效的关键因素是学生的公共参与素养水平，加强公共参与素养培育是我国培养合格公民的有效方法。随着我国教育对中学生公共参与素养的日益关注，已有不少教育者尝试开展中学生公共素养培育的理论研究与教学实践，积累了一些有益经验，同时发现不少当前中学生公共参与素养存在的问题。新时代中学生对公共参与有一定的了解，部分学生对公共参与有强烈意愿，但总体上仍表现出较大缺失，存在诸多中学生公共参与素养发展的限制因素。

一、新时代中学生公共参与素养总体的不足

（一）公共参与主体意识淡薄

学生是具有独立意义的主体，是自身生活、学习和发展的主人，也是教学活动的主体，充分发挥学生能动作用是培育公共参与素养的关键。新时代中学生公共参与主体意识指学生认识到自己是社会政治生活和公共生活的主体，以"广大人民群众的利益"为出发点和根本遵循，积极主动地投入到公共参与实践中。公共参与素养是中学思想政治学科的核心素养，也是各门学科实行素质教育的共同要求，新时代中学生对公共参与素养的价值有较高的认可度，认为公共参与是公民表达、维护、实现个人和不同群体利益的主要途径，普遍认同参与公共事务管理有助于他们理解民主治理的进程，发挥民主决策和广泛集中民意民智的价值，感受民主监督的作用，提高公众意识和参与能力。随着素质教育理念深入人心以及新课程改革的推进，新时代中学生在学科知识学习和学校公共生活体验中形成了一定的公共参与意识，从总体上看，新时代中学生公共参与意识呈现参与意愿强烈、主体意识薄弱、参与态度被动的特点。

进入青春期后，中学生生理功能逐渐成人化，开始形成"成人感"的心理，他们期望获得成人化的内心体验，学生在这个阶段自我意识显著增强，追求个体的独立发展。当代中学生有鲜明的利己感、积极的参与感和强烈的个性表达欲望，在行为、思维和社会交往的某些方面，他们表现出"成人"的行为风格，并试图扮演成年人的角色，期望通过公共活动或者社会事务的参与来表达自身的诉求，有着比较强烈的公共参与意愿。例如，在中学生学

习公民的权利与义务之后，比较关注的是自己的权利能否得到实现以及是否受到侵害，希望通过参加公共事务来实现自己的利益，而对于应该如何更好地履行公民的义务兴趣不大，缺乏作为社会主人翁的主体意识。除了自身利益外，新时代中学生关心和参与公共生活更多的是出于考试、升学的需要，如考试要求掌握公共参与相关知识、参加志愿活动获得加分等，参与态度相对比较被动。

（二）公共参与知识储备不足

公共参与知识泛指参与政治生活和公共生活所需要具备的相关知识，是学生提高公共参与能力，有序合理地参与社会公共事务不可或缺的基础和前提。国家历来重视公共素养培育，《国家中长期教育改革和发展规划纲要（2010—2020 年）》明确指出：加强公民意识教育，树立社会主义民主法治、自由平等、公平正义理念，培养社会主义合格公民①。国家教育部门将培养合格公民的目标重点融入思想政治课程，中学思想政治课程是新时代中学生公共素养培育的重要基础支撑。当前中学生的公共参与知识主要通过思想政治课程的学习获得，总体上掌握了公共参与的基本常识，但普遍对公共参与知识稍知表面，而对于公共参与的各个领域知之甚少，知识储备大多不足，难以适应社会公共参与生活的具体要求。

认知心理学家安德森的知识分类理论，将知识分为用于回答"是什么"和"为什么"的陈述性知识，以及用于回答"怎么办"的程序性知识。根据此分类方法，在此对新时代中学生公共参与知识的存在问题进行梳理。一方面，当前中学生掌握的公共参与知识绝大多数是从思想政治课本上学习的"陈述性知识"，如社会规则的定义、参与社会公共生活的意义、公民参与政治生活的基本原则等。中学生对于此类公共参与知识基本了解，但理解程度不深，大多是通过机械背诵储存在脑中，用于应付考试的要求，"不知其意埋头苦背""考完就忘"的现象普遍存在。另一方面，中学思想政治教材中涉及公共参与的"程序性知识"较为笼统，学生往往知其一而不知其二，如大多数学生知道我国公民依法行使民主监督权利的渠道和方式有信访举报制

① 中华人民共和国教育部：《国家中长期教育改革和发展规划纲要（2010—2020 年）》，人民出版社，2010，第 7 页。

度、舆论监督制度、监督听证会、网上评议政府等，但对于具体如何操作，通过什么流程可以参与监督，怎样可以接触这些渠道，从何入手收集相关材料，自己现阶段是否有资格参与等许多问题茫然不知。

（三）公共参与实际能力欠缺

公共参与能力是新时代中学生公共参与素养的培育过程中最主要的一个环节，公共参与能力是学生习得的参与意识与知识顺利转化成付诸实践的参与行为的关键所在。公共参与环境的复杂性和综合性要求中学生参与公共事务应基本具备理性参与的能力、信息甄别的能力、综合运用知识的能力。当前中学生公共参与能力的实际能力与公共参与实践的要求仍存在较大的差距，表现为非理性的情绪化参与、不辨真伪的盲目参与、方式单一的机械参与等，新时代中学生的公共参与能力存在较大的提升空间。

参与公共事务，积极发表自身对于公共事务的意见和看法是每一个"公共人"的责任和义务，但在表达时，意见看法不统一的事情常有发生。面对这些意见的不统一，需要学生具备理性的表达、沟通和辩护能力，用事实和证据去为自己的观点辩护①。中学生情绪丰富而热烈，情绪较为敏感且波动较大，"他们的情绪像脱缰的野马难以控制，好争论、不让步，在遇到否定时容易冲动，冲动有时会导致他们做出过激的行为"②。在参与公共事务的过程中，中学生容易受情绪影响，与他人发生矛盾冲突。欠缺理性参与的能力不仅表现为过激表达自我意见，缺乏独立思考的"人云亦云"也是非理性参与的表现。与敢于表达自己观点的个别学生不同，存在一部分学生是没有自己的观点的，又或者是容易受他人影响，选择沉默或是跟随大众，造成非理性表达。这样的非理性表达并不能够达到有序公共参与的目的，有时还会适得其反。

互联网技术飞速发展为公民发表言论创造了更多的自由空间，也为中学生公共参与提供了更为便捷的平台，学生可以通过互联网获取更多关于公共参与的详细资料以及公共信息，也可以在网上以投票、留言、调查、讨论等多种形式进行公共参与活动。与此同时，互联网给中学生公共参与素养的培

---

① 吴芳：《高中生公共参与素养培育研究》，湖南师范大学，2019年。
② 周宗奎：《青少年心理发展与学习》，高等教育出版社，2007，第138页。

养带来了许多挑战。在这个信息大爆炸的时代，各方面缺乏经验的中学生面对如潮水般涌来的大量信息，往往难以分辨信息的真实性，容易被虚假信息迷惑导致盲目参与。例如，中学生使用网络浏览、转发、评论公共事件时欠缺信息甄别能力，容易轻信他人的言论，盲目跟风评论转发，形成传播虚假信息、散布谣言等负面参与行为，在一定程度上扰乱了社会秩序，造成了不良的社会影响。

综合运用知识是中学生提高公共参与效率的重要保障，要求中学生除了掌握思想政治课程的公共参与知识之外，还要学会与其他学科联系起来、与具体实践联系起来，综合运用到班级、学校、社会的公共事务参与中。当前中学生对公共参与知识的运用大多体现在解决思想政治课程考试设置的问题中，极少数学生会运用到生活中的具体公共参与实践中，而且参与方式较为单一，多以班集体公共事务参与为主，学生获得的公共参与体验不足以锻炼公共参与能力，导致学生的公共参与效能感较低，公共参与素养难以得到提升。

（四）公共参与实践行为薄弱

公共参与实践行为是考察学生公共参与素养的重要依据，也是新时代中学生公共参与素养培育的最终归属和落脚点。真正参与到实际生活中是学生积累公共参与经验的有效方法，学生公共参与素养的提高是中学生公共参与素养培育的价值作用的重要体现。从目前中学生公共参与的大体情况看，中学生公共参与的实践行为是整个公共参与素养体系中最为薄弱的一环，存在公共参与实践经验匮乏、公共参与行为欠缺自觉、公共参与行为功利化等问题亟须解决，推动公共参与行为的进一步发展面临诸多挑战。

当代中学生生活节奏快、按部就班，许多中学生就读于全寄宿学校，环境较为封闭，与外界的接触较少，能够接触到社会公共参与实践的机会更是少之又少，主要以学校、班级的公共事务的民主参与为主，偶有学校、班级会组织以维护社会公共利益的社会参与活动，总体而言，学校提供给学生的公共参与实践机会不多，因而学生关于公共参与的实践经验相对欠缺。目前，中学生的公共参与行为在一定程度上尚依赖教育者指引，参与行为亦比较被动，例如，不少思想政治学科教师会在课堂教学中引入时事政治，引导学生参与时政学习，一些教师会设置任务，由学生收集和播报时政新闻。但教师不做要求的情况下，学生在课后较少主动关心和讨论国家大事、社会热点新闻，缺乏主动关注时政的行为自觉。当然，也有不少学生能够主动参与到公共参与中，但其参与行为往往带有明确的功利目的，以中学生较常参加的志愿活动为例，共青团中央和教育部联合印发的《关于加强中学生志愿服务工作的实施意见》指出："可将学生完成志愿服务活动情况纳入综合实践课程学分管理。将志愿服务经历作为开展团内评选表彰的重要条件"①。这些激励政策是引导中学生践行公共精神的保障，但也无形中助长了学生的利己动机，不少学生参加志愿服务是出于加学分、参加评选等有利于实现自身利益的原因，忽视了志愿服务"利他"的本质，参与行为的功利化体现了中学生维护公共利益的社会责任感的缺失，应加强中学生公共精神的培育。

二、新时代中学生公共参与素养缺失的成因

（一）应试教育淡化公共参与素养的重要性

应试教育是一种片面的追求提高学生学习成绩与学校升学率的教育，在我国的基础教育阶段的教学实际中长期存在。自提出素质教育理念以来，应试教育与素质教育的关系一直是学界讨论热烈的话题，学界对二者关系的界定存在多种看法，总体而言，素质教育与应试教育是相互对应的，但也并非是绝对对立的。应试教育对中国教育影响重大，极大地促进了教育公平，使"寒门出贵子"成为可能，随着时代的发展应试教育的弊端慢慢显露出来，使其饱受诟病。不少学者将应试教育归为所有教育问题的罪魁祸首，是素质教育推进缓慢的主要原因。虽然素质教育在我国已经推行多年，教育体系改革围绕全面素质教育做出了许多努力，但大部分学校仍旧实行的是应试教育模式。新时代中学生公共参与素养培育是全面发展素质教育的应有之义，也是适应时代发展需求的重要课题。由于应试教育理念植根于学校、教师、家长内心，即使他们认可公共参与素养对学生成长发展的价值，但依旧认为学

---

① 共青团中央与教育部联合制定.《关于加强中学生志愿服务工作的实施意见》［BL/OL］. ［2016－06－01］（2021－03－14）. http：//xxgqt. youth. cn/zywj/201606/P020160616347190472738. pdf.

校教育应该以"高考"为重，坚持以"唯分数论"来评价学生的发展，在学校教育工作中，只抓"应试"不抓"素质"的现象已是常态，不管是学校还是家长，都担心搞素质教育会影响学生考试成绩，因而学生公共参与素养的培育工作一直停滞不前，应试教育的长期存在使得学生难以认识到公共参与素养的重要性，中学生公共参与素养培育在实际教育过程中仍处于边缘化状态。

应试教育下的学校一味追求"升学率"，忽视公共参与素养的培育，不少学校在这方面的工作处于"交空白"的尴尬状态，也有一些学校局限在口头上喊口号加强公共参与素养，而形式上走流程做足表面功夫，没有立足于学生去真正落实公共参与素养培育。当然也存在努力尝试的学校，但由于经验不足，加上许多家长并不买账，不支持学校开展相关活动，限制了学生公共参与活动的开展。应试教育模式下培养出来的学生个人眼界较为狭隘，缺乏关怀公共事务、事业和利益的公共精神，往往"两耳不闻窗外事，一心只读圣贤书"。多数学生处于麻木的状态盲目投身于学习，认为只有学习成绩好才能获得他人的肯定，公共参与意识浅薄，缺乏提高自身公共素养的内在动力。繁重的学业导致即便有着强烈公共参与意愿的学生却没有时间，也没有余力去关心公共事务，无暇参加公共参与实践。在应试教育的大环境下，无论是教育者还是受教育者对公共参与的重视程度都有待提高，因此，突破应试教育困境提高学生公共参与素养是亟须解决的首要难题。

（二）知识本位发展僵化制约素养本位发展

什么是教育？美国著名心理学家伯尔赫斯·弗雷德里克·斯金纳的回答是这样的："当所有学习的东西都被遗忘之后，剩下的就是教育。"如果以这个标准定义教育，重新审视我国当前的教育现状，那么可以说不少人接受的教育是失败的。因为我国传统教育坚持知识本位价值取向，将知识的传承视为教育的第一要务，强调学生识记。基于知识传授的知识本位教育，可以在一定时间内将大量知识系统化地灌输给学生，推动教育规模的快速发展。由于受到应试教育的影响，知识本位教育逐渐发展到极端，教育内容也开始变得繁多且复杂，呈现偏、难、怪的特点，脱离了原本基础的科学文化知识教育体系，远远超出了学生的认知范围，使学生陷入失败的学习之中。知识本位教育发展僵化导致学生对知识不求甚解、死记硬背、考完就忘的状况普遍存在，学生难以将知识内化为自己的智慧，指导自己的行为和实践。在这样过分重视知识传授的知识本位教育下取得高分成绩的学生有获得成功人生的，但也不乏"高分低能生"，在自立能力、人际交往能力、创新能力等多方面存在不同程度的缺失，无法适应社会的发展。知识本位的固有弊端在于忽视了人的素质发展，不利于社会创新型人才的培育，时代呼吁教育回归本质，以人的全面发展为本，坚持素养本位价值取向的素质教育应运而生。

素质教育的概念提出后，各界学者积极开展相关理论研究与实践探索，素质教育开始成为我国教育改革发展的主旋律，近年来，开始衍生出核心素养育人的理念，成为素质教育发展的最新成果。随着《中国学生发展核心素养》的发表，中国基础教育逐渐由"知识为本"时代向"素质为本"时代转变。《中国学生发展核心素养》的核心是培养"全面发展的人"，文化基础、自主发展和社会参与构成了新时代中国学生应具备的核心素养的三个维度。我国各学科根据自身学科特点系统提出了本学科的核心素养，但由于知识本位的教育观念根深蒂固，在素养培育落实过程中仍存在简单沿袭知识本位的现象，即在教学中只关注知识学习，造成知识学习与学科育人功能的割裂。其中，社会参与是核心素养总体框架的三大方面之一，重在强调能处理好自我与社会的关系，养成现代公民所必须遵守和履行的道德准则和行为规范，增强社会责任感，提升创新精神和实践能力，促进个人价值实现，推动社会发展进步，发展成为有理想信念、敢于担当的人[①]。社会参与在学科中的细化体现为思想政治学科的核心素养：公共参与。在实际教学中，传统的思想政治学科受知识本位影响，长期以来被不少人称为"洗脑"学科，造成这种认识误区的原因是传统的思想政治学科教学过分重视知识灌输，忽视了学科的育人功能。思想政治学科知识中蕴含丰富的公共参与内容，但许多教师只重视学生对知识的识记，忽视学生公共参与实践能力和素质的提升，导致一些学生公共参与意识浅薄，社会公德缺失，对随意破坏、私占公物，破坏环境、不遵守法律法规等失范行为不以为意，严重影响了学生个人的发展成长

[①]　核心素养研究课题组：《中国学生发展核心素养》，《中国教育学刊》2016 年第 10 期，第 1—3 页。

和社会长期的稳定和谐。

（三）课堂教学内容与实际公共生活相疏离

我国著名教育家陶行知先生主张生活教育理论，提出"生活即教育""社会即学校""教学做中学"等一系列的观点。陶行知先生始终认为教育和社会生活是息息相关的，学校教育应以实际生活为中心，重视社会教育功能的发挥。这些主张与公共参与素养培育的理念相契合，学校教育应该与社会生活接轨，引导学生关注社会生活，为学生的社会参与起指导作用。近年来，高考指挥棒下的学校教育已经与社会公共生活渐行渐远，目前我国多数中学实行全寄宿封闭式管理模式，学生除周末假期时间外，一直都待在相对封闭的校园环境里，与外界社会的交流受阻，仿佛学校与社会之间隔着一道围墙。课堂教学是学生在校期间接收外界信息的重要途径，新课程改革提出教学要遵循"贴近生活、贴近实际、贴近学生"的原则，但现实中存在着不少老师一味照本宣科向学生灌输课本知识，或是采用的教学素材陈旧老化缺乏鲜活的例子，课堂教学内容与社会实际生活严重分离。加之很多学校只注重学生校内理论知识的学习，忽视学生参与社会生活的需求，学校设置的社会活动实践课形同虚设，被老师占用的现象普遍存在，甚至挤占学生的课余时间进行补课，这不仅是对学生社会生活空间的限制，还疏远了学生与社会生活的距离，对培育学生的公共参与素养产生负面影响。

"学校不能运用社会的力量以谋进步，社会也没法吸收学校的力量以图改造，双方都失掉互济的效用。"[1]学校教育与社会生活应该是紧密相连，相互配合的，这是学生个人社会化发展的需要，也是培养社会所需要的创新型人才的要求。如若学生日常活动范围局限于课堂，便缺乏参加社会生活的切身体验，学校实施的公民教育因此变成"空中楼阁"，教育与社会的关系被割据开来，学生渐渐地与社会生活疏离，甚至与社会生活背道而驰。学生在封闭的校园环境待的时间长了，与社会交往的能力会逐渐下降，即使离开学校，也难以融入社会生活中。这也是当下越来越多的年轻人不愿意社交，热衷于选择宅在家里的重要致因。然而，对于学生而言，大多还是渴望参与到社会生活中的，但课堂教学内容偏离社会生活拉开了学生与社会之间的距

---

① 陶行知：《陶行知全集》第3卷，四川教育出版社，2005，第254页。

离，学生由于各种外部环境的制约较难自主参与到公共事务中，自身参与能力不足也影响了学生有序参与公共生活。

（四）传统教学模式制约公共参与素养提升

随着新一轮基础教育课程改革如火如荼地展开，我国专家学者和一线教师对教学模式的研究和实践取得了不少成果，新旧教学模式在教学实践中发生激烈的碰撞和冲突，当前中学仍存在不少教师坚持照本宣科，围绕知识对学生进行"满堂灌"的传统教学模式。这些教师有的教学理念陈旧，而且已经习惯传统教学模式，不愿意改变；也有的教师愿意改变，但不知道该从何下手，持观望状态，不愿意去尝试；还有一些有想法的教师积极地想要开展创新教学模式的实践，但受到来自学校的压力而不敢突破传统的教学模式，因此很大一部分教师教学模式固化，制约着核心素养的落实。传统教学模式以知识传递为主，机械地向学生灌输理论知识，学生被动接受知识。这种教学模式被诟病的原因不在于知识传递，我们不可能否认知识讲授的必要性，没有系统知识支撑的教学是无效的，但只有理论知识的教学也是失败的，单一的知识灌输是传统教学模式的最大问题。课堂是学生生活的最基本空间，传统教学模式重知识、轻素养把学生当成"知识的容器"，在课堂上难以发挥主观能动性，学生无法自主发现问题和解决问题，在课堂教学中学生之间、师生之间缺乏互动交流，学生的参与感和体验感无法得到满足，学生素养难以得到提升。

以中学思想政治课堂教学为例，一部分教师故步自封，轻视教学设计，在思想政治课上照本宣科，给学生"划重点"，对于抽象概念轻描淡写，无法引起学生的共鸣，使学生在没有理解知识的情况下进行机械背诵，学生没有机会参与活动体验，在课堂上处于被动的地位，久而久之学生会觉得思想政治课晦涩难懂且枯燥无味，主动参与课堂学习的欲望降低，从而失去学习思想政治课的兴趣。例如，在必修3《政治与法治》的教学中，内含较多抽象的公共参与理论知识，许多教师为了使学生能够更好地应付考试，在教学过程中进行大量的知识灌输，并开展题海战术，却缺乏公共参与实践活动，因而学生产生对思想政治学科的认知偏差，认为该学科课程内容枯燥无味，久而久之失去对政治生活和社会公共生活的兴趣，公共参与素养培育的效率没有达到其预期。也有一部分教师敢于尝试创新教学模式，注重教学过程的活动设计，能够选择鲜活的案例作为教学素材，运用多媒体辅助教学，但实际上依然存在传统教学模式的影子，教师在课堂中还是唱独角戏，只是换了不同的形式去讲，在活动环节中学生不知道老师要干什么，更不知道自己该干什么，仍然处于被动听讲、被动参与，师生之间一问一答的状态，学生之间有效的交流探索较少。这样的课堂看似形式多样，但往往起到的是蜻蜓点水的效果，对学生的素养培育是十分有限的。

第二节　中学思想政治课程培育公共参与素养的缺位

学生发展核心素养落实到教学中转化为具体的学科核心素养，集中体现了学科的育人价值。思想政治课程是落实立德树人根本任务的关键课程，以培育社会主义核心价值观为根本目的，是帮助学生确立正确的政治方向、提高思想政治学科核心素养、增强社会理解和参与能力的综合性、活动型学科课程①。基于这一课程的特殊属性，思想政治学科核心素养将公共参与纳入其目标体系，思想政治课程被赋予培育中学生公共参与素养的时代使命。蕴含丰富的公共参与素养培育资源使中学思想政治课程成为培养学生公共参与素养的有效载体，然而，在实际的中学思想政治课程教学过程中，尚未得到充分利用和发挥，在公共参与的培育上时常缺位。

一、教学目标模糊公共参与素养培育的目标导向

传统的思想政治课堂教学非常强调"双基"（基础知识、基本技能）目标的达成。但这种达成基本上是为高考服务的，具有极强的工具色彩②。"双基"目标导向下的中学思想政治课程缺乏公共参与素养培育的意识，轻视学生公共参与能力的培养和塑造。在新课标理念指导下，中学思想政治课

---

① 中华人民共和国教育部：《普通高中思想政治课程标准（2017年版，2020年修订）》，人民教育出版社，2020，第1页。

② 王锦飞：《谈思想政治新课程教学中三维目标的有机整合》，《中小学教学研究》2007年第10期，第5—6页。

程目标分为情感、态度、价值观，能力以及知识三个维度，值得注意的是初中阶段的与高中阶段的思想政治课程的教学目标存在些许区别，一般情况下默认初中阶段情感态度价值观目标放在首位，旨在教学过程中提升学生的情感态度价值观为主，而高中阶段普遍以知识目标为首，旨在增加学生的知识储备。中学思想政治课程公共参与素养培育，不仅要求学生了解公共参与基本常识，还强调学生具有公共参与精神与具备公共参与能力，因此，应坚持三维目标有机统一的目标导向，促使中学生公共参与意识和能力的提升及协同并进。

近年来，中学思想政治课堂教学非常重视三维目标的设计，任课教师普遍能够在课前的教学设计中规范描述本堂课的三维目标，在教学实施的过程中，一些教师会先向学生展示教学目标再进行新课讲授，这样有助于学生形成对本节课的总体把握，在学习过程中更有目标性和方向感。但有些教师展示教学目标存在误区，描述得过于繁杂以致效果适得其反，模糊了教学目标的重点。大部分教师在课堂教学过程中重点关注知识目标是否达成，而能力目标和情感态度价值观目标往往被有意或无意地忽视，学生核心素养培育没有得到落实。中学思想政治课程培育公共参与素养是落实学科素养的内在要求，培育中学生公共参与素养的目标是将新时代中学生培养成具有公民意识、集体主义精神，具备有序参与公共事务管理和社会生活的知识和能力的中国公民，但在实际的教学中这一目标导向常常被模糊化。许多政治教师将公共参与素养培育目标简单等同于掌握公共参与知识，而对于公共参与知识的运用、公共问题价值判断和选择、公共事务的参与和协调等重要方面的内容有所欠缺，导致学生缺乏对公共参与知识的深度理解和运用，公共参与能力没能得到提升。

二、教学内容缺乏公共参与素养发展的内在动力

公共参与作为思想政治课程内容的组成部分之一，也是思想政治学科核心素养的重要一维，其重要性在思想政治课程教材内容中得到了充分体现。初中《道德与法治》教材以青春生命在与他人、与集体、与社会、与国家以及全球关系中的自我发展为线索，以培养社会主义合格公民为中心，重视强

化公民意识教育，通过法治教育、公共生活、公共精神教育引导学生形成担当意识，落实社会责任感培育。高中《思想政治》教材结合学生适应社会多方面的需要，按照《中国特色社会主义》《经济与社会》《政治与法治》《哲学与文化》四个模块逐一编排，涉及政领域治、经济领域、文化领域的公共参与素养内容，注重从知识、意识和能力着手展开综合培育。中学思想政治课程根据时代发展的要求不断调整课程内容，更新教材内容，但无论课程内容和教材内容设计得多么科学合理，这些内容都难以全部自动转化为教学内容，具体教学是受多种因素影响的复杂过程，隐藏着种种不确定性，因此，在中学思想政治课程公共参与素养培育关键是看教学内容能否持续生成推动公共参与素养发展的内在动力。

现行的中学思想政治教材花费大量的笔墨强调政治参与，对经济领域、文化领域的参与则碎片化分布于各自的模块中，缺乏一定的深度，各模块之间缺乏融合，在教学内容中学生甚至可能无法感知除了政治参与外的其他领域的参与内容，对公共参与内容的敏锐度有待提高。除此之外，所涉及的公共参与知识在广度上也是有待拓展的，社会领域和生态领域的公共参与内容几乎处于空白状态，教师在公共参与知识的延伸方面往往力不从心。教学内容在深度和广度上的不足，使学生难以将教材知识转化为实际参与的知识和能力，限制了学生公共参与素养的发展空间，也不利于开阔学生的公共视野，公共参与素养培育缺乏内在动力。

思想政治课本身是一门理论性较强的学科，知识点高度凝练且比较晦涩难懂，一些公共参与理论知识相对抽象，学生往往没有办法根据已有经验获得正确理解，这就十分考验教师组织教学内容的能力。面对这种情况，教师应该选择公共参与知识相关的具体案例，或设计模拟公共参与的活动，将学生置于一定的公共参与情境中展开教学，帮助学生更好地理解公共参与的过程。但很多时候教师迫于考试压力需要赶教学进度，没有时间和精力去研究如何组织教学内容，不少教师考虑到课时不足，不敢冒险在教学活动中花费过多时间，往往简单按照考试要求安排教学内容，对于抽象概念不做详细阐释而是简单带过，让学生机械识记，学生缺乏体验无法理解和感受公共参与的重要性，枯燥单一的教学内容淡化了学生的公共参与意识。以高中思想政治课程必修三《政治与法治》第二单元"人民当家作主"第四课"人民民主专政的社会主义国家"为例,"最真实、最广泛、最管用的民主"这是对我国社会主义民主优越性的高度凝练,比如对于"社会主义民主是最真实的民主"的阐述中有这样一句话:"中国共产党的坚强领导,是在国家生活中实现人民民主的根本政治保证。"对于这句话学生可能产生疑问,如"什么是中国共产党的坚强领导""为什么是根本政治保证""这与最真实的民主有什么关系"等。这种抽象的文字阐述对于中学生来说确实不易理解,如果教师只是机械灌输,这句话便只是以"文字"的形式储存于大脑中,感受不到公共参与的价值和意义,对于学生的公共参与素养提升没有实际作用。如果教师在此展示在党的领导下开展工作的相关素材,能够迅速拉近课本知识与公共生活的距离,使学生从具体鲜活的案例中感悟到我国社会主义民主的优越性。可见,丰富而鲜活的教学内容,更容易激发学生对公共参与的兴趣,强化公共参与素养培育的内在动力。

三、教学方法未能推动公共参与素养的落地生成

教学方法的选用是中学思想政治课程培育公共参与素养的重要影响因素,优化教学方法能够引导学生积极参与课堂。一直以来,讲授法始终是最基本也是最重要的教学方法,任何方法都离不开教师的"讲",其他各种方法大多是建立在讲授法的基础上,在与讲授相结合的过程中发挥其价值作用。在当前的思想政治课堂教学中多数教师培育学生公共参与素养的教学方法普遍以讲授法为主,加以幻灯片、图片、视频等多媒体设备辅助教学,也会结合一些案例来讲解重点和难点知识,主要是以口头言语的形式进行讲解。在讲授法的使用过程中,有时教师语速偏快,学生还没反应过来,知识点就已经讲完了,也有教师追求面面俱到,怕学生听不懂而讲得过于细致,导致课堂效率低下。教师单一使用讲授法,将导致讲授时间比重过大而压缩学生独立思考、交流互动、参与活动的时间,长此以往,学生产生思维惰性,懒得思考老师所讲的内容而被动接受知识,这样一来,学生所学的公共参与知识难以内化于心,外化于行,公共参与素养没有得到真正落实。公共参与素养培育要求在教学实践中不断改进讲授法,充分发挥其优势,同时根据知识材料的特点和学生的学习情况综合运用不同的教学方法,强化学生公

共参与能力和增强担当意识，推动公共参与素养落地生成。

中学思想政治课程培育公共参与素养的成效取决于对各种教学方法的创造性地运用，而教学方法的运用则受着具体教学情景的制约。在新一轮的基础教育改革背景下，不少教师积极响应新课改的要求，在教学实践中丰富和创新教学方法，然而在此过程中也存在不少问题。一些教师过于注重通过多样的教学方法烘托课堂氛围，出现为了"活动"而活动的现象，无实质意义的活动或许看上去使学生学习兴趣高涨，课堂氛围活跃，但实际上在活动中没有深化学生对知识点的理解，也没有起到锻炼能力和提高素养的效果，从而使课堂沦为表面精彩的"空壳"。此外，教学方法欠缺启发性也是值得关注的问题。教师在教学活动的设计中应考虑活动对学生的启发作用，让学生在活动中发现问题、分析问题并寻求解决问题的方法，最后得出一定的结论。在活动过程中，多数教师会通过提问或设置议题引导学生思考，但问题的设置也是一门学问，教师的问题设置应该考虑学生学情，并紧密联系知识点且具有启发性，让学生能够通过探究解决问题。一些教师在课堂中的提问过于直白，缺乏启发性，学生往往是直接"念课本"回答问题，没有经过独立思考就能解答，也有些提问过于抽象，学生面面相觑无人回答，最后变成教师自问自答，失去了提问的实际意义。中学思想政治课程培育公共参与素养应关注教学方法的有效性和启发性，更加简洁明了地传授知识，让学生在交流互动和活动参与中深化对知识的理解，培养学生解决实际问题的能力。

四、教学评价忽视公共参与素养培育的多元全面发展

教学评价是评估教师教学水平和学生学习成果的重要工具，是学生个体成长、教师专业发展和提高课堂教学质量的参考依据。关注公共素养培育的教学评价，对学生个人素质的提高发挥了重要的作用，能够帮助学生形成适应社会发展所需要的能力，促进学生的全面发展。与此同时，是促使教师转变教育教学理念，推动课程教学改革，落实"立德树人"的根本任务。随着基础教育课程改革的实施，各方对改进中学教学评价开展了有价值的探索实践，积累了一定经验。但受应试教育影响，"以分数论英雄"的观念根深蒂固，用分数给学生"贴标签"的做法仍然普遍存在，总体上看，单纯通过学生考试结果和学校升学率评估教学质量的倾向尚未得到根本扭转。传统的教学评价存在过于强调学业成绩和甄别功能、重结果轻过程、评价主体过于单一等弊端，在一定程度上导致了学生的片面化发展，学生社会责任感、创新精神和实践能力的培养没有受到重视，难以发挥教育评价对公共参与素养培育的积极作用，不利于公共参与素养培育的多元全面发展。

目前，中学思想政治课程的教学评价主要是以笔试的方式来评价学生的学习效果，通过考试评价学生公共参与知识是否能够正确运用于解答考题。考试题目材料来源于社会生活，但与实际的公共参与情境是存在一定差异的，学生考试成绩好坏与学生是否能够有序参与到公共事务管理并没有直接的关系。考试结果只是对学生公共参与知识掌握程度的评价，而公共参与素养中的参与意识、参与能力、参与价值观等方面无法通过考试以量化的形式进行衡量。教师往往以考试成绩作为最后结果直接评价学生公共参与素养，突出强调学业成绩，忽视参与能力和价值观的培育。这样的评价方式会出现平时积极主动参加公共事务、公共参与素养较高的学生由于试题没有答好，未能取得较满意的考试成绩；然而一些不热衷参与公共生活，依靠死记硬背的学生往往能够取得高分成绩。这样一来教学评价无法正确反映学生公共参与素养的情况，学生公共参与素养的发展得不到应有的肯定性评价，无法满足学生公共参与的自我效能，学生逐渐失去参与公共生活的内在动力，学生公共参与的意愿和思想政治课程培育公共参与素养的积极性遭遇打击。另外，在中学思想政治课的教学评价中以教师对学生的评价居多，缺乏师生之间、学生与学生之间的交流评价，学校、家长也极少参与到评价过程中，评价主体单一的现象普遍存在并令人诟病。例如，现在的中学一个班级大概有五十名学生，一名教师至少会接触上百名学生，每一个学生都是独特的个体，教师不可能做到完全熟悉每一位学生，因此，教师对学生的评价难以做到十分精准，而且只有教师对学生的评价难以形成对学生水平的全面认识。这种评价模式抹杀了学生的个体差异性，不利于学生的全面发展，学生的公共参与素养也很难得到提升。

第三节　中学思想政治课程培育公共参与素养的困境

　　思想政治课程作为落实立德树人根本任务的关键课程，承担着新时代中学生公共参与素养的重要任务。随着各界对发展核心素养的重视以及国家和社会发展对公民公共参与素养的要求不断提高，中学思想政治课程培育公共参与素养成为广大思想政治教育者的热议话题，对中学思想政治课程培育公共参与素养相关的研究理论成果日益丰富，围绕"公共参与素养"开展的教学实践逐渐增加。中学思想政治课程培育公共参与素养的发展态势整体呈现良好趋向，但总体而言培育效果不尽人意，存在一些较为突出的问题阻碍了公共参与素养培育的进一步发展，新时代中学思想政治课程培育公共参与素养依然面临着诸多困境。

一、中学思想政治课程中公共参与素养的培育形式单一

　　学生在公共生活中习得知识并运用知识是公共参与素养培育的关键所在，必须重视丰富学生的参与体验。由于公民的公共参与涉及范围广，相关内容复杂且多样，在中学思想政治课程中培育公共参与素养需要教师花费大量时间和精力去研究关于公共参与的相关内容，并结合学生生活实际设计课堂教学，设置与公共生活有关的教学情境、选择鲜活的教学素材、综合运用教学方法。但在应试教育的背景下，教师大部分精力用于研究如何让学生在考试中获得高分，在课堂上仍然以"知识灌输"为主、以考试为中心进行公共参与素养培育，重点关注学生公共参与知识的掌握，课上学习新知，课后"题海战术"，整个课堂教学缺乏一定的参与体验的环节。学生们或许能够通过背诵知识点和练习解题技巧，或者直接套用课本上所学的公共参与知识解答考试题目，但如果让他们运用到实际的公共参与实践中则不知所措，学生通过学习获得的公共参与知识没有办法有效转化成实际的参与行动，公共参与能力没有得到实质性提高，公共参与素养培育成为无木之本。

　　在中学思想政治课程培育公共参与素养的尝试中，少数教师尝试开展多

种教学活动，枯燥单一的课堂现状，在课堂上进行知识竞赛、议题分析、模拟参与等活动，但由于课时有限、教室环境局限，活动实施效果不尽如人意，往往导致活动流于形式，学生往往会出现表面理解、实际迷惘的情况，课堂氛围看似积极融洽，但实际上课后学生没有实质性收获，课堂效率相对较低。由于各种因素的限制，一些教师尝试过几次之后可能与预期效果相差甚远，觉得有心无力、难以推行，于是最终还是选择恢复到原本重视知识讲解的形式。中学思想政治课程中公共参与素养培育形式单一的关键问题在于局限于课堂上的课本知识学习，缺乏机会真正接触社会公共生活的实践环节，学生始终处于一个相对封闭的环境中去看外面的世界，视野狭隘。目前的初中《道德与法治》教材与高中《思想政治》教材均设置了综合探究的栏目，为公共参与素养的培育提供了活动方案，但在实际教学过程中，教师往往是简单带过课本上的这部分内容，甚至是直接忽视，浪费了思想政治课程中公共参与培育的资源，没有使教材的作用发挥到最大、最优化，同时，公共参与素养培育缺乏与其他学科之间的对话交流，除了思想政治学科外的其他学科对公共参与素养培育的重视程度远远不够，往往将其责任全部推脱给思想政治学科，不利于充分利用各学科资源协同开展公共参与素养培育。

二、中学思想政治课程中公共参与素养的培育知行脱节

知是行之始，行是知之成，知行统一则是思想政治教育的理想追求，也是公共参与素养培育的终极目标。然而，公共参与认知水平与行为表现的脱节是中学思想政治课程中公共参与素养的培育过程中常见的一种表现，也是长期以来没有得到解决的一大难题。在公民参与的观念与行动之间的关系上，中学生的参与观念要强于其参与行为，即中学生在参与的知行关系方面存在较大落差①。学生通过思想政治课程的学习获取了一定的公共参与的理论知识，基本能够做出正确的价值判断和行为选择，但在具体的公共参与实践过程中并不能做到有序参与公共生活，主要存在"知而不愿行""知而不能行""高知低行"等问题。具体表现为：学生了解公共参与的基本常识，

---

① 班建武、檀传宝：《"公民"还是"私民"？——现代化转型中的中国大陆中学生公民德性调查与分析》，《教育科学》2015 年第 31 卷第 3 期，第 9 页。

但不愿意真正付诸行动参与到公共事务中，表现出一定的冷漠甚至是抗拒，出现"知而不愿行"的现象；学生具有强烈的参与意愿，但缺乏基本的参与能力，不能够合理有序地参与到公共生活中，出现"知而不能行"的现象；学生认同中学生公共参与对个人成长和社会发展的价值，如果被要求参与会配合参与，但自身不热衷参与实际公共生活，缺乏参与的内在动力，出现"高知低行"的现象。以网络公共参与为例，当网络上出现对某一公共事件的广泛讨论时，一部分学生会认为"事不关己"，选择不参与讨论；一部分学生积极地参与讨论，但缺乏理性沟通能力，经常会非理性表达自己的观点，甚至常有不堪入目的字眼出现，以至于给他人造成伤害；还有一部分学生对事件本身缺乏自身的独立思考，但看到大家都在讨论，于是会随大众舆论参与转发。不管属于哪一种情况，都是中学生在一定的公共参与认知支配下没有采取正确的参与行为的种种表现，知行脱节使中学思想政治课程培育公共参与素养遭遇瓶颈。

中学思想政治课程中公共参与素养培育产生知行脱节是由多方面因素造成的。从思想政治课程教学的层面看，思想政治课程教学长期存在理论与实践不连贯、知识与生活相疏离的现象，学生无法深刻理解教材内容，无法真正从内心上产生认同，有时候甚至对所学知识产生怀疑的态度。例如，学生在课堂中学习到自觉遵守社会规则，不破坏公共设施，但实际生活中违背社会规则的人仍然存在，公共设施也频繁遭遇破坏，然而做出这些行为的人没有受到惩罚，学生可能容易产生不遵守规则、随意破坏也没有多大影响的认知偏差，导致学生不愿意、不主动将理论知识运用到实践中去，缺乏参与行为的自觉，难以实现学生公共参与素养培育的能力和价值观目标。从公共社会环境的层面看，当今世界正经历百年未有之大变局，国际经济、科技、文化、安全、政治等格局出现重大变化，我国正处在经济转轨、社会转型的特殊时期，各种社会矛盾和危机多发，复杂多变的社会环境给中学生公共参与素养培育带来了许多挑战。当学生课上所学与实际生活有较大差距时，学生会产生疑惑，不知该如何结合所学理论知识去解决实际问题。随着互联网进入迅速发展的时期，中学生公共参与的渠道得到拓展，但网络空间的虚拟性和行为主体的隐蔽性造成网络环境鱼龙混杂，也给中学生公共参与素养培育增加了难度。从学生身心发展的层面看，中学生心智仍未成熟，对社会外界充满好奇心，但又缺乏社会经验，辨别信息能力较低，在参与过程中常常会被不良信息诱惑，极易受到社会不良风气的影响。同时，青少年情绪波动大，容易冲动缺乏理性，可能会在参与过程中不理智宣泄情绪给他人造成伤害，缺乏合理有序参与公共生活的能力。

三、中学思想政治课程中公共参与素养的培育参与不足

学生参与度是提高中学思想政治课程培育质量的重要保证和有效途径，是发挥学生主体性的主要体现。当前，存在不少中学生对思想政治学科持有负面情绪，认为思想政治课程极其枯燥，部分学生因自己无法弄懂课本上复杂抽象的知识而失去信心、产生畏惧，甚至产生厌学心理，一到上政治课就发呆、犯困，还有的会故意扰乱课堂秩序。学生不想参与到课堂学习中，对公共参与更是提不起兴趣。有一部分学生认为公共参与应该是大人的事情，跟学生没有多大关系，学生只需要在学校里好好学习，将来进入社会找份好工作就可以了，所以学生对公共参与不感兴趣，还有的认为公共参与占了学习的时间，不愿意参与。这种对公共参与冷漠的情绪导致学生不管是在课堂上还是校内、课外都不够积极主动，学生公共参与的效能降低，公共参与素养的培育缺乏实效性，影响学生核心素养的全面发展。

学生在独立思考的前提下积极参与课堂教学是衡量思想政治课程培育公共参与素养实效的重要标准，是学生将公共参与知识内化的必要条件。在思想政治课堂教学活动中，提高学生学习的兴趣是激活学生思维的前提条件，进一步引导学生独立思考是核心所在，也是实现公共素养能力与价值观目标的关键。目前，许多教师把重点放在了学生的积极参与，忽视了学生的有效参与，在教学中设计一些吸引学生注意力的活动，如设计游戏、角色扮演、小组讨论等激发学生积极参与到课堂教学过程中，但活动内容与知识相关性不大，并且缺乏一定的深度，学生参与课堂活动后学无所获。这样常常会导致学生似懂非懂，一问三不知，学生无法从课堂参与中得到提高，有时连课本知识讲的是什么都没有印象。出现这种现象的原因主要是教师在课堂教学中没有激活学生的思维，学生仅是出于兴奋、好奇等情绪参与到课堂活动中，而没有通过活动引发一定的思考去探究所得出的结论。这样的无效参与

不利于学生从中获得公共参与情感体验，学生的公共参与能力无法得到提高，导致中学思想政治课程培育公共参与素养的情况并不理想，没有办法达到预期效果。

四、中学思想政治课程中公共参与素养的培育缺乏支持

思想政治课程培育中学生公共参与素养无法脱离现实条件而展开，除了课堂教学外，还应综合考虑各种外部因素的影响。教师、学校、家长以及社会各界的广泛参与有助于形成合力协同育人的格局，为中学思想政治课程中公共参与素养的培育创设良好的支持体系，确保落实立德树人的根本任务。然而，在中学思想政治课程培育公共参与素养的过程中，受到种种因素的制约，教师自身公共参与素养欠缺、学校管理缺乏民主参与、家长漠视公共参与素养培育、社会有关单位缺席中学生公共参与素养培育等方面的不足，使得中学思想政治课程培育公共参与素养的发挥空间变得较为狭窄，其中任一主体的缺位都影响着公共参与素养培育的整体效果，不利于进一步推进中学生公共参与素养的培育。

学校是培育中学生公共参与素养的主要阵地，参与校内的公共事务是学生公共参与素养培养的重要组成部分。学校的重大决策中有许多与学生息息相关的内容，应尊重学生的知情权和选择权，悉心听取学生的意见。事实上，学生几乎没有机会参与学校的公共事务管理，学生在学校管理中处于被动地位，一直以来都属于被管理的角色。例如，学校对学生宿舍、食堂、教学楼等公共场所的管理通常是由学校制定制度来主导，相关部门负责实施，这种自上而下的带有行政命令性质的管理方式不利于学生意见的反馈，容易导致学生对学校管理产生抵触情绪，当学生认为自身权益受到侵害时，以传播负面舆论等不恰当的方式发泄不满情绪，不利于学生自我管理能力和公共参与能力的提升。班级是学生参与学校管理的最基本单位，在班里班主任和班干部做主的情况普遍存在，班干部的任用也常常是由班主任直接提名的，学生参与班级公共事务的机会少之又少，参与权利在无形中被剥夺。学校和班级管理长期缺乏民主和平等潜移默化地影响着学生的公共参与意识，导致学生理所当然地认为公共事务管理与自己无关，在一定程度上淡化了公共参

与意识。除此之外，中学生大部分时间都生活在学校里，环境相对封闭，学校作为学生了解社会事务的主要渠道，存在硬件或软件设施缺乏的情况，无法为学生及时传递国家大事和时政新闻的相关信息，学生对国家事务和社会活动的了解匮乏，降低了学生参与社会公共事务的兴趣。

教师是培育中学生公共参与素养的关键角色，在培育中学生公共参与素养的过程中具有指导性的作用。在思想政治课程中培育中学生公共参与素养要求政治教师自身必须具有丰富的强烈的公共参与意愿、公共参与知识、较强的公共参与能力。现在的中学思想政治课教师大部分具有专业的师范教育背景，也积累了丰富的教学经验，但受到种种现实因素的影响，很多教师并没有机会参加公共参与素养培育的相关培训，实际上存在许多教师基本上掌握公共参与的理论知识，但是对其的深刻理解还不到位，对公共参与素养还存在片面狭隘的认知等情况。一些教师缺乏自我专业成长规划，知识的储备仅限于本学科的教材知识，认为自己只需要教好书就可以了，忽视了对学生公共参与素养的培育。加之教师大部分时间与学生一样局限于狭隘的学校环境里，与社会外界的联系较少，日常工作繁杂难以抽出时间参与社会实践，对社会公共事务的关注也停留在浅层，缺乏深入研究。因此，许多教师自身公共参与意愿并不强烈，其公共参与的能力水平也不足以在培育学生公共参与素养中为学生提供正确指导。除了教师自身原因外，由于受到高考指挥棒的驱使，教师在课堂教学中迫于考试要求，不得不将教学重心放在提高学生成绩上，难以顾及学生素养的发展要求。

家长是培育中学生公共参与素养的推动力量，家长的支持对学校、教师开展公共素养培育至关重要。瓦西里·亚历山德罗维奇·苏霍姆林斯基认为："教育的效果取决于学校和家庭教育影响的一致性。如果没有这种一致性，那么学校的教学和教育过程就会像纸做的房子一样倒塌下来。"[1] 当前教育存在一种"5+2=0"的现象，即学生在学校接受了五天的学习，周末回家两天之后又打回原样，学校教育难以抵挡家庭教育的负面影响，无法取得进一步的成效。中学生公共参与素养的培育同样受到来自家庭教育的影响，在家庭生活中，家长极少与孩子交流讨论政治与社会话题，不少家长只关注

---

[1]　B. A. 苏霍姆林斯基：《给教师的建议》，教育科学出版社，2013，第314页。

孩子的考试成绩，并将教育孩子的责任全部推给学校和教师，有时还对学校和教师的工作产生质疑，不愿配合。当学校开展公共参与的相关活动时，存在一些家长以耽误学习为由阻拦学生参加，这些家长认为中学生还小，不需要了解过多的社会事务，孩子在学校里好好学习取得好成绩、考上好学校就够了，将来走进社会自然会融入社会中去。在家长眼中，思想政治学科始终没有语、数、英这些科目重要，对学科本身就缺乏一定的重视，对于在思想政治课程中培育公共参与素养更是漠不关心，这部分家长自身在公共参与素养方面也是存在一定程度的缺失，他们无法真正认同中学生公共参与素养对学生成长发展的重要性，对学校培育公共参与素养的工作表示不理解，甚至干涉学生参加公共参与实践，影响了学校和教师公共参与素养培育的效果。同时，家庭的环境、家长的生活习惯以及行为规范也在不知不觉中影响着学生公共参与素养的形成。例如，学生在学校学习了遵守社会公德，但家长的日常行为常常与之相悖，给学生提供了一些不良的参照，容易导致学生产生"家长都这样做那我这样做也不会有什么影响"的想法，淡化了公共参与素养培养的重要性。

社会为中学生公共参与素养培育从不同的渠道提供多样化教育资源，既是培养中学生公共参与素养的重要环境，又是其强有力的后盾。社会对中学思想政治课程培育公共参与素养的影响主要体现在社会环境复杂多变和社会教育资源匮乏上。新时代背景下，社会发展日新月异，而思想政治课程教学内容的更新一般是滞后于社会变化的，这便要求思想政治课堂教学充分利用社会教育资源，以实现公共参与素养培育紧贴现实社会生活。社会教育资源是具有社会教育意义或能够保证社会教育实践进行的各种资源条件。它包括人、财、物等物质因素，以及保证这些因素发挥作用的政策、制度、环境（物质环境、人文环境）等条件①。当前中学思想政治课程培育公共参与素养中社会教育资源的匮乏主要体现在缺乏相关政策保障、物质资源短缺以及地区差异大方面。素质教育得到全方面发展与推广，思想政治课程也受到空前重视，《普通高中思想政治课程标准（2017 年版，2020 年修订）》提出，要把公共参与素养作为思政课的核心素养之一，强调在中学思想政治课中培

---

① 高瑞萍：《"社会教育资源"解读》，《教育理论与实践》2009 第 S1 期，第 5—6 页。

养公共参与素养，中学生公共参与素养的培养开始受到关注。但目前仍没有相关政策及文件提出关于落实中学生公共参与素养培育的方案和意见，中学生公共参与素养培育缺乏强有力保障和科学指导，导致大多流于形式，没有实际效果。在中学思想政治课程中培育公共参与素养仅靠政治教师的力量难以施展开来，需要社会各界的力量加以辅助，然而大部分社会单位、企业等群体功利性目的较强，只关心自身利益，缺乏一定的社会责任感，不会积极主动地参与到公共参与素养的培育中，为公共参与素养培育提供物质、场地等资源。在经济发展水平较高的地区，能够为中学公共参与素养培育提供基础的社会教育资源，但在一些较为落后的地区，基本的教学资源都较为紧缺，公共参与素养的培育更是无法得到保障，限制了学生公共参与素养的发展。总体来说，社会为中学思想政治课程培育公共参与素养提供的帮助还是微乎其微的，仍有较大的发展空间。

第四节　人民对美好生活向往与公共参与素养的偏差

自改革开放以来，我国各方面发展取得巨大成就，人民生活水平不断提高，进入中国特色社会主义新时代，人民对美好生活的需要日益增长，一方面，人民对更好的教育、更稳定的工作、更满意的收入、更可靠的社会保障、更好的环境、更丰富的文化生活有了新的期待；另一方面，人民在民主、法治、公平、正义、安全、环境等方面也有了许多的新要求。但我国不平衡不充分的发展现状与人民对美好生活的向往仍存在一定的差距，因而，公民的公共参与需要日益增长，公民期望通过公共参与来表达自己的利益诉求，进而影响公共决策的制定。由于经济建设、政治建设、文化建设、社会建设、生态文明建设仍存在着许多制约因素和问题，公民现有的公共参与素养与公民公共参与的需求存在偏差。

一、经济发展不平衡不充分导致参与素养水平参差

国家对中国特色社会主义事业的辛勤耕耘，使得我国经济实力取得飞跃

性进步，目前已稳定解决了十几亿人的温饱问题，脱贫攻坚战取得了全面胜利，总体上实现小康，并于 2020 年实现了全面建成小康社会的奋斗目标。随着生产力水平的发展，人们生活质量持续得到改善，赖以生存的物质需求基本得到满足，人们日趋关注在教育、政治参与、公共文化等事关民生与社会公平的公共领域，产生参与公共生活以追求美好生活需要的要求。经济社会的不断进步为公民公共参与的发展提供了基本的物质基础保障，相关基础设施也不断得到改善和发展，公共生活领域逐渐扩大，公共参与的渠道得到拓展，公共参与对于公民来说不再是"空中阁楼"，伴随着公民意识的觉醒，社会逐步发育成长。同时，伴随着社会主义市场经济体制发展的新飞跃，人们的利益诉求日臻多样化，社会利益关系复杂多变，以利益博弈为导火索引发的公共事件日渐频发，利益诉求成为人民新的公共需求。越来越多的人有意识地参与到社会公共事务中，积极表达和维护自身利益和公共利益，公共参与的热情逐渐高涨。

在我国经济社会实现跨越式发展的同时，存在一些发展不平衡不充分的突出问题尚未解决，影响着公民公共参与素养的全面提升。一方面，城乡收入分配和区域经济发展差距依然较大，一般来说，经济发展水平与公共参与素养呈正比例关系，城市和经济发达地区在各方面的基础建设相比乡镇和经济落后地区完善，受教育水平高于乡镇，公民接触各领域公共参与活动的机会也相对较多，而乡镇和经济落后地区各方面资源处于劣势地位，大多数乡镇和经济落后的公民致力于实现基本的物质生活需求，公共参与的意愿普遍较低。由于自身文化程度有限，加上缺少参与公共生活的具体组织形式和渠道，这些公民的公共参与能力相对较弱，当他们的利益诉求总是无法表达和实现时，往往会产生非制度性和非理性的参与行为，如采取集体上访、聚众闹事、围堵政府机关等错误的方式去解决问题。另一方面，民生领域还滞留着不少问题亟须解决，群众在就业、教育、居住等与生活息息相关的方面遭遇众多难题，民生问题随着民众对美好生活的向往而有所强化，许多人们最关心、最直接、最现实的利益问题仍未解决，导致公共参与边缘化。例如，教育事业发展的不平衡不充分不利于学生公共参与素养培育工作的全面推进，就业困难导致部分公民公共参与积极性不高，生活成本增加带来的社会焦虑情绪增多影响公民有序参与公共事务等。因此，提高公民的公共参与素养，首先要从根本上解决经济发展的不平衡不充分问题，积极响应社会公众的民生关切，不断夯实公共参与的物质基础。

二、政治体制改革面临考验影响公共参与素养提升

自改革开放以来，我国矢志不渝地走中国特色社会主义政治发展道路，在深化政治体制改革、发展社会主义民主政治方面做出巨大努力，取得一些可观的成绩：党和国家领导体制日益完善，人民当家作主的制度保障和法治保障更加有力，人民依法享有和行使民主权利的内容更加丰富、渠道更加便捷、形式更加多样①。我国在进行民主法治建设的进程中，公众的公民意识不断增强，公共参与开始走进人们的视野，尤其是公民的政治参与得到空前重视。扩大公民有序的政治参与，有利于深化政治体制改革，确保人民当家作主的地位，保障公民权利。但当前政治体制改革仍然面临诸多考验，政府与公民的沟通渠道不畅，权利保障机制不健全，民主制度化建设乏力等造成参与渠道有限、参与机制不完善、参与效能感低等问题，公民政治参与的实践和探索频频遭遇困境，公民公共参与素养难以得到实质性提升。

党的十九届四中全会提出建设新时代服务型政府，这不仅是社会主义民主的本质要求，也是公民参与政治生活的重要保障。加强政府与公民之间的政治沟通是建设服务型政府的基本前提，以公民有序地参与到政府的决策环节为驱动点。政治沟通是政府与公众之间经过信息交流，相互了解对方的立场，使政治系统的运作更为有效的过程，它体现了政府与公民之间的关系状态②。政治沟通具有增加公民对政治相关信息获取水平的潜在作用，从而使个体的政治胜任能力和参与效能感获得提升③。政治沟通不畅，政府决策环节缺少社会公众的参与是当前政府转型和公民政治参与的突出问题。从政府的层面看，官僚主义、腐败现象仍然存在，一些政府人员漠视甚至拒绝同公

---

① 习近平：《在庆祝改革开放40周年大会上的讲话》，《人民日报》2018年12月19日第2版。

② 祝基滢：《政治沟通》，《新闻学研究》1987第38期，第51—64页。

③ Klofstad, "Casey A. Exposure to Political Discussion in College is Associated With Higher Rates of Political Participation Over Time", *Political Communication*, Vol. 32, No. 2, 2015, PP. 292—309.

民进行政治沟通，公民向政府反馈信息时，吃了"闭门羹"甚至遭受报复，政府形象严重受损，公民对政府产生不信任，政治参与热情受到打击，参与效能感也随之降低。从公民的层面看，受到传统政治文化影响，不少公民对政治参与缺乏主体性意识，对参与政府决策的积极性不高，认为自己遵从政府的管理即可，不需要对其深入了解。还有一部分公民在反馈和表达意见时，没有采用恰当合法的渠道和手段，表现出参与能力和素质相对较低。近年来，公民诉求的内容和强度呈现日益增长的态势，除了公民参与意识觉醒外，权利保障机制的不健全也是造成这一现象的重要原因，公民在实际的政治生活中的知情权、参与权、表达权和监督权没有得到落实，因而对民主制度产生质疑，要求进一步建设和完善制度化、规范化的参与渠道和机制，从而提高公民政治参与的实效性。

三、社会治理公共性缺失限制公共参与素养的发展

社会治理是加快社会发展需要克服的重要问题。推进社会治理现代化，是中国治理体系和治理能力现代化的重中之重。我国社会治理自党的十八大以来取得了许多的新突破，习近平同志提出社会治理新思想，大力推进社会治理的创新实践与探索，多方面开拓社会治理新境界，国家高度重视社会治理问题。总体上看，当前我国社会治理体系不断完善，社会安全稳定形势持续向好，人民生命财产安全得到有效维护，广大人民群众的安全感和满意度不断增强①。社会大局总体趋向稳定，但要注意到社会利益关系也在日趋复杂，社会阶层不断变动，各种社会矛盾和冲突激化，社会治理面临的形势环境更为复杂，滞留着一些社会问题。公民参与社会公共事务的需求日益增加，迫切需要更新社会治理模式，响应人民群众的要求。党的十九大明确提出创设"共建、共治、共享"的社会治理格局，三个"共"字重点凸显了社会治理的公共性。但实际上，我国现代社会治理的"公共性"并未在实践中得到充分体现，治理的"公共性"缺失问题长期存在并成为限制公民公共参与素养发展的重要原因。

---

① 中共中央宣传部：《习近平新时代中国特色社会主义思想学习纲要》，人民出版社，2019，第164页。

"公共性"是社会治理的目标和基础,是公民公共参与素养发展的目的和归宿。我国社会治理过程中"公共性"缺乏的实质是多元化的社会治理主体之间缺乏合力,主要表现为:社会资源配置和整合度不高,社会治理主体能力不平等,利益协调机制不健全。资源开发与利用是创新社会治理的重要支持,在传统的社会治理体制下,社会资源的管理存在着资源配置不到位、重复浪费、效率低下的问题,例如,公共服务程序过于复杂,给民众办事造成了许多障碍。传统的社会治理模式主要是以政府为主导,忽视了与社会组织、公民等社会治理力量之间的互动与合作,政府垄断式的治理限制了其他社会治理力量参与到社会公共事务管理中,与政府相比,非政府的社会组织以及公民等主体的社会治理能力十分有限,在社会治理中的主体性没有得到充分发挥,公民公共参与的效能感降低。多元主体共同治理,意味着在多元主体之间通过让渡各自的权力形成一定的公共领域,意味着不同主体间在频繁的交往和互动中达成共识,并形成超越各自不同利益的公共利益①。社会治理过程中,社会矛盾纠纷频发,是不同主体之间的利益冲突的表现,受到功利主义、个人主义的影响,多数人只追求个人利益的实现而忽视社会共同利益,甚至损害公共利益,表现出社会责任感和公共精神的严重缺失,利益协调机制的欠缺不利于社会公平正义的发展,导致公民在公共参与中负面情绪增加,影响了公共参与的有序发展。

四、公共文化服务体系建设滞后于公民的参与需求

文化是凝聚民心的重要载体,也是增进民生福祉的重要支撑,丰富的精神文化是人民美好生活不可或缺的一部分。人民美好生活向往的文化需要是开展公共文化服务体系建设的依据,对于我国现代社会的长远发展具有深刻意义。公共文化服务体系是政府主导、社会参与形成的普及文化知识、传播先进文化、提供精神食粮、满足人民群众文化需求、保障人民群众文化权益的各种公益性文化机构和服务的总和②。要满足人民群众基本的精神文化需

---

① 王名:《共建共治共享格局下多元主体的权利边界及公共性之源》,《国家治理》2019 年第 28 期,第 3—6 页。

② 闫平:《试论公共文化服务体系建设》,《理论导刊》2007 年第 12 期,第 112—116 页。

求，必然要求完善公共文化服务体系建设，因而进一步激发公民参与公共生活的热情，树立公民在公共文化生活中的主人翁意识，增强对社会主义文化和中华优秀传统的认同感，增强国家凝聚力和文化自信。公共文化服务体系的建设与公民的参与二者之间既是相互制约又是相互促进的关系。公民作为有独立意识的个体，参与公共文化服务体系的建设，在表达自身文化需求的同时为公共文化服务做出了更具针对性的方向指导，对构建更"接地气"的公共文化服务体系具有深刻意义，而公共文化服务体系的不断完善，能够激发公民在文化领域的参与热情，为公民的公共参与提供更加多样的渠道，促进公民公共参与素养的发展。

总体上看，现阶段我国公共文化服务体系的建设滞后于人民日益增长的文化参与需求。公共文化服务的现状与实现标准化、均等化仍存在一定的现实差距，制约着公民参与公共文化服务建设的实践和探索。经济发展的不平衡不充分造成各地的公共文化服务水平不均、覆盖面不广，发达地区的公共文化服务设施完备，而欠发达地区的公共文化服务较为滞后，加上不同地区传统文化的不同，对公共文化服务的需求存在差异，使公民在公共文化领域的参与呈现自发、分散、无序的非规范状态。还有部分民众对公共文化服务缺乏主动参与意识，导致公共文化建设由政府主导，容易出现政府懈怠公共文化服务工作，或推出的公共文化服务不适用于当地实际情况的现象，造成公共资源的浪费。因此，提高基本公共文化服务的覆盖面和实用性，吸引包括公民在内的社会力量参与到公共文化服务体系的建设中，激发文化创新创造力是当前精神文明建设的重要任务。

五、生态文明建设中环境问题的治理呼唤公民参与

美好生态是美好生活的起点，人民对新时代美好生活的向往蕴含了对创设美好生态环境的殷切期待。正如习近平总书记所说："环境就是民生，青山就是美丽，蓝天就是幸福，绿水青山就是金山银山。"近年来，生态文明建设被摆在更加突出的战略位置，推进生态文明，建设美丽中国成为新的时代责任。由于经历前几十年的高速发展，我国现阶段已经进入了高消耗、高污染的社会，生态环境问题呈现高发频发的状态，人民群众的生活因水污染、土壤污染、空气污染等突出环境问题受到严重影响和损害。公民作为环境污染和生态破坏的直接受害者，逐渐意识到环境保护的重要性，关于保护环境的呼声愈加强烈，如怒江"争坝"、厦门 PX 事件、圆明园湖底铺膜事件、民间保护改善三江源生态等①都体现公民参与对生态环境保护的影响。但此类公共事件的发生多数带有偶然性、突发性、情绪性等特点，总体上看，目前我国公民的环保意识有很大程度的提高，但对生态文明建设的有效参与还是相对匮乏，公民参与生态文明的建设仍然面临着诸多难题。

　　良好的生态环境是公民的根本利益得到保障的基础，积极参与生态文明建设既是公民的责任又是公民应当履行的义务。但实际上，公民参与生态文明建设的主体意识薄弱，据相关调查显示，高达 70.7% 的公众认为政府和环保部门是生态文明建设的责任主体，而只有 29.3% 的人认为公众应在生态文明建设中负主要责任②。可见，公民对生态文明建设较为被动，缺乏内在的积极性，往往在自身利益受到侵害时，才逐渐参与到环境保护的监督和实施过程中，这种暂时的、功利化的行为对公民参与生态治理能力的提升没有明显作用。由于生态文明建设所覆盖的范围比较广、层次比较多，公民对生态文明建设难以形成较为全面的认识，虽然对生态环境保护有一定的认知，但缺乏理论指导和制度保障，再加上个人对生态文明建设的作用有限，造成公民具体的参与实践步步维艰。因此，越来越多参与意识强烈的公民为了改善生态环境问题聚集起来形成环保社会组织，多数社会环保组织的参与活动以垃圾分类、清捡白色垃圾等公益志愿活动为主，较少涉及对于生态环境保护相关的政策提议和决策，参与的范围比较狭隘。此外，社会环保组织内部人员管理起来比较困难，缺乏团队建设，加之经费有限，在参与中往往呈现乏力的状态，甚至有些缺乏规范的环保组织发起过激环境保护活动，对公民参与生态环境保护造成不良影响。生态环境问题的治理是一个需要攻坚爬坡的漫长过程，以公民在生态文明建设中广泛、有序、有效的公共参与为依托，提高公民的公共参与素养是其重要推动力。

---

　　①　张凤：《我国生态文明建设中的公民参与研究》，太原理工大学，2017 年。
　　②　《全国生态文明意识调查研究报告》，《中国环境报》2014 年 3 月 24 日第 2 版。

第五节 公共参与素养：中学生全面发展的时代诉求

步入全面建设社会主义现代化国家的新征程，我国迫切需要培育顺应时代要求的社会主义公民，必然要求加强公共参与素养的培育。高速的社会发展带来了诸多社会问题，很多问题往往都与公民的公共参与素养息息相关，促进社会持续健康发展，依赖于公民公共参与素养的提升。随着教育改革的不断深入和发展，素质教育取得一定成效，立德树人成为我国教育事业的根本遵循，贯彻立德树人的根本任务，就是要立足于世界教育改革发展的趋势和增强中国教育国际竞争力的现实需要，发展包括公共参与素养在内的核心素养。新时代中学生公共参与素养培育是公民教育应有之义，现代社会需要富有理性的高素质公民，能够有序参与到社会公共事务的管理中，但当前我国中学生的公共参与素养水平还存在一定的差距，必须认识到开展并加强公共参与素养培育是促进社会和个人发展的时代诉求。

一、创新社会治理是促进社会和谐的迫切需要

人民安居乐业、社会和谐稳定、国家长治久安都是以有效的社会治理作为保障。随着我国社会主义事业的发展进入新境界，经济、政治、文化、生态等各个领域都发生了深刻的变化，由于不同的利益碰撞和新旧观念的冲突，社会纠纷大量涌现、社会矛盾不断激化。我国正处于剧烈的社会转型期，社会治理迎来不少新的挑战，传统意义上的社会治理模式已越来越不适应当前社会发展的需求，创新社会治理是适应社会主要矛盾变化，克服社会转型危机的重要抉择。党的十八大以来，党中央以社会建设和发展为出发点，明确提出加强和创新社会治理。十九届四中全会提出构建社会治理体制的新格局，建设人人有责、人人尽责、人人享有的社会治理共同体。十九届五中全会深化这一理念强调："坚持把实现好、维护好、发展好最广大人民根本利益作为发展的出发点和落脚点，尽力而为、量力而行，健全基本公共服务体系，完善共建共治共享的社会治理制度。"在推进国家治理体系和治

理能力现代化的过程中，公民在国家中的主体地位更加突出，着重强调创新社会治理要以人民为中心，维护最广大人民的根本利益，充分凸显了公民在创新社会治理、促进社会和谐中的重要作用。

建设社会治理共同体，必然离不开公民对公共事务的广泛、积极参与，公民自觉、有序、创新的公共参与，对实现公共利益，增进公共福祉有着重要意义。现阶段公民对公共参与的态度呈现冷漠与热情并存的状态，部分公民对社会问题持"旁观者"心态，没有参与社会治理的意愿，一些有强烈参与热情的公民在参与社会治理的实践中，也暴露出参与认知偏差、参与行为有限、参与能力不足等问题，抵制性参与、过激参与、暴力参与等非制度化的公众参与事件频发，不仅没有解决好原有的矛盾，反而产生反作用，进一步扰乱了社会秩序，损害了公共利益，严重影响了社会的和谐和稳定。因此，公民公共精神的培育、参与能力的锻炼、参与实践的开展、参与实效的提高亟须提上议程，发挥公民在创新社会治理、促进社会和谐中的积极作用迫切需要提高公民的公共参与素养。

二、全面贯彻落实立德树人任务的必然要求

教育是国之大计，不仅是实现民族振兴的基本保障，也是推动社会进步的重要基础。党的十八大报告首次提出"把立德树人作为教育的根本任务"，教育被放在了改善民生和促进社会建设的首要位置，这充分表现了国家高度重视教育事业，始终坚持教育优先发展的战略。在全国教育大会上，习近平总书记强调：培养社会主义建设者和接班人作为根本任务，应当培养一代又一代拥护中国共产党领导和我国社会主义制度、立志为中国特色社会主义奋斗终生的有用人才①。党的十九大报告在此基础上指出"要全面贯彻党的教育方针，落实立德树人根本任务"。全面贯彻落实教育必然要求将立德树人的教育理念融入不同领域的教育环节之中，培养社会主义建设者和接班人。中学生作为祖国未来的建设者，肩负着强国富民、民族复兴的重任，同时，学生是国家的公民，正确行使自身的权利，自觉履行应该承担的义务，积极

---

① 吴晶、胡浩：《习近平在全国教育大会上发表重要讲话》，《陕西教育（高教）》2018 年第 10 期，第 82 页。

参与社会公共事务管理是国家对其的基本要求。培育有社会责任感、有浓厚家国情怀、有担当有作为的社会公民是新时代教育的重要使命，加强中学生公共参与素养培育是全面贯彻落实立德树人任务的必然要求。

教育是一种培养人的社会活动，当前国内外形势复杂多变，思想文化不断交流、交融、交锋，人们的价值观念也随之发生巨大变化，在来自多方面因素的影响之下教育负重前行，面对改革发展稳定的繁重任务，我国教育必须顺应时代发展的需要，培养适应国家和社会发展的人才，提高新时代中学生的公共参与素养，发挥年轻一代公民的主人翁精神，促进公民公共参与的有益探索与实践具有重要意义。《国家中长期教育改革和发展规划纲要（2010—2020年）》明确指出："坚持以人为本、全面实施素质教育是教育改革发展的战略主题，是贯彻党的教育方针的时代要求，其核心是解决好培养什么人、怎样培养人的重大问题，重点是面向全体学生、促进学生全面发展，着力提高学生服务国家服务人民的社会责任感、勇于探索的创新精神和善于解决问题的实践能力。"[1] 突出强调了在全面发展基础上要高度关注和加强学生参与和服务社会所需要的社会责任感以及实践能力的培养，公共参与素养培育是实现教育"立德树人"任务的重要实施路径，同时是我国教育培养全面发展的社会主义新型人才的具体措施之一，必须积极开展新时代中学生公共参与素养的培育，努力使青年一代成为参与国家管理、推动社会变革、完善民主政治、构建社会和谐最具活力的积极因素。

三、新时代中学生发展核心素养的重要一维

教育与社会发展是相辅相成、相互作用的，教育培养社会所需要的人才进一步推动社会发展，与此同时，社会发展与进步促进教育改革与完善。为应对信息时代带来的许多新挑战，西方各国开始陆续确立核心素养框架，为我国教育发展核心素养提供了借鉴。经合组织（经济合作与发展组织，简称OECD）对"核心素养"的界定是"使个人在 21 世纪能够成功生活、能够适

---

① 中华人民共和国教育部：《国家中长期教育改革和发展规划纲要（2010—2020年）》，人民出版社，2010，第 7 页。

应并促进社会进步的为数不多的关键素养"①，民主价值观与可持续发展是其价值基础。自"核心素养"提出至今，一直是全球范围内教育领域的重要议题，世界各国始终致力于追求培育学生核心素养的教育教学改革和创新。在此大背景下，我国紧跟时代发展趋势，积极推进基础教育改革，教育部于2014 年颁布的《关于全面深化课程改革，落实立德树人根本任务的意见》明确提出"核心素养"的培养目标，并对各学段应当发展的"核心素养"做出要求。2016 年颁布的《中国学生发展核心素养》，是我国学生发展核心素养体系确立的重要里程碑。中国学生发展核心素养以培养"全面发展的人"为核心，分为文化基础、自主发展、社会参与"三个方面"，综合表现为人文底蕴、科学精神、学会学习、健康生活、责任担当、实践创新"六大素养"。社会参与作为学生发展核心素养的三大方面之一，以促进中学生亲近社会，参与社会，适应社会为导向，是发展学生核心素养的重要一维。

为了贯彻立德树人的根本任务，中学思想政治课始终注重发展学生的核心素养。《普通高中课程方案和各科课程标准（2017 年版，2020 年修订）》将培育学生的核心素养转变为学科育人目标，提出"政治认同、科学精神、法治意识和公共参与"四大学科核心素养，为中学生公共参与素养的培育做出了方向指引和科学的理论指导，思想政治课程因其特点和优势成为新时代中学生公共参与素养培育的重要阵地。"公共参与"作为中学思想政治课程的学科核心素养的重要一维，是其他学科核心素养落实到实践的外在表现，致力于增强学生的公民主体意识，激发学生参与管理社会公共生活的内在动力，提高公共参与能力，把学生培养成为具备责任担当的现代公民。以思想政治课程作为载体开展新时代中学生公共参与素养的培育，是促进思想政治教育教学创新发展的重要尝试，也是促进新时代中学生核心素养发展的具体落实，对国民素质的提高具有重要意义。

四、促进现代公民教育深入发展的应有之义

建设社会主义现代化国家的基本前提是培养一代代适应和促进社会主义

---

① OECD. The definition and selection of key competencies：executive summary ［EB/OL］. （2005-05-27）［2022-03-14］

社会发展的合格公民，也是社会主义教育事业的核心目标。"公民教育"作为社会与教育的共同课题，在我国现代化进程起步阶段付诸多次政策和教育的实践，如辛亥革命推翻帝制，建立"中华民国"后，1922 年推行新学制改修身科为公民科，从课程设置、教材标准及教材等方面突出强调公民教育，教育总长蔡元培提出以"养成共和国健全人格"的目标为导向，坚持"五育并举，以公民道德为中坚"的教育方针，至今意义深远。踏入新时代，社会主义政治文明和社会主义和谐社会建设不断加快步伐，对我国的所有公民进行科学引导，特别是广大中国青年，树立正确的公民意识、提高理性的公民素养、积极参与社会建设成为当前中国教育发展和社会进步的迫切任务，"公民教育"再次成为重要议题。

公民教育是一个广泛而复杂的系统，面对我国社会的民主化进程和政治文明建设以及全球化发展背景，公民教育应该包含以下几个方面的内容：崇尚民主、自由、法治，了解社会政治结构及民主运作程序，积极参与社会公共事务，有公德心，宽容、协商、谦让、诚信，尊重差异，理性的权利、义务、责任观，国家认同与国际视野，等等①。公共参与素养是现代公民基本素质之一，公民教育涵盖了公共参与素养的内容，二者之间存在高度契合，公共参与素养培育是公民教育的重要组成部分和内在规定，加强新时代中学生公共参与素养培育有利于培养一代代高度认同国家政策方针、积极参与并具备实践能力及社会担当的公民，也是促进现代公民教育深入发展的关键环节。

五、推动青年有序参与公共生活的关键因素

马克思认为："人的本质不是单个人所固有的抽象物，在其现实性上，它是一切社会关系的总和。"② 每个人都生活在普遍联系的世界之中，与生活于其中的社会息息相关，需要关注不断变化的国内外形势。作为祖国的未来和中华民族的希望，新时代中学生是社会上最具活力和创造性的群体，应努力成为社会发展变革的积极参与者、实践者、推动者。正因为中学时期是

---

① 万明钢：《论公民教育》，《教育研究》2003 年第 9 期，第 37—43 页。
② ［德］马克思、恩格斯：《马克思恩格斯选集》（第 1 卷），人民出版社，1995，第 56 页。

学生形成价值观的关键时期，所以加强责任意识和担当意识的培育，对于个人发展和社会发展来说都显得格外重要。"参与公共事务获益的主要是个人：参与可以提高参与者的道德、实践和知识水平，他不仅使他们成为更好的公民——这点是至关重要的——而且成为更好的人。"① 新时代中学生公共参与素养培育可以加深学生对社会的了解、鼓励学生积极参与社会公共事务管理实践，拓展学生的国际视野，深化学生对国家基本国情的认识，让学生在参与实践中得到锻炼，不断完善和发展自我，为将来更好地进入社会和参与公共生活打下基础。与此同时，培养学生的公民意识，加强学生的公共参与能力，是国家民主政治建设的重要举措，有利于维持社会公共生活的和谐有序，从而提升社会成员的生活质量，促进个人的全面发展。

良好的公共参与素养是新时代中学生有序参与公共生活，发挥其积极作用的关键因素，也是中学生将来融入社会、适应未来生活、实现全面发展的重要保证。当前中学生普遍存在着公共参与意识淡薄、公共参与知识不足、公共参与能力低下等问题，导致非理性、非规范的参与事件增多，整体上呈现无序、随意的状态，亟须加强中学生公共参与素养培育。由于各种因素的影响，仍存在许多中学生对公共参与漠不关心，仅局限于课本知识的学习，社会实践经验少，公共参与意识没有得到激活。新时代中学生公共参与素养培育是在提高公共参与意识的基础上，能够以学校、教师为媒介，向学生及时有效地传递社会信息，并且这种信息是经过适当过滤的，并具有教育意义的，在一定程度上可以避免复杂社会舆论环境对学生造成的混淆，让学生接收到正确的、有价值的社会信息，从而用以指导参与公共生活的实践。学校、教师引导学生通过服务学习、社团活动、网络参与等形式有序地参与到公共生活当中，丰富中学生公共参与的体验，有效改善中学生公共参与渠道单一的困境，能够使学生的公共参与能力在参与实践中得到锻炼，并深化学生对知识的理解，促进学生知行合一。因此，加强对中学生公共参与素养的培育是破除当前中学生公共参与困境的必经之路，也是提高新时代中学生公共参与实效性的重要推动力。

---

① ［爱尔兰］梅维·库克：《协商民主的五个观点》，载陈家刚《协商民主》，王文玉译，上海三联书店，2004，第44页。

第四章

公共参与：中学思想政治学科核心素养的外在价值

　　中学生肩负民族复兴的历史使命，积极参与社会公共事务管理对于他们自身的成长成才以及社会的持续发展都有着重大的意义。公共参与素养是培养能够担当民族复兴大任的时代新人所必备的素养，只有具备良好公共素养水平的学生才能够真正融入社会的发展与进步当中，进而成长为符合时代发展要求且对国家和社会有用的新时代人才。随着核心素养的提出，发展学科核心素养成为现实要求，思想政治课程将公共参与纳为学科核心素养的重要一维，以马克思主义基本观点教育为核心，将社会主义经济、政治、文化、社会等常识作为基本课程内容，以提高公民思想政治素质与发展现代社会生活能力为培养目标，顺应社会发展趋势的国家战略，将落实立德树人根本任务作为价值导向。作为发展中学生公共参与素养的主渠道，中学思想政治课程在培育学生公共参与素养方面具有独特的价值，根据公共参与的内容要求与思想政治课程的特性，本章节将从精神成人、家国情怀、公共精神、担当作为、政治文明这五个方面，系统全面地把握公共参与素养培育的外在价值。

第一节　思想政治课程的公共参与素养培育目标

　　学校教育中的课堂教学是开展学科核心素养的具体途径，核心素养的成效取决于课堂教学中学科核心素养培育目标的落实。思想政治课程是塑造学生正确的价值观、人生观，引领学生认识社会、适应社会、融入社会的重要课程。努力培育适应社会主义现代化发展的公民是中学思想政治课程与中学生公共参与素养培育的共同追求，二者在培育目标和价值导向上存在高度契合，二者关系密不可分，公共参与是思想政治学科核心素养的集中体现，培育公共参与素养也是思想政治课程的重要任务。明确公共参与素养培育目标是促成核心素养落地生成的首要前提，根据学科特点与中学生有序参与的具体要求，思想政治课程的公共参与素养培育目标可凝练为以下"三种精神"与"三大能力"。

一、社会责任精神

"社会责任精神"是指个人自觉、主动地在不同社会角色定位中对国家、社会、家庭、他人以及自身承担相应的责任，它往往能够成功转化为积极履行责任的社会实践行为。在新时代背景下，我国经济社会发展不断面临新的挑战和机遇，处于飞速发展的社会环境中，个体被赋予的社会角色不断丰富，所承担的社会责任也日益增加。社会责任精神作为社会软实力的一种表现形式，具有强有力的内在驱动性，是个体在社会实践中发挥主观能动性实现个人价值和社会价值辩证统一的关键，实现中华民族伟大复兴的中国梦离不开社会责任精神的培育。

社会责任精神是引导中学生进行合目的性、合规律性的公共参与活动的内在动力。中学生的社会责任精神不仅是对学习和生活的热爱、对自己和家庭的负责，也包括在此基础上将个人价值与社会价值相统一，对国家深爱、对社会大爱，形成对伟大中国梦的内在认同并转化为自觉行动。具备社会责任精神的中学生应该以成为一个对国家、对人民、对社会有用的人作为价值追求，并努力为之担当作为，具体体现在树立强烈而牢固的社会责任感，在实现个体理想信念的实践中关心国家前途和民族命运，增强对国家的认同感和归属感、责任感和使命感，具备积极主动的公共参与意识；坚持道德上正确的主张或真理，在社会生活实践中增强边界意识，明白何事可为，何事不可为，为社会发展做出积极贡献，自觉履行社会责任，杜绝损害集体利益行为。

思想政治课程对中学生社会责任精神的培养，以情感教育、责任观教育、理想信念教育为要义，旨在唤醒学生的自我教育。情感教育要求关注学生的态度和情绪，立足于学生人格的完善，帮助学生树立社会主义核心价值观。在具体教学过程中设置优质的教学情境触发学生的情感共鸣，充分提升中学生公共参与的情感体验。责任观教育一方面是引导学生明确个人必须承担的社会职责和任务，增强公共参与意识；另一方面是学生要学会为自己的行为结果负责，在公共参与实践中做出正确的价值判断，思考自己的行为是否会损害他人或集体的利益。可在教学过程中设计道德两难问题，深化学生的道德认知与评价，锻炼学生分析与解决问题的能力，从而促进中学生公共参与的德性发展。理想信念教育是思想政治教育的核心目标和基本内容，培养学生树立坚定的中国特色社会主义共同理想及马克思主义信仰，为公共参与素养培养构筑起精神支撑。在实际教学中善于选择贴近学生、贴近生活、贴近实际的案例引导学生，启发学生进行理想信念思考，增强学生在公共参与中对良好精神和正确观念的认同感。思想政治教师应充分认识到加强中学生社会责任精神培养的重要性，努力把中学生培养成引领社会道德风尚，具有强烈社会责任感的优质人才，为国家和社会的发展积极奉献青春力量。

二、公益慈善精神

"公益慈善精神"是指"向上向善"的态度、观念和品质，是出于"善他"的动机自发行善举，致力于维护社会公共利益及帮助因社会问题而陷于困境的个体或弱势群体。公益慈善精神是一种人文理念，是一种公共社会精神和一种全新的价值观，反映了人与人、人与社会之间友爱、互助的人际互动和社会关系，体现了作为独立个体的责任自觉以及作为国家公民的自救自治。在现代社会中，公益慈善的公共性、群众性和影响力日益突出，公益慈善是直接或间接让公众受益的社会活动，对公共服务做出积极的补充、完善，个人价值在服务社会、服务公众的过程中得以体现，当越来越多的人参与到公益慈善中来时，其社会影响力便愈加显著。因此，公益慈善精神是公共参与素养的重要维度，也是公民参与构建和谐社会的强大精神支撑。

从社会环境层面看，弘扬公益慈善精神有助于形成"人人为我，我为人人"的社会文化环境，促进社会成员之间建立和发展团结友爱、和睦平等的人际关系，为中学生公共参与素养培育提供了一个良好的社会环境。从学生发展层面看，参加公益慈善活动是培育和践行中学生公共道德和社会责任感的重要渠道，公益慈善精神是对中华民族乐善好施、勤俭节约、助人为乐等优良传统文化的继承和发展。中学生在为困难个体或弱势群体提供帮助或接受他人帮助时，体验"向善"的快乐与温暖，感受社会不同层面的不同生活状态，在参与公益慈善活动中吸收"向上向善"的正能量，学会服务社会与感恩社会，树立正确的世界观、人生观和价值观，从而获得自身素质的有效提升。

思想政治课程对中学生公益慈善精神的培养，强调自愿自觉、知行合一、持之以恒。首先，公益慈善活动是全体学生均可参与的，应遵循自愿参与的原则，为学生营造自由平等的参与氛围。教师需要合理引导学生自觉主动地参与到公益慈善活动中来，切忌强制要求或变相强制学生参与，同时要注意提醒学生量力而行，避免适得其反。其次，坚持理论与实践相结合，促成学生在公益慈善方面知行合一的良性发展。教师要深度挖掘中学思想政治教材内容中的公益慈善相关知识，并善于寻找社会热点公益事件作为典型教学案例，深化学生对公益慈善知识的理解，进而鼓励学生积极参与社会生活中的公益慈善实践，将所学知识内化于心并在实践中外化成为公益慈善参与行为。最后，公益慈善精神的养成并不是一蹴而就的，而是一个逐渐积累的教育过程，不能完成有关内容的教学后就结束对公益慈善精神的培育，应在日常教学中合理渗透，持之以恒地加以强化夯实，从而促进学生素养的有效提升。

三、公共理性精神

所谓"公共理性"，是公共管理主体与所处社会实现的高度沟通化并获得社会高度认同的理念与价值①。"公共理性精神"是基于公共理性的精神观念、思维方式、价值取向和心理习惯，主张交流、协商、共识、合作，崇尚公共价值和价值平衡，坚持公共服务②。为推动公民有序参与，公共理性

---

①　秦德君：《国家公共管理中的公共理性》，《上海行政学院学报》2007 年第 1 期，第 47—54 页。

②　张天勇、张娇：《公共理性精神与大学治理的探索》，《黑龙江高教研究》2014 年第 11 期，第 14—16 页。

精神的培育是关键环节。公共理性精神是公民参与公共生活的核心精神，推进国家治理体系和治理能力现代化必然要求培育具备公共理性精神的现代公民，同时，公共理性精神的形成与发展反作用于国家公共管理，对调节价值冲突和规范公共行为起到积极作用。

公共理性精神是公共参与素养不可或缺的核心成分，中学生公共理性精神的形成为中学生参与政治生活与公共事务确立了行为规范和价值尺度，促成中学生在参与实践中合法有序的理性参与。由于中学生的身心仍处于尚未成熟阶段，加之社会环境错综复杂、网络信息良莠不齐，中学生在公共参与中容易产生非理性表达以及情绪化行为，造成对社会秩序的破坏，并产生不良影响。因此，中学生公共理性精神的养成是培育公共参与素养中不容忽视的问题，亟须引起关注。中学生作为国家和社会发展的后备力量，未来将站在社会舞台的中心，培养具备公共理性精神的新生代公民对构建和谐社会具有重要意义。

思想政治课程对中学生公共理性精神的培养，关键在于引导学生在公共事务、公共问题、公共舆论中保持清醒理性的头脑，对其进行理性的思考与判断，进而树立正确的公共意识和良好的公共道德。思想政治课程与时俱进、与生活贴近的特征为公共理性精神的培养提供了可能。在教学过程中，教师首先要关注社会公共生活与课程内容的契合之处，将从社会公共事件中精心设置教学议题，启发和引导学生对公共问题进行理性思考。其次，教师要及时了解和掌握中学生的心理特点和现实困惑，适时调整公共理性精神培育的内容和方式，在面对学生疑问时积极地传达正确的观点，促使学生形成理性的价值判断。在开展议题式教学时，学生不同的观点和意见不断交流碰撞后达成共识，在这个过程中学生的思辨能力得到锻炼与提升，助推了其公共理性精神的形成。最后，教师要激发学生的自我教育，学生在理性的公共参与实践中收获自我认知、自我体验、自我控制等多个方面的提高，形成自觉、自主、自律的道德选择和价值判断，不做出违反社会公德、破坏社会公共利益的行为。

四、合法参与政治生活的能力

政治参与是指公民通过一定的方式或途径影响国家政治生活的行为过

程，是保障政治系统持续健康运行的必要条件①。具体而言，政治参与是一个国家的公民在遵守法律和认同现有政治制度之下，有秩序参与讨论、制定、执行公共政策的行为，它体现了社会民主政治的不断进步。中学生合法参与政治生活是公民政治参与的组成部分，推进中学生合法参与政治生活是发展中国特色社会主义民主政治的重要环节，也是中学思想政治课程的时代使命。

早期的政治参与主要体现为投票和选举上面，随着互联网的发展，公民政治参与的范围不断扩大，参与类型不断丰富，如发表政治评论、进行网上政治讨论、网上监督等。在我国现阶段，政治参与的类型主要包括以下几个方面：政治投票、政治选举、政治集会、政治言论、政治结社、政治接触、游行示威。我国公民在政治参与过程中需要遵循合法性、理性、适度性的原则。一是合法性。首先，宪法和法律保障了公民有序政治参与的基本权利，是有序政治参与的基础，为公民进行有效政治参与提供了可行性和保障性。其次，公民有序政治参与的途径是合法的，公民遵守法律前提之下通过合理途径进行政治参与。最后，公民有序政治参与的结果是合法合规的，体现了民主性的要求。二是理性。公民的有序政治参与要有使命担当感和社会责任感，按照民主性原则，尊重他人的合法利益，理解公共决策结果。三是适度性。一个国家民主政治的发展需要一个过程，公民的有序政治参与也要认识到这是一个渐进的过程，要稳步有序参与政治生活。

思想政治课程培养中学生合法参与政治生活的能力，主要包括合法参与民主选举、民主决策、民主监督、民主管理的能力。首先，教师应对课程内容中参与政治生活的理论依据具有深刻全面的掌握，在实际教学中以学生易于接受的方式进行阐释，促进学生对参与政治生活知识的理解。其次，在教学活动的设计中，可创设情境让学生直接体验参与，如模拟民主选举，组织和指导学生参与班级、学校和社会的决策，积极开展民主监督等活动。最后，教师还要注意延伸拓展，适当补充介绍在学生能力范围内能够胜任的参与活动，使学生理解更多参与政治生活的渠道，例如指导学生利用互联网参与政治生活。需要强调的是，教师应适时提醒学生依法参与政治生活，在法

---

① 张弛：《新媒体背景下中国公民政治参与问题研究》，吉林大学，2015 年。

律规定的范围内行使参与政治生活的权利，要确保学生参与政治生活的合法性。

五、有序参与公共事务的能力

所谓公共事务，是指为了满足社会全体或大多数成员需要，体现他们的共同利益，让他们共同受益的那类事务①。具体以政府之间的管理事务、政治活动、慈善活动和志愿活动、媒介信息传播活动、议题管理等形式体现。保障和促进公民参与公共事务，关键在于"有序"。有序参与公共事务的能力是指公民通过正规途径有秩序地进行参与公共事务的能力。只有平稳有序地进行公共事务管理，才能推进社会问题的妥善解决，否则将适得其反，造成更多扰乱社会秩序的公共问题。

公共事务管理不仅仅是政府的职责，每一个社会成员也都应参与其中。时代的发展伴随着公民意识的觉醒，公民在公共事务中产生的影响力日益扩大。中学生作为国家公民中最具活力的群体，也是公共事务管理中不可或缺的主体。社会公共事务主要包括教育、科学、文化、卫生、体育、民政、社会保障、环境保护等②。其范围广泛、渠道多样，事关国家和社会发展的方方面面，也与中学生的实际生活息息相关。有序参与社会公共事务的能力是学生可持续发展的关键，有助于中学生更好更快地适应社会、融入社会，在参与公共事务的实践中积极作为，进而促进自身社会性的发展和社会的良性发展。

思想政治课程培养中学生有序参与公共事务的能力，要充分发挥好思想政治课程综合性、活动型学科课程优势，要求教师善于整合教学资源，灵活运用教学方法，以活动为载体将参与公共事务的相关知识与学生生活紧密联系起来，关注学生的综合能力的发展。了解参与公共事务的途径、方法和规则是学生有序参与公共事务的基础，但教材中关于参与公共事务的理论知识是不够支撑学生实际参与公共事务的，教师应适当进行拓展补充，可以通过

---

① 周义程：《公共利益、公共事务和公共事业的概念界说》，《南京社会科学》2007年第1期，第77—82页。
② 崔运武：《公共事业管理概论》，高等教育出版社，2002，第6—7页。

模拟人大代表选举、为社区公共管理建言献策、网上评议政府等活动让学生体验参与的流程。除此之外，还可以通过课后作业、专题探究、社会实践的形式，将活动的空间延伸到课堂之外，充分发挥社会资源的育人价值，使学生在参与公共事务过程中认识到自身的社会角色，了解国家社会各方面的发展，并通过积累实践经验不断提高有序参与公共事务的能力。

六、善于解决社会问题的能力

解决社会问题的能力是指个体在现实社会生活环境中正确认识和看待社会问题，并运用各种技能有效地解决社会问题，进而提高自身社会适应性的能力。解决社会问题的能力分为三个维度：思维认知、情感态度、方法技能。具体而言，当个体在分析社会现象和矛盾问题时，应善于运用辩证思维，形成对问题的系统全面的认识；在看待社会问题时保持正向的情绪，对于问题的解决抱有乐观的态度；掌握有助于处理社会问题的方法，通过发挥人际沟通、信息收集、拟定策略等技能积极解决问题。

中学生正处于人生发展的特殊阶段，自身的生理和心理均发生重大变化，社会环境的变化发展也为其带来不少压力，面临错综复杂的社会问题时往往不知所措，可能产生伤害社会、他人或自身的极端行为。辍学、自我伤害、沉迷网络等关乎青少年成长的问题也是社会问题的具体表现，中学生不是社会问题的旁观者而是参与者，应该关注社会问题并对其进行辩证思考，锻炼其解决社会问题的技能，实现预防因自身造成社会问题的同时帮助解决身边的社会问题。培养中学生善于解决社会问题的能力有助于他们保持健康的心理状态，充分发挥自身的发展潜能以更好地化解矛盾，在解决社会问题过程中增长才干，从而使其身心获得积极发展。

思想政治课程培养中学生善于解决社会问题的能力，主要是关注学生辩证思维、正向价值观念、解决问题技能的养成。首先，辩证思维是分析和解决问题的关键因素。学生通过思想政治课程学习马克思主义哲学基本原理，初步掌握马克思主义唯物辩证思维方法，逐步养成运用马克思主义基本观点和方法观察、分析和处理现实社会问题的能力。在面对社会问题时，学生能够运用联系、发展、矛盾的观点去认识问题，坚持一切从实际出发，具体问题具体分析。其次，正向的价值观念对问题的解决具有引领作用。思想政治课程是塑造学生价值观的重要抓手，通过公民道德价值观教育、生命价值观教育、科学价值观教育、集体主义价值观教育等正向价值观的培养，引导学生在处理社会问题的过程中坚持正面的价值取向，促进问题的解决往好的方向发展。最后，对社会问题的有效解决依赖于一定的方法与技能。教师在授课过程中要注意通过教学活动的设计促进学生在人际交往、创新创造、整合资源等方面的技能发展。学生在参与课堂活动和社会实践中锻炼和发展自身技能，有助于提高解决社会问题的能力水平，强化自身的社会适应性。

第二节　中学生公共参与素养与精神成人

一、精神成人

"精神"一词在不同的学科范围有不同的含义。从人类的角度讲，表现为人类的科学、文艺、哲学思想等，即人类的精神文明[1]。对于个体来说，精神指的是人的精神生活，这与人的物质生活相对应。在《辞海》当中，"精神"有多种解释，一是指人的思维活动；二是指精力、活力等；三是指意境、韵味；四是指神态；五是指内容、实质。本文讨论的精神主要是指人的心理、情感、意识、信仰、审美等人的心理活动和心理状态。

"成人"是指成年的人，即已经完全发育成熟的人，生理和心理两方面的发展相对儿童而言较为完善。《中华人民共和国民法典》第十七条和第十八条明确指出了未成年人和成年人的法律界限："十八周岁以上的自然人为成年人。不满十八周岁的自然人为未成年人。""成年人为完全民事行为能力人，可以独立实施民事法律行为。""成人"意味着在法律上被赋予了更多的责任与义务，但其内涵包括但不限于法律意义。夏中义教授在《大学人文读本》一书中指出，"成人"不仅是个体生物学意义上的成长成熟，也不仅是个人在法律意义上领取身份证并拥有选举权与被选举权，更关键是在价值意

---

[1]　张敏：《思想政治教育视域下大学生精神成人研究》，陕西师范大学，2011年。

义上，有意识地培养自己具有独立思想与自由精神的人文潜质①。可见，"成年"更多强调的是独立自主，具有独特的社会象征意义。

何谓精神成人？"精神成人"主要是指心理学和社会学上的成人，成长为具有独立精神，自由思想的人，其内涵包含四个层面：心理成人、情感成人、道德成人、信仰成人②。具体而言是心理健康发展，能够客观地认识和评价自己和他人，与现实有良好的接触并学会接受客观现实，保持持续且积极发展的心理状态；情感丰富饱满，能够正确认识和积极体验各种情绪，自我控制和调节情绪变化起伏，消化和转化不良情绪；道德品质高尚，能够严于律己，自觉以社会公德规范行为，持之以恒地坚持自我教育，加强自身道德修养，注重参与道德实践；理想信念坚定，能够坚定以马克思主义为基础的社会主义和共产主义信仰，坚定中国特色社会主义道路、理论、制度、文化的自信，坚定个人理想信念，明确自身职业规划。精神成人关注人的内部精神世界对外部世界的适应，是一种在社会环境中保持思想之自由、人格之独立、责任之担当的状态。

二、精神成人是成长发展的必然追求

爱利克·埃里克森认为，自我同一性贯穿于人的整个心理发展过程，但青春期青少年自我同一性的建立最为重要。对青少年而言，自我同一性指青少年对自己的本质、信仰和一生中的重要方面形成前后一致的、较完整的意识，也是个人内部状态和外部环境的整合与协调一致③。青少年面临着自我同一性和角色混乱的冲突，一方面青少年本能冲动的高涨会带来问题，另一方面更重要的是青少年面临新的社会要求和社会的冲突而感到困扰和混乱。具体表现为自我认知偏差、社会定位模糊、人际交往受挫、道德观念薄弱、理想信念缺失等，容易出现焦虑、迷茫、烦恼、矛盾等消极心理，导致精神处于一种失衡的状态，阻碍个体的可持续发展。

---

① 夏中义：《大学人文读本——人与自我（序言）》，广西师范大学出版社，2002，第2页。

② 李成福：《论大学生精神成人的内涵》，《长江丛刊》2019年第34期，第165、167页。

③ 阚红波、何雅敏：《埃里克森自我同一性理论对新时期青少年思想政治教育者的启示》，《. 沈阳大学学报》2008年，第6期，第99—103页。

在实现精神成人的过程中，青少年不断思索"我是谁""我将来的发展方向"以及"我如何适应社会"等问题。解决"我是谁"的问题是确定自我意识和形成自我角色的关键，要求个体能够客观认识和评价自我，从自己扮演的各种社会角色中逐渐认清自己。解决"我将来的发展方向"的问题，是建立在自我的正确认知和定位的基础上，对个人职业和理想进行理性选择。解决"我如何适应社会"的问题，是积极调整和规范自我，缓解社会环境和自身条件之间的矛盾和冲突。对于以上三个问题的思考和解决，是青少年稳定发展自我同一性的前提，也是个体精神层面的发展趋向成熟的标志。因此，精神成人是青少年成功度过自我同一性危机的必然结果，也是个体成长发展的必然追求。

三、公共参与是精神成人的有效载体

随着中学生参与社会生活的范围不断扩大，他们承担着更多的社会责任，也面临着社会角色的转变，自我意识和独立性显著增强，社会性情感体验日益丰富。例如，对人际交往关系的心理期待，对国家与民族命运的密切关注，对个人未来发展前途的反复思考等。中学生在参与公共生活、参加公共事务过程中，与同伴们分享一切社会经验，通过思想、语言、心理和行为上的交流，在提高公共参与素养的同时，使人性在公共生活中得到发展并趋于完善，也使人的品质得到提升并迈向社会性[1]。公共参与为中学生实现精神成人提供了体验社会生活的场域基础，也是深化认识、促进发展的有效载体。

参与公共生活是中学生的理性、德性、个性获得发展的重要条件。中学生在有序进行公共参与的过程中，通过对社会生活的观察和思考，加深对国家、社会的理解和认识，明确自身所处的地位和扮演的社会角色，重新理性思考自我的人生价值和意义，主动选择在个人与社会统一中实现人生价值。在这一过程中，中学生学会做出正确的价值判断、合理表达自身诉求、恰当分析和处理社会问题，从而使理性思维得到有效提高。中学生参与公共生活

---

① 金生鈜：《人性的教化何以可能——论共同体、公民性与人性的关系》，《教育学报》2011 年第 7 卷第 3 期，第 26—33 页。

的过程实际上也是公民德性教育的过程，道德准则对公民的参与行为起到规范和调节作用，有助于涵养严于律己、勇于担当、乐于服务的道德情操，从而促进自身德性品格的形成。在参与政治生活、公共事务管理中，中学生的主体意识得到强化，既充分发挥主观能动性，创造性地运用所学知识解决社会问题，又使自我效能感获得提高，促进了自身个性的发展。中学生通过公共参与塑造完整人格，丰富精神世界，促进全面发展，进而实现精神成人。

第三节　中学生公共参与素养与家国情怀

一、家国情怀

"家国"一词由"家"与"国"两个要素构成，关于"家"，《说文解字》曰："居也。"关于"国"，则曰："邦也。"① "情怀"是指充满着某种感情的心境。家是最小的国，国是千万家，二者不可分割。从《礼记·大学》的"修身、齐家、治国、平天下"到范仲淹《岳阳楼记》"先天下之忧而忧，后天下之乐而乐"的担负大任，从顾炎武"天下兴亡，匹夫有责"的豪迈义气到艾青"为什么我的眼里常含泪水，因为我对这土地爱得深沉"的深情告白，无一不体现对家国的赤诚，个人前途与国家命运的同构共振。"家国情怀"是作为个体的公民在中国优秀传统文化的影响下，对社会层面与国家层面的社会主义核心价值观持有的高度认同，并朝着人类命运共同体积极迈进的理念和态度②。在这个意义上，家国情怀不仅仅是一种对家庭、对国家的价值认同，还包括对故乡、民族、世界以及自然的情感体验，是一种立己达人、兼济天下的胸襟情怀。

在不同的历史时期，家国情怀具有不同的具体内涵，不变的是，家国情怀是每一个民族赓续相传的精神基因。在实现中华民族伟大复兴的征程上，

---

① 段玉裁：《说文解字注》，中华书局，2013，第341页。
② 赵志毅：《家国情怀的结构及其教育路径》，《课程. 教材. 教法》2019年第39卷第12期，第96—102页。

革命先烈为祖国的解放事业抛头颅洒热血，仁人志士为中华的崛起上下求索，改革先锋为实现国家的繁荣富强突破桎梏，全国上下为战胜重大灾害勠力同心，中华儿女们以小家筑大家，将至真至深的家国情怀转化为具体的实际行动，凝聚起促进国家和社会发展进步的强大力量。在任何历史时期家国情怀都不过时，厚植家国情怀是每一个时代发展的重要议题，在中国特色社会主义进入新时代的今天，更要在全社会大力弘扬家国情怀，坚持以教育为本培养青少年积极参与国家建设的家国情怀，增强中国青年对国家和民族的认同感和归属感，培育勇于担当责任和使命的时代新人。

二、家国情怀是公民意识的发展动力

根据学者张嘉昇关于"公民意识"多层次论的观点，公民意识不仅包括主体意识、权利和义务意识、民主和平等意识、公德意识、爱国意识、人文意识，还包括对国家社会集体的责任意识、对历史文化的尊重和保护意识、对资源、环境与生态的珍惜和保护意识等。其中，爱国意识是公民意识的基本要求①。家国情怀表现为对乡土文化、国家历史底蕴、世界文明、自然演化具有一定的了解和掌握，并对其产生认同、崇敬、热爱的情感，进而形成维护其价值取向的意志和信念，如责任意识、尊重和保护意识。在这个层面上，家国情怀与公民意识存在一定的共同要素，二者能够相互融合，共同促进公民思想观念和道德情感的发展。

家国情怀对公民意识的形成和发展起到的促进作用主要体现在共同体意识的铸造上。家国情怀在本质上具有内外兼容性，并不局限于地域意义或政治意义上的对国家的热爱，而是情感主体对于家园、故土、祖国甚至于整个地球的依恋情感，对于家庭养育、国家培育、地球承载滋养的一种感恩之情，是一种自发的共同体意识②。培养家国情怀有助于增强个体对公民身份的认同感，促使公民对于社会发展以及各种社会问题保持积极的情感态度和价值倾向，促进公民之间形成团结友爱的和谐关系，共同致力于维护公共利

---

① 张嘉昇:《论公民意识的培养》,《牡丹江师范学院学报（哲学社会科学版）》2007年第1期，第132—134页。

② 张军:《共同体意识下的家国情怀论》,《伦理学研究》2019年第3期，第113—119页。

益，构建可持续发展的社会共同体。家国情怀在社会共同体发展中起着"粘合剂"和"催化剂"的作用，助推公民主体意识、责任意识、道德意识的养成，是公民意识发展的重要推动力。

三、公共参与是家国情怀的理性表达

只有国家好、民族好，大家才会好。家国情怀强调个人始终心系国家和民族的前途命运，将个人成才融入国家和民族的发展之中，这是由个人利益与公共利益之间的一致性所决定的，自我价值的实现依赖于其社会价值的实现，要求每个人应更加主动、自信地适应社会、融入社会。公共参与作为公民与社会进行互动的重要形式，实际上也是一种抒发和升华家国情怀的实践行为。厚植家国情怀，能够激发公民公共参与的积极性与主动性，公民在公共参与的鲜活体验中践行"四个意识"坚定"四个自信"做到"两个维护"，不仅有助于推进中国特色社会主义公共参与的有序化发展，爱党、爱国、爱社会主义的情怀也在这一过程中得到深化。

有序参与公共生活是中学生理性抒发家国情怀的重要表达方式。中学生积极参与公共事务的实践有助于提高他们对社会生活的关注度，增强个人对所处生活环境的归属感，感受自身与他人、群体、社会、国家、世界、自然之间的联系，深刻意识到自己是命运共同体中的一分子，主动自觉地行使权利与履行义务，共同维护社会公共利益和协调社会矛盾冲突。在这个过程中伴随着个体对历史文化的继承与弘扬，对当前国内外形势的认识与把握，对社会公德的遵守与践行，家国情怀也由此得到质性提升和理性转化。家国情怀不是振臂一呼，而是落于行动。新时代中学生，要深刻地了解中华优秀传统文化的家国情怀的基本内涵，热爱祖国大好河山和故土家园，提升自身的爱国情怀，弘扬爱国主义、集体主义精神，通过有序参与公共生活，将爱国情怀书写于参与国家和社会治理的广泛实践之中，提升参与公共生活的能力以及社会服务意识，理性表达自己的爱国主义诉求，在公共参与中将家国情怀转变为爱国行动，为祖国贡献自己的力量。

第四节　中学生公共参与素养与公共精神

一、公共精神

"公共精神"是社会成员在公共生活中对人们共同生活及其行为的准则、规范的主观认可并体现于客观行动上的遵守、执行。公共精神包括社会公德意识、自制自律的行为规范、善待生命及社会的慈悲胸怀等①。公共精神对公民提出以下几点要求：第一，主动加强与社会的联系，善于与人沟通，谋求合作共赢；第二，强化主体意识，发挥主观能动性，积极参与公共事务；第三，遵守社会准则，以社会公德规范自身，积极承担社会责任。

公共精神是人们在公共生活实践中逐渐形成的一种价值共识，其形成和发展与现代公民社会发展进程息息相关。马克思关于人的本质的理论和人的自由全面发展的学说为社会的发展提供了哲学基础："人的本质不是单个人所固有的抽象物，在其现实性上，它是一切社会关系的总和②。"他揭示了人是相互依赖、相互补充的社会性存在，人的发展同其所处的社会生活条件是相联系的，因此，人们进行共同生活是必然且必要的。随着经济社会的快速发展，多元文化之间不断产生交流碰撞，社会转型加速，个体的主体性和自我意识不断觉醒，人们在公共生活中不断积累化解各种利益矛盾和冲突的经验，逐渐形成一系列有助于维护公共利益，维持社会秩序的道德判断、价值观念和行为规范等。在日益丰富的现代社会，公共精神成为重要的社会议题，是引领公共生活及公共社会发展的思想指南。

二、公共精神是和谐社会的内在支撑

公共精神是孕育于公民社会之中的位于最深的基本道德和政治价值层面的以公民和社会为依归的价值取向，它包含民主、平等、自由、秩序、公共

---

① 肖飞飞、戴烽：《公共领域中的公共精神》，《求实》2012 年第 11 期，第 65—67 页。
② 马克思、恩格斯：《马克思恩格斯选集》第 1 卷，人民出版社，2012，第 135 页。

利益和负责任等一系列最基本的价值命题①。这为和谐社会的构建提供了价值准则，在处理社会中的不和谐因素和化解社会矛盾和冲突中，促使人们以公平正义、合作协商、团结互助等原则为遵循，解决制约我国社会和谐发展的现实问题，而公共精神缺失则会造成信任危机、道德滑坡、极端利己等现象，对社会发展产生诸多消极影响。因此，公共精神是实现社会良性发展的重要保障，也是构建和谐社会的内在支撑。

公共精神引导公民要按照法律和道德的规范，以合法合理的方式促进个人与社会的互动，在不损害公共利益的基础上表达自身的利益诉求，及时关注和解决社会矛盾，从而维护社会的和谐稳定。具体而言，公共精神对和谐社会的支撑作用主要体现在以下三个方面：首先，公共精神是实现和谐社会的道德基础。公民恪守法律和伦理，遵从良知规范行动，认真践行公共责任，是构建和谐社会的必要条件，一个和谐的社会离不开有道德良知和强烈责任感的公民。其次，公共精神促进社会公民之间积极互动。公民与公民之间维持良好的沟通与互动，在公共生活的交往中相互尊重、团结友爱，能够彼此支持、信任，展开有效合作，是社会和谐发展的重要表现。最后，公共精神帮助社会公民形成独立的人格。公民在面对公共生活中的是非对错时锻炼价值判断能力，在参与公共事务中发挥能动性促进自身自主性、创造性的发展，进而建立独立人格，是和谐社会的价值追求。

三、公共参与是公共精神的外在表现

公共生活是公共精神形成发展的土壤，公共精神建立于公共生活经验和公共理性的基础之上，通过社会成员参与公共事务中的行动表现出来。基于公共精神，个体主体意识增强，对公民身份产生深刻认同，责任感促使他们自愿自发地参与社会公共生活和公共事务的管理，在此过程中，公民的德性和理性得以彰显。

公共精神的德性主要体现在公民对公共事务的态度和公共利益的维护方面。公民在公共参与中表现出关心、热情的积极态度，将自身与社会视为共

①　谭莉莉：《公共精神：塑造公共行政的基本理念》，《探索》2002 年第 4 期，第 52—55 页。

同体，积极发挥个体的作用，挖掘自身的价值，认识个人价值与社会价值的关系，加强社会的合作与交流，建立密切的社会联系，积极践行社会责任感。处理涉及公共利益的事务时，超越个人利益、地方利益、阶层利益，从社会长远利益出发考虑问题，追求社会利益最大化，敢于制止损害公共利益的行为，主动维护公共利益。中学生在公共参与中促进社会角色的转变，公共精神有助于他们认识自身的地位，建立良好的人际关系，培养关心国家和社会事务的意识，将自我价值与社会价值相统一，积极主动参与公共事务，热心参与社会公益服务，在奉献中实现自身的价值。

公共精神的理性主要体现在公民进行公共参与的有序化和公共理性。公共精神以公共理性推动公共参与有序化，公民在参与公共事务的过程中，辩证统一的分析和思考利益纠纷、矛盾冲突，通过协商与合作达成共同价值取向，社会成员自觉在合乎法律规定和道德规范的范围内提出合理利益诉求，理性维护自身合法权利，实现公民自觉、有序、理性的公共参与。这是公共精神的目的追求，也是公共精神价值取向的外在表现形式。中学生的世界观、价值观和人生观尚未定型，容易受外界环境的影响，培养他们的公共精神有助于提高其理性，使其自觉抵制不良环境的影响。

第五节　中学生公共参与素养与担当作为

一、担当作为

"担当"一词是指承担、担负，完成本身职责范围的任务，担负起自己应负的责任，是一种负责任的表现。"作为"是指建树、成就，是一种行为。"担当作为"是指勇于担负责任使命并付诸行动，这是一种精神，也是一种能力。担当作为是马克思主义科学理论的现实指向，是中华优秀传统文化的时代传承，是想担想为、能担能为和敢担敢为的有机统一①。

---

① 韩泊尧、邱耕田：《习近平关于担当作为的重要论述探析：理论溯源与实践逻辑》，《理论视野》2020 年第 7 期，第 26—31 页。

中学生的担当作为可分为自我担当作为、家庭担当作为、学校担当作为和社会担当作为。自我担当作为是对自己的行为负责，珍惜生命，爱惜自己本身，并且创造生命所具有的价值。同时要尊重自己，对自己持积极的态度，完善自己的个性，树立正确的世界观、价值观、人生观，促进自身的全面发展，实现人生价值。家庭担当作为指的是家庭里的成员做好相应的角色定位，承担相应的责任和义务，中学生尤其是要做到、孝敬父母、懂得感恩，感激父母的养育之恩，虚心接受父母的建议，帮助父母解决难题，构建和睦家庭。学校担当作为是指在学校里学习如何做人，明确一名公民应有的权利和义务，将书本上学习的知识与社会实践相结合，培育健全的人格，树立为实现社会主义现代化强国而奋斗的目标。社会担当作为是指一个公民要对社会具有服务意识和奉献精神，将自身利益与国家民族的利益相结合，对社会应承担相应的责任。习近平总书记在中国共产党第十九次全国人民代表大会的报告中指出："青年一代有理想、有本领、有担当，国家就有前途，民族就有希望①。"新时代中学生要增强责任之心，勇于担当作为，努力提高自身的素质，遵守社会的道德和法律规范，成为一名优秀的四有公民。

二、担当作为是合格公民的基本品格

作为一名现代社会的公民，在不同社会角色中承担着不同的职责和义务，在社会生活的政治、经济、文化等不同方面也担负着基本责任，必须清楚地认识自身所承担的社会责任并努力做到履行责任，才能正确处理个人与他人、集体、社会之间的利益关系。社会的良好运转离不开每一个公民的担当作为，他们主动行使自己主人翁的权力，充分调动主体积极性，发挥能动性和创造力去完成责任使命，在履行社会责任中也完成了对自我价值的实现。因此，担当作为是一个合格公民的基本品格，也是个人生存发展和社会发展进步不可缺少的要素。

公民的担当作为有以下几个重要维度：一是对理想信念的执着追求，坚定的理想信念是担当作为的前提和基础，只有具备坚定的理想信念，对所处

---

① 习近平：《决胜全面建成小康社会夺取新时代中国特色社会主义伟大胜利——在中国共产党第十九次全国人民代表大会上的报告》，人民出版社，2017，第10页。

的社会饱含深情，才会深感责任在肩，形成强大的精神力量进而促进思想自觉和行动自觉；二是真抓实干的过硬本领，担当和作为是一体的，除了要有担当的意愿，还要有能力践行担当和对社会有所作为，这要求个人提高自身素养，刻苦钻研科学理论知识，积极参与社会实践活动，通过将理论学习和具体实践相结合，逐步练就担当作为的扎实本领；三是直面困难的强大勇气，在变化莫测的形势环境中每个人都将面临诸多现实困难，社会也会不可避免地遭遇一些突发的、复杂的危机。在面对矛盾、风险和挑战时，敢于迎难而上，勇于挺身而出，是克服困难的重要精神力量，也是担当作为之精神内核的重要体现。

三、公共参与是担当作为的具体践行

当今世界处于百年未有之大变局，新形势、新问题、新斗争呼唤着更多有担当作为的公民加入社会治理中来，为社会注入更多积极的新鲜力量。青年兴则国家兴，青年强则国家强。新时代的青少年必须意识到自己的"公民身份"所承载的担当分量，以积极向上的态度面向未来、面向挑战，具备直面社会矛盾问题的参与意识，积极投身于公共参与中，真正承担起新时代赋予的使命担当，为实现中华民族伟大复兴的中国梦贡献青春力量。

担当作为是一种积极进取的行动，中学生的担当作为落地于公共参与的实践之中。中学生通过有序参与公共事务，有助于锻炼沟通能力和建立密切的人际交往，树立合作意识，培养中学生的集体主义观念，学会如何处理个人利益与集体利益的关系，尊重他人的权利，学会奉献社会，热心参与服务人民和服务社会的公益事业。中学生将所学知识运用到具体参与情境当中，有助于深化对参与知识的理解并促进知识内化，如熟悉参与民主政治生活的法律法规、程序和途径，感受政府的依法行政，了解社会主义民主政治的程序，尝试为社会的发展建言献策，按照法律的规定有序参与民主选举、民主决策、民主管理、民主监督，正确处理权利与义务的关系，主动承担社会责任。在公共参与中学会用辩证理性的方法发现和解决社会中的热点和难点问题，思考如何促进问题的解决并尝试为之做出努力，为国家的繁荣兴盛尽一份绵薄之力。通过公共参与落实担当作为的过程实际上也是中学生发现和实

现自我价值的过程，对个人的成长成才和自身的社会化发展也起着不可或缺的重要作用。

第六节　中学生公共参与素养与政治文明

一、政治文明

政治文明作为整个社会文明的有机组成部分，是人类自进入文明社会以来，改造社会、实现自身完善和提高过程中创造和积累的所有积极的政治成果，以及与社会生产力发展需要相适应的政治进步状态[①]。政治意识文明、政治制度文明和政治行为文明构成了完整的政治文明体系[②]。

政治意识文明是一种价值取向，为整个国家的治理指引方向，它是政治文明的观念形态，因此，必须坚持马克思主义的政治意识、民族的政治意识和人民群众的政治意识。马克思主义是科学正确的、经过实践检验的理论，要坚持辩证唯物主义和历史唯物主义，马克思主义的政治意识最终是为了实现人的全面发展、维护广大人民群众的根本利益，进而解放全人类，它是国家治理现代化的根本指引。民族的政治意识是中华民族文化的文明积淀，体现了国家治理的民族性和独特的魅力，它是中华文化的重要组成部分。人民群众是历史的创造者，为人民谋幸福是中国共产党的初心，它是马克思主义政治意识文明的逻辑起点，人民群众的政治意识是社会主义民主政治发展的主题，也是国家治理现代化的根本目的。

政治制度文明包含党的领导制度和人民当家作主制度，它是政治文明的核心内容，表现了政治制度的进步状态和积极成果。其中，党的领导制度在众多的国家制度中居于统领地位，是最根本的制度，一方面这是历史和人民的选择，另一方面是党的领导作用决定的，党的领导制度在国家治理现代化

---

① 郑慧：《政治文明：涵义，特征与战略目标》，《政治学研究》2002 年第 3 期，第 5—17 页。

② 朱西林、杨宁：《以政治文明视角看国家治理现代化》，《广西社会主义学院学报》2020 年第 31 卷第 1 期，第 9—12 页。

发挥着最重要的作用。我国的性质是人民民主专政，我国的发展最终也是为了人民，因此人民当家作主制度是国家治理现代化的根本内容和落脚点。

政治行为文明是对政治文明的一种行为改造，是政治生活伟大斗争中的政治治理、政治参与，比如建设伟大工程，推动党的建设，全面依法从严治党，严肃党内政治生活，把党的建设推向规范化、制度化、民主化和程序化，从而推动国家治理现代化水平。坚持伟大斗争，坚持运用法律和制度进行现代化治理，敢于斗争，勇于面对国内外风险与挑战。推动建设中国特色社会主义伟大事业，要求完善党委领导、政府负责、社会协同、公众参与、法治保障的社会治理体制。

二、政治文明是社会进步的重要尺度

"进步"与"文明"是息息相关的两个概念，文明是一种进步的状态，而进步往往以文明的形态表现出来。社会进步总体表现为物质文明、政治文明和精神文明三个方面的协调发展①。政治文明作为人类社会文明的重要组成部分，其本身是社会政治领域发展的产物，反映了政治发展的走向和状态，同时作用于社会的政治建设和发展，为社会的发展和进步提供了政治动力和制度保障，是衡量社会进步的重要尺度。政治文明化是人类社会发展的不可逆转的时代潮流，越来越受世界各国的重视，是当代社会发展的重要目标和重大任务。

在我国，政治文明的首次提出是在党的十六大，与社会主义物质文明、精神文明一同确立为社会主义社会全面发展的三大基本目标；党的十七大强调建设物质文明、政治文明、精神文明、生态文明，共同推进社会文明；党的十九大提出到本世纪中叶（2050 年），我国物质文明、政治文明、精神文明、社会文明、生态文明将全面提升。社会主义民主政治的不断丰富和发展是我国社会主义国家的各项事业在全面发展中取得进步的体现，坚持党的领导、人民当家作主、依法治国为根本原则是中国特色社会主义政治文明的独特优势。我国社会主义现代化建设离不开政治文明的协调发展，推进社会主

---

① 张强：《论政治文明建设与社会进步的关系》，《广州大学学报（社会科学版）》
2003 年第 2 卷第 10 期，第 57—60 页。

义政治文明建设是实现中华民族伟大复兴的中国梦的一个具体方面。

三、公共参与是政治文明的实现途径

公共参与是人作为公民的责任与权利，社会的健康发展、人民幸福的实现、国家的繁荣兴盛等这些都需要公民主动积极的参与，尤其是对于公共事务和公共生活的参与。公共参与直接促进了政治意识文明、政治行为文明和政治制度文明的积累和进步。中学生作为社会的一成员，是社会主义建设的接班人，中学生公共参与是社会主义民主政治建设的重要组成部分，也是实现政治文明的重要途径之一。

第一，中学生公共参与推动政治意识文明建设。一是法治意识的提高。中学生在有序参与公共事务的过程中，遵守法律制度和道德规范，合法的参与公共生活，有利于培育他们的法治情感，维护国家和社会的公共利益，增强法治观念，培养中学生的民主法治意识，形成法治思维，养成运用法律解决问题的习惯，参与社会主义法治建设，弘扬社会主义民主法治精神。二是树立社会主义核心价值观。中学生在有序参与公共事务的过程中，他们的积极主动性、社会责任感、主体精神等会被激发出来，进一步明确自身的地位，积极行使人民当家作主的政治权利，妥善处理好个人利益与国家利益的关系，维护集体利益，提高解决社会问题的能力，不断提高公共道德意识，有助于树立社会主义核心价值观。三是认同感和责任观增强。中学生在有序参与公共事务的过程中，树立公民意识和培养主人翁精神，认同中国特色社会主义道路、制度、文化，守护好中华优秀文化，并明确自身的角色定位，把共产主义远大理想与个人的发展融合在一起，主动积极参与社会主义现代化建设，担当起时代的大任，成为实现中华民族伟大复兴的生力军。

第二，中学生公共参与推动政治制度文明建设。一方面，中学生的公共参与能够促进其在实践过程中加深对国家政策方针的理解，具有坚定的政治方向，认同我国社会主义制度的巨大优势和党的路线、方针、政策，进一步加深对国家和社会的认识，增强法律意识和社会责任感，自觉遵守国家制度规章，有助于推动国家政策和法律的顺利实施。另一方面，中学生在有序公共参与的过程中可以更好地了解社会主义民主政治的参与程序和规则，通过

各种渠道、采用多种方式参与决策过程，使公共决策更好地集中民智、反映民意，增强决策的科学性，推进社会主义民主政治制度化、规范化、程序化，进而推动社会主义制度文明的发展。

第三，中学生公共参与推动政治行为文明建设。中学生公共参与素养的提高，有利于加强对公共权力的监督与制约，从而推进政府职能转变，促进社会主义和谐社会建设①。权力如果缺乏监督与制约，就会产生严重的社会问题，比如滋生腐败侵害人民群众的利益。公共权力的使用应当回归本质，真正的替人民群众办实事，为人民服务，因为权力本身是人民赋予的，只能为人民谋幸福。除了监督他人的政治行为外，中学生在社会各方面的参与中还可以推动自身政治行为文明的发展。中学生有序的政治参与，有利于监督政府和其他部门，为公共决策提供意见和建议，推动改变政府职能，中学生在有序参与公共事务的过程中也会加深对社会和国家的了解，唤起对国家的情感，更加明确自身的权利与义务，增强民主意识；中学生积极的文化参与，有利于推动文化事业和文化产业的发展，促进文化的进步；中学生积极的社会参与，有利于协调各种利益关系，推动社会的和谐发展；中学生主动的环保参与，有利于监督各种破坏环境的行为，继而更好的保护生态，推动人与自然的和谐发展。以上这些中学生的各方面的社会参与，都有利于中学生表达理性的利益诉求，为社会和国家的持续健康发展尽一份绵薄之力。

---

① 赵丽娟、康瑞娇：《谈政治参与过程中加强公共权力的监督与制约》，《才智》2014年第32期，第265页。

第五章

中学思想政治课程培育公共参与素养的基本限度

新一轮课程改革的主要目的是培养学生的创新精神和实践能力。在课堂教学中，要求改变原来单一、被动的学习方式，强调学生学习方式的转变，倡导建立主动式、体验式、活动式的课堂，对中学思想政治课的教学提出了更高的要求。中学生公共参与能力的培养是思想政治课核心素养的要求，也是一项长期的、系统的任务，需要社会、家庭、学校加强合作，提高学科核心素养培育的有效性。我国从各层次和各领域不断扩大公民有序的公共参与，极大地促进了我国民主政治的发展，但中学生的公共参与能力仍不能完全满足社会主义民主政治发展的要求。由于受到应试教育、政治制度、法律制度、社会支持、自身认知水平等诸多因素影响，中学思想政治课程培育公共参与素养存在一定的限度，影响着中学生公共参与素养水平的提高。探讨中学思想政治课程培育公共参与素养的基本限度，对审视中学生公共参与素养的边界具有启示意义，也有助于增强中学思想政治课程培育公共参与素养的效度，从而实现中学生公共参与素养的科学发展。

第一节　课程视域下中学生公共参与基本原则

在中学阶段，思想政治学科是对学生进行政治和思想教育的主要路径。季红学者认为："思想教育，是指导学生正确认识个人与社会的关系，并逐步树立正确的世界观、人生观和价值观；政治教育，主要是培养学生的政治信念、立场，让学生把握正确的政治方向；公共参与，则是学生主动参与社会活动，积极承担社会责任的意识，是思想政治学习素养的行为表现①。"中学生公共参与原则反映了中学生公共参与的基本规律，是中学生参与公共事务与政治生活时必须遵循的基本行为准则。在中学思想政治课中，能否成功实现学生的公众参与素养目标，取决于思想政治教学能否遵循学生个人公众参与素养发展的原则，否则思想政治修养将成为空谈。本节探讨了中学生公共参与原则的意义及其应该遵循的原则，希望中学生在参与公共事务中，能够正确地运用中学生公共参与的基本原则，从而提高他们的公共参与素养，更好地投身于中国特色社会主义现代化的建设。

一、中学生公共参与基本原则的概述

中学生公共参与的基本原则是中学生在参与政治生活时应该遵循的基本行为准则，它依据中学生身心发展的客观规律，在总结中学生公共参与实践经验的基础上制定公共参与活动准则。中学生公共参与的基本原则具有主体性、发展性、实践性、整体性等特征。公共参与原则规定了中学生参与公共事务的基本标准和基本规则，为规范其参与公共活动的行为实践提供了切实有效的保障。

二、公共参与基本原则的意义与作用

促进中学生参与过程的科学化。只有以公共参与原则为基础，并且遵循其中的基本规律，才能保证中学生参与政治生活时的科学化和合理化。只有在正确的、科学的政治思想的指导下，中学生才不会盲目、轻易地受到不良信息和负面信息的影响。在参与公共事务时，会更加理性、独立的思考，也会科学有效地投入到公共生活中去，这对中学生个人的成长和民族的进步都具有重大的意义。

保证学生参与政治生活的方向性质。有了坚定的政治方向，就会焕发巨大的精神动力。中学生只有在坚持公共参与原则的基础上，才会坚定正确的

---

① 季红：《高中思想政治教学中学生学科素养培养的探究》，载教育部基础教育课程改革研究中心《2020年"基于核心素养的课堂教学改革"研讨会论文集》，教育部基础教育课程改革研究中心，2020，第3页。

政治信念和政治立场，遵守中国特色社会主义政治制度、政治理念等政治文化。在公共参与的过程中，中学生也能够不断丰富自身的政治情感，锻炼参与政治生活的实践能力，不会轻易受到不良文化的影响，并能理性对待周围的人或事。

三、中学思政课程培育公共参与原则

（一）主体性

主体性是指公共参与素养的培育要充分考虑社会发展的需要和教育现代化的要求，在教育活动中作为主体的学生在教师引导下，处理同外部世界关系时所表现出的功能特征，教师把学生培养成为自主地、能动地、创造性地进行认识和实践活动的社会主体①。

教育的个体发展功能首先体现在促进个体社会化，也是人类素质不断培养和发展的过程。当个人逐渐从自然人通过社会的交互作用，适应并吸收社会的文化而成为社会的一份子时，即成为适应一定的社会文化、参与社会生活、履行一定角色行为的社会人，他们在积极参与社会生活时，为社会的发展做出了各种各样的贡献。从这个意义上讲，培养学生的公众参与素养实际上是培养个人主体性的过程，是一种主体性教育。传统的教学中把教师看作主体，学生只是接受教育的对象，教师负责教，学生负责学。应该看到，学生才是教育活动的主体，不应该被动接受知识，老师是教育活动的辅助者而不是掌控者。

思想政治教师在培养学生的公共参与素养时，在学习过程中应遵循主体性原则，不应将学生视为被动接受理论知识的容器，盲目灌输知识会降低学生的学习兴趣。应给学生学习的权利，给予他们思考的时间，将学习的过程留给学生，给予学生发言的机会，留出询问学生的时间，并确保学生的主导地位。通过充分表达和参与，培养学生的公共参与素养。"教师要引导学生围绕学科内容，通过学生为主体开展各种社会调查、亲身实践、模拟体验等活动，既促进学生学习方式的转变，又在活动过程中使学生在体验参与、践

---

① 白云：《高中思想政治课学生公共参与素养培育策略研究》，《教育现代化（电子版）》2017 年第 36 期，第 182—185 页。

行参与，塑造有担当、有情怀的公民①"。

（二）实践性

实践性是指公共参与素养的培育要求学生将自身的理论与实践相结合，把学科知识内化为自身的综合素质，而后外化为具体实践。《普通高中思想政治课程标准（2017 年版，2020 年修订）》指出："高中思想政治课程是落实立德树人根本任务的关键课程，以培育社会主义核心价值观为根本目的，是帮助学生确立正确的政治方向、提高思想政治学科核心素养、增强社会理解和参与能力的综合性、活动型学科课程②。"提高学生的公共参与能力，不能单纯地依赖理论而不顾实践，在课堂上开展一定的课外探究活动是达成公共参与能力培养的有效载体。同样地，为了更好地把握教学的节奏、时间和形式，教育活动还必须要符合学生的身心发展规律的实际情况，让学生掌握基础理论知识的同时，既提升实践能力，又养成良好品德。

总之，新形势下社会对教育的要求是理论和实践相结合，教师要重新审视自己的教学手段与方法是否符合这个要求，必须对理论和实践相结合有重新的认识，并且把这个认识运用到教育教学中去，才能不断地提高自己的专业水平，为国家培养出既有理论知识又有实践能力的人才。

（三）发展性

发展性是指公共参与素养的培育不是一蹴而就的过程，而是一个长期不断发展的过程，不能忽视教育规律和学生的身心发展规律，做到充分考虑不同年龄、阶段的学生特点，循序渐进地进行教学活动。作为一个发展中的人，这意味着中学生还不成熟，正在成长，教师不能忽视学生的身心发展特点，比如容易冲动、不理智，情绪容易受波动等特征。教师要用发展的眼光来合理对待每一位学生，要求学生做到完美，完全责怪学生，这与发展观相反，不利于学生的成长。在实际工作中，许多人倾向于根据学生的成绩和行为来推断他们的成就和潜力，这种观点显然是错误的。美国心理学家威廉·

---

① 王瑞良：《探索高中政治核心素养中"公共参与"的课堂活动设计》，《华夏教师》2019 年第 24 期，第 68—70 页。

② 中华人民共和国教育部：《普通高中思想政治课程标准（2017 年版，2020 年修订）》，人民教育出版社，2020，第 1 页。

詹姆斯（Willian James）说过："人性最深刻的原则就是希望别人对自己加以赏识。"作为教育者，我们应该坚信每个学生都有巨大的潜力，后进生也应该得到老师充分的认可和关注，每个学生最终都可以向成功迈进。因此，教师不能因为学生当下的表现不好而否定学生未来的发展。教师应该用发展的观点、以发展的眼光去对待学生，致力于打造友爱、信任、尊重的班级氛围，充分肯定他们的优点，鼓励他们不断进步①。

（四）整体性

整体性是指核心素养各系统、各要素能够协同作用，在公共参与素养培育的过程中，做到用整体的观点来看待四个要素。整体性原则是由中学思想政治课程内容的多样性和中学生思想的复杂性所要求的。一方面，教学设计要以统整的视野全面理解和把握公共参与素养的本质、目标体系等方面的内在联系，构成一个有多种要素协同作用的有机整体。另一方面，高中思想政治课程的教学目标应是综合型的。根据核心素养的培育要求，在实施公共参与素养的教学目标时，可以协同政治认同、科学精神和法治精神这三个素养目标，构成核心素养培养目标的整体性和协调性，这将更有利于学生整体人格素质的发展，也是思想政治课教学的理想教育构想。

在设计思想政治教学目标时，教师应遵循注重整体与部分的原则，在此基础上抓住整体中的重点。这意味着在思想政治课程中，必须把最核心的一项素养放在首位，其他的素养也要兼顾。对于学科核心素养的培育不能只是纸上谈兵，要不断进行深入式的教学，学生才能真正地掌握，而重点中有整体，则要求教育者在教学过程中，不遗漏任何一个核心素养。

第二节 应试教育与中学生公共参与素养培育

中学生能够积极有序的参与政治生活，对其身心全面发展具有非常重要的价值和意义。对于中学生而言，学校是他们参与公共事务的重要场地和核

---

① 白云：《高中思想政治课学生公共参与素养培育策略研究》，《教育现代化（电子版）》2017 年第 36 期，第 182—185 页。

心渠道。但是在实际生活中，学校教育时常背离我们的期望，不少学校出现重分数而轻能力、重理论而轻实践、重成绩而轻发展的情况。在这种情况下，中学生的公共参与素养得不到有效的培育和提升，他们在真正参与政治生活时，与在校园里的理论学习有很大的差距，往往会力不从心。本节分析了应试教育带来的一些不足和弊端，并在此基础上提出一些解决策略和方案，旨在让学生能够更加有效地参与到公共事务中。

一、应试教育淡化公共参与素养培育

所谓应试教育，是指偏离人类发展和社会发展所需要的教育模式，纯粹是为了分数和单方面追求入学率。在应试教育模式中，考试分数的多少是衡量一个人是否优秀的关键指标，重点是考试分数、排名和知识掌握程度，学生的个性发展和全面发展被边缘化，与素质教育的要求完全相反，学生成了没有感情的考试机器，不知道学习是为了什么，学习变成一项被动的任务。在这样一种现实的应试教育情况下，公共参与的必要性被边缘化。从应试教育下的学校教育角度来分析，主要是思政课教学模式应试化阻碍了公共参与素养的培养，教师传统教学思想异化了学生的公共参与素养，同时，学校减少了学生的参与实践的时间与空间等。

（一）思政课教学模式应试化

公共参与是思想政治学科核心素养中的一个要素，它对于学生的健康成长和全面发展具有重大的意义。我国的教育水平随着社会的进步在不断发展，很多学校不断地改革、创新和发展的同时，素质教育取得了一定的成效。但是"分数就是王道、得分数者得天下"的现象仍是主流。正如学者林崇德所说："由于我国长期形成的以高考成绩作为教育质量评价标准的观念引导，基于素质教育的教育质量评价体系尚未建立和形成，致使素质教育的真正推行遭遇重重困境①。"在思想政治教学过程中，教师往往只注重学生教材理论知识的识记程度，填鸭式地灌输给学生，忽视了学生的情感和能力培养，这是教师教学课堂应试化的一个突出表现，这种教育方式不利于学生

---

① 谭双桃：《高中思想政治课中培育学生公共参与的问题及对策研究》，广西师范大学，2019年。

全面发展，很难培养出高素质的参与型人才，甚至与"以人为本"的理念相背离。另外，在中考、高考的作用下，教师背负着学生升学和前途的压力，因为学生的成绩多年来都是好学校录取的凭证。我国教育在应试教育制度的长期影响之下，导致思想政治课上学生成为被动学习的考试机器，以教师为主导的格局，一定程度上阻碍了学生参与课堂能力的培养。具体体现在，教师在创设教学情境时，往往以提升学生的分数为教学目标，这与学生所设想的灵活性的教学模式有较大差距。因此，学生在参与实际的政治生活时，往往会觉得体验不佳。

（二）传统教学思想的阻碍

在应试教育的影响下，很多教师的教学目标就是让学生考个好成绩，上个好学校。"真猫假猫考到高分就是好猫"是不少老师和学生信奉的理念。在这种应试化的教学模式下，教师的教学设计无法做到精心设计，教师仅仅围绕自己的教学思路，有着自己固定的教学模板，在上课时没有认真研读教材，没有把公共参与理念渗透教学内容中，甚至没有将教材的内容灵活地转变为教学内容。由于各种原因，学生无法真正体验到实际的公共参与，只能跟随老师的指导记住知识。在这样的情况下学生学会了"死记硬背"，学会了套用各种模板来应对考试，最终形成了只关注结果而忽略过程的学习习惯。在这样的情况下学生无法很好地体验到公共参与的吸引力和魅力，导致公共参与的情境与学生的实际有差距。显然这种应试化的传统教学思想弱化了学生进行公共参与的体验，也就无法真正切实地培养学生公共参与素养。

打造活跃的思政课堂成为空谈。如果老师仍然纸上谈兵，将会导致学生对课堂教学的参与度降低，造成课堂气氛沉闷。学生参与课堂仅仅处于学习的义务，导致学习欲望降低，而公共参与具有很强的实践性，学习不应当是仅仅停留于书本，还应该指向实践和参与能力的提高[1]。传统"教师讲，学生听"的这种思维模式禁锢了学生的思维，使其思想引领严重缺位，阻碍了学生主动提出问题的思维方式。在这种应试教育及教师的传统教学思想的限制下，学生便成了知识的容器，而情感培养、思想引领匮乏。

---

[1]　王瑞良：《探索高中政治核心素养中"公共参与"的课堂活动设计》，《华夏教师》2019 年第 24 期，第 68—70 页。

因此，思政课堂不应单纯追求知识的积累，而应促进学生的全面个体发展，保证学生的学习主体地位，保障学生的话语权。培育学生思想政治学科核心素养是中学阶段教育的大趋势，如果教师仍然停留在单纯的对学生进行知识的传授阶段，这显然不符合新时代发展的要求。因此，思政课堂必须打破传统教学思想的阻碍，打破重分数轻能力的阻碍，在强化学生学科理论认知的同时，使"自主、合作、探究"成为常态教学模式，拉近学生与社会主义经济、政治、文化生活的距离，促成学生与学生、教师、社会的联动，进而促进学生的综合发展，这也是新课改的要求。

（三）学生公共参与的时间和空间不足

公共参与的意识和知识可以通过课堂教学来培养和传授，但是行为能力却不能通过课堂得到实质性的提高，它需要在特定的实践活动中不断进行。素质教育强调为学生减轻负担，但实际上效果没有达到预期。在一定程度上，仍在增加学生的学习负担。考试成绩仍然是占据重要地位，学生在学习之余没有时间发展自己的兴趣，更不用说培养素质了。迫于考试的压力，学生没有时间在学业以外做其他想做的事情。面对这种现实，学生的社会责任感只能被抛在一边，因此参与政治生活和社会公共事务变得非常遥远。

由于学校和教师都没有给予充足的时间和空间让学生进行实践性的公共参与，仅仅只停留在课堂教学和有限的校内活动中，学生在参与公共事务时缺乏了一个更好的载体和平台。基于学生出行的安全考虑，学生很少出校门去参与实践活动。在大力促进公共参与管理和倡导民主参与的过程中，对参与和表达意识的培养应该成为中学思想政治学科核心素养培育的重要组成部分。如果给予学生更多的时间和空间去进行公共参与，则有利于推进公共参与管理、民主参与的进程。

二、强化中学公共参与素养培育

《普通高中思想政治课程标准（2017年版，2020年修订）》指出："具有公共参与素养的学生，应能够具有集体主义精神；遵循规则，有序参与公共事务；热心公益事业，践行公共道德，乐于为人民服务；积极参与民主选举、民主协商、民主决策、民主管理、民主监督的实践，体验人民当家作主的幸福感；具备善于对话协商、沟通合作、表达诉求和解决问题的能力，勇于担当社会责任①"。中学思想政治学科在以上这些方面具有其他学科不可替代的作用。因此，在大力推进中学生主动参与民主管理与民主参与的进程中，需要把被动变为主动，体现学生主体地位。

（一）创新思政课教学模式，增强学生公共参与体验

课堂教学是培育学科核心素养的重要途径，课堂教学效果直接影响学生核心素养的形成。在教学课堂中要想真正改变目前教学模式的应试化，首要的是教师要不断地创新、改革教学模式。只有这样，思政课才会真正的被注入活力，学生的公共参与素养才能得以提升。

首先，教师应转变自身的教育观念，在创设教学情境时，能够从学生的角度出发，以学生为本。可以通过学生喜闻乐见的方式将相关知识传授给学生，打造参与式课堂，让学生真正参与进来。比如在讲到民主决策时，可以在班级里开展一个模拟听证会，学生在参与听证会时，可以扮演不同的角色，并且陈诉自身的观点。通过这种教学模式，可以达到事倍功半的效果，既可以让他们很透彻地理解什么是民主决策，又增强了他们公共参与的体验。

其次，教师可以运用案例教学，激发学生的参与兴趣。公共参与的内容广且概念抽象，教师可以改变以往填鸭式的教学模式，通过具有真实性特征的案例教学模式，来填补理论与现实之间的空白，使学生不仅能够更好地掌握教材知识，也很好的锻炼了他们间接参与的经验，在潜移默化中提高他们的公共参与素养。案例的选择要具有典型意义和社会教育意义，为学生未来面临类似事情时提供有价值的借鉴，使其了解无序参与的消极之处，从而明白有序参与对促进社会发展的重要意义。

（二）教师自觉提升公共参与意识

教育者对学生核心素养的培养不是一朝一夕的事，而是一项可持续的事业。这就要求广大政治教师，对公共参与素养的认识要心存高远、宽宏的家

---

① 中华人民共和国教育部：《普通高中思想政治课程标准（2017 年版，2020 年修订）》，人民教育出版社，2020，第 7 页。

国情怀和敢于担当的责任意识①。学术界认为"教师的教学理念决定了教育行为，教育行为必将影响教学效果。"因此，教师的观念必须与时俱进，适应新课程提倡的教育观念，抛弃以往陈旧的教学观念，转向有意识的培养学生的公共参与素养与能力。教师作为"传道授业解惑者"，在注重培育学生公共参与的同时，要提高自身在公共参与方面的意识。

"只有自己有了一桶水，才能给学生一碗水"，因此，教师应首先提升自身的公共参与意识，真正做到"以学生为本"。教学理念决定了教师的教学行为，处于教学改革最前沿的教师应立足教育的前沿，认真研究思想政治公共参与素养的实施，不断开辟教学新手段、新方法，从而更有效地促进中学生公共参与素养的生成。

（三）学校应给予学生充足的时间和空间

中学生公共参与素养不高的其中一个原因是"学校占用和压缩了学生参与的时间和空间"，没有给予充足的时间和空间让学生进行实践性的公共参与。这样做既不利于学生把理论知识和实践有机结合，又影响学生个体和社会的有机结合。

首先，学校应积极号召中学生参与到学校的管理中来。应试教育背景下，学校非常注重学生的升学率，以分数为主，认为分数才是王道。教育学家约翰·杜威（John Dewey）认为："学校即社会"。对于中学生来说，学校是他们进行公共参与的平台和演练场，学校应当不断尝试、不断创新其培养方式。要想改变现状，就要知道学校管理不仅是学校领导层面的事情，还是每一位师生的事情。学校应当鼓励学生积极地对学校管理事务进行监督与评价，并提出自己的想法和建议。与此同时，为了方便学生参与，学校可以设立校长信箱、在网络平台上发表言论、健全学校的监督体制等。对于学生提出的意见，学校不能因碍于面子选择视而不见，回避重要问题，而应真正的重视学生的想法和意见，从而激励学生积极参与到学校事务管理之中。

其次，要积极调动学生参与公共事务的积极性。学校不能空喊口号，要切实在物质和精神上大力支持和鼓励学生进行公共参与，这样才会有更多学

---

① 张要武：《高中思想政治学科核心素养的培育与课堂教学的"温度"》，《天津师范大学学报：基础教育版》2018年第19卷第2期，第31—34页。

生积极参与到实践中。比如，很多学校都鼓励学生去参与社会活动志愿服务中，增加公共参与的使命感和责任感，培养学生的主人翁意识，从而使他们体会到公共参与的重要性，此外也发展了他们公共参与的能力和素养，能够使他们对国家和民族有更高的认同感。

第三节　政治生活与中学生公共参与素养培育

党的十八大报告中提出："政治体制改革是我国全面改革的重要组成部分，要更加注重健全民主制度、丰富民主形式，保证人民依法实行民主选举、民主决策、民主管理、民主监督"。不断扩大公民在各级和各层领域的有序参与，充分发挥了社会主义制度的优越性。中学生是祖国的未来，是民族的希望。但是，由于他们具有不成熟的政治心理和政治意识，同时受到家庭环境的影响，不能完全满足社会主义民主政治发展的要求，导致他们在参与公共事务时，容易受到多方面因素的干扰而产生各种问题。在此背景下，本节通过对中学生政治生活参与现状进行探究，探索有效参与政治生活的新路径。

一、中学生政治生活参与水平有待提高

（一）缺乏良好的参与道德品质

道德作为一种特殊的社会意识形态，归根到底是由经济基础决定的，是社会经济关系的反映。道德对社会经济关系的反映不是消极被动的，而是以能动的方式来把握世界和引导、规范人们的社会实践活动。一般而言，参与动机是否合理以及参与行为是否符合道德规范，直接决定了公民参与是否合理有效，从这个意义上讲，培养中学生良好的参与道德素质是有序参与的关键[①]。当代中学生总体上积极承担相应的义务并主动参与政治生活，拥护党和国家的领导，关注各种社会问题，但仍有部分学生未能满足政治公共生活

---

① 袁峥：《公民政治参与的伦理思考》，湖南师范大学，2010 年。

的道德要求。首先，近年来，很多西方影视、歌曲、商品等涌入中国市场，从经济、政治、文化各个部分潜移默化地影响着中学生的思想与行为，导致他们的政治认同感下降，对于执政党的信任偏离，无法树立正确科学的三观。其次，部分人基于个人利益或者为了实现其私利，采用非法的手段，对非正当利益和行为缺乏质疑、检举和控告。最后，在利益发生冲突时使用暴力或者威胁手段解决问题的情况时常发生，既不尊重法律制度，又不讲究秩序规则。

（二）政治参与冷漠

政治冷漠，作为一种政治态度，是指一个国家的公民对政治活动的冷漠和对政治问题的冷漠，从行为上看，表现为对政治参与的疏远和逃避①。根据近几年的调查报告显示，部分中学生政治态度冷淡，只关注自身利益，不关心政治和国家大事，没有将个人利益和集体利益结合在一起，是政治价值观念衰退的结果。中学生政治冷漠主要表现在以下两个方面：

第一，主观上排斥学校或社会组织安排的政治实践活动，把学习成绩放在首位，认为政治参与并不能为他们带来什么好处且浪费时间。此外，对国家大事、国际大事的关注度较低，他们认为这些和自己毫无关联，在政治责任方面缺少指导。

第二，中学生参加实践机会被考试压缩，他们获取政治知识的途径非常单一，主要是来自手机网络和思政课堂，缺乏实践经验使一些学生对政治参与变得冷漠，缺乏某些政治责任。比如，很多青年学生团员处于一种"组织上入了团，思想上没有入团"的状况，我们必须重点关注。

（三）政治实践参与不够

中学生接触政治生活的最主要方式是通过学校的思想政治课，在教学过程中，教师平时主要通过讲解思想政治教材的理论，让学生掌握知识。平时课时紧、内容多、任务重，在课堂中也很少让学生发表自己的想法和观点。就更不用说让他们参与政治实践了。在本章第二节提出，学校组织实践的空间和时间都是有限的，学生很少有机会参与到校外的政治生活中去。从以上

---

① 王德佳：《当代大学生政治冷漠问题研究》，哈尔滨理工大学，2013 年。

可以看出，中学生的政治实践活动是远远不够的，存在理论知识与现实社会生活严重脱节的问题。

二、优化中学生有效参与政治生活路径

与其他社会群体相比，中学生具有自己独特的心理和身体特征。他们精力充沛，充满想象力和创造力；同时，他们的人生观和价值观正在形成，情绪不稳定，缺乏自我控制能力。再加上缺乏知识和经验，对事物的判断往往是感性的，很难区分主次。因此要对青年加强教育和引导，充分发挥他们在政治生活中的重要作用①。

（一）树立政治责任观念

政治责任是指人们在政治生活领域的责任，与人们在政治生活中的角色相联系。从最广泛的意义上讲，政治责任就是政治主体的分内应做之事以及没有做好分内之事所应受到的谴责和制裁②。责任随着人类社会的兴起而出现，有社会就有责任，在社会舞台上，每个角色通常意味着一种责任。"无论一个人是否喜欢，实际上都不能完全置身于某种政治体系之外……政治是人类生存的一个不可避免的事实。每个人都在某一时期以某种方式卷入某种政治体系③。"换句话说，参与政治活动是不可避免的实践。世界上的每个人或多或少都参与到政治生活中，并发挥了相应的作用。因此，每个人都是政治责任的主体，并具有相应的政治责任。

我国的中国特色社会主义是面向未来的事业，需要一代又一代的有志青年为之奋斗。因此，我们每个人的责任都与实现中华民族伟大复兴的中国梦紧密相关，只有尽到自己应有的责任才能实现这一梦想。作为中国公民，中学生必须积极承担相应的政治义务，积极参与政治生活，依法维护公共利益和他人利益，掌握基础的政治理论知识，提高政治分析能力，以实际行动推动民主政治发展的意识和观念。中学生大部分是共青团团员，培养中学生的

---

① 罗艺：《青年学生政治参与冷漠的原因分析及对策》，《当代经理人》2006 年第 17 期，第 177—178 页。

② 袁峥：《公民政治参与的伦理思考》，湖南师范大学，2010 年。

③ 罗伯特·A. 达尔：《现代政治分析》第四版，王沪宁、陈峰译，上海译文出版社，1987，第 5 页。

公民政治责任意识，学校教育肩负着重要的使命。中学生通过政治课程的学习，了解公民的权利与义务的内涵，用马克思主义最新理论成果武装自己的大脑，知晓我国的政治制度、政治体系、国家形式和民族关系，树立强烈的政治使命感，学会积极主动、理性地参与各项政治活动。

（二）培养公民主权观念

公民主权是指"主权在民"，在我国则表述为"人民当家作主"。历史无数次地证明，主权在被君主或是贵族窃取之时，人民整体的意志就会被个人或小团体的意志所淹没；主权只有牢牢地掌握在全体人民手中，国家才能避免专制与腐败①。在所有民主制国家里，都宣扬人民主权或主权在民的观念，中国也不例外。在我国，国家的一切权力属于人民，人民行使国家权力的机关是全国人民代表大会和地方各级人民代表大会，人民主权观念深入人心。

随着我国经济社会的飞速发展，人民的物质文化生活水平大大提高，互联网已经成为人们交流信息的最便捷的方式，在"人人都有麦克风"的时代，每一个账号都是一个"自媒体"。随着公民主权意识的逐渐觉醒，意见表达和监督已成为普遍现象，人们可以轻松、快速地获取所有类型的信息并表达意见。因此，公民广泛而有序的参与不仅是民主政治发展的必然要求，更是公民主权观念提升的重要表现。假如一个国家缺乏具有主权意识的公民，民主政治就是海市蜃楼，难以实现。

当前，中学生正处于人格发展的关键时期，自身的政治理论基础及政治素养都有待提高，同时在参与政治生活时，不够理性，容易受到环境和他人的影响，缺乏独立思考的能力，容易将感情作为衡量一切的标准。培养中学生公民主权观念的关键在于中学生的自我教育，中学生对自我进行教育不仅体现了中学生培养公民主权意识的自觉性和主动性，而且是中学生健全人格，实现自我价值的重要途径。

首先，中学生应积极与社会和他人保持密切联系，并积极投身于社会实践，在实践中培养自身的政治素养和能力，在社会中磨炼自己，提升判断是非的能力，培养理性思维。鲁迅曾说："不满是向上的车轮，唯有不满，才

---

① 陈聪：《〈社会契约论〉勾勒的"理想国"》，《人民论坛》2020 年第 13 期，第 100—103 页。

有追求；唯有不断地追求，才能不断地进步。"其次，中学生的自我反思能力、批评能力还不够成熟，教师应提供相应的帮助和支持，以教育学生不断反思自己的实践和认知活动，严于律己，敢于面对自己，在反思和批评中对主权观念有更深刻的理解①。最后，要在日常生活中，自觉关注时政新闻、国家大事等，通过努力学习，练就过硬本领。

（三）形成政治认同观念

学界普遍认为，政治认同是指人们对中国特色社会主义制度和社会意识形态的认可与赞同，是对中国特色社会主义道路、理论、制度、文化和核心价值观的认同②。由于每个人的生活背景、受教育程度等存在着不同，因此不同的人对政治认同有不同的看法。公民的政治认同体现在对政治组织体系中执政党权力的认可与赞同，并自觉用该政治权利的规则来规范自己的行为。中学生是中国特色社会主义发展的希望与力量，关乎着国家未来的命运，因此中学生政治认同的培养是至关重要的。

亚里士多德曾指出："人类是天生的社会性动物，人类是无法脱离社会而单独存在的③"。因此，为了实现中学生的社会化，有必要提高学生的归属感和对国家政治体制和意识形态的认同感。学校环境对学生的政治认知具有渗透性、全面性，中学生主要通过学校提供的思想政治课学习政治理论，思想政治课是丰富学生政治认知的主要途径。

1. 巧用案例教学

鲜活的案例是培育政治认同的必要选择。改变以往晦涩难懂的生硬知识，以及死记硬背的教学方式，结合学生的生活案例来开展教学，更容易让学生接受。

如在"高中思想政治必修 3"《政治与法治》第三课中，关于"坚持和加强党的全面领导"这一知识点，可结合案例进行教学。例如：新冠肺炎疫情发生后，习近平主席作出关乎全国人民生命健康的重要指示，必须高度重

---

① 黄妙燕：《大学生正确人生观和价值观形成初探》，《中国建设教育》2006 年第 12 期，第 28—30 页。

② 王宏：《学科政治认同素养培育浅论》，《中学政治教学参考》2018 年第 36 期，第 65—66 页。

③ 佟明伟：《困难与出路：密尔社会主义思想评析》，辽宁师范大学，2014 年。

视新冠肺炎疫情防控工作。在以习近平同志为核心的党中央的坚强领导下，各级党员干部发扬打硬仗的战斗作风，敢于斗争、敢于担当。使学生认识到中国特色社会主义本质特征是党的领导，党是最高政治领导力量，党员通过其模范带头作用影响和带动身边群众，也使人民相信，只要我们始终坚持党的领导，就一定能打赢这场战"疫"。对党的领导和中国特色社会主义制度的优越性，人民至上、生命至上的为民情怀，不怕困难、愈挫愈勇的民族精神，以及实事求是、精益求精的科学精神等方面深入挖掘，以"抗疫"为生动教材，厚植政治认同精神①。

2. 开展活动立足现实生活

政治认同不仅是一种心理倾向和态度，还是一种能够自发去做的实际行动，政治认同意识和态度既可以通过思想政治课堂来培养，又离不开社会实践的打磨与塑造。苏联教育家安乐·谢苗诺维奇·马卡连柯认为："在学生的思想和行为中间，有一条小小的鸿沟，需要用实践把这条鸿沟填满。"由此可见，政治认同可以潜移默化地"内化于心"，也可以扎扎实实地"外化于行②"。学校应积极组织开展各种社会实践活动，为政治实践经验创造条件和渠道。在政治实践活动中，学生的内在政治认同感将转化为实际的外部行为。

第四节　法律制度与中学生公共参与素养培育

党的十九大报告中"坚持全面依法治国"方略的提出开启了我国新时代民主法治建设的征程。中学生作为社会主义事业的继承者和接班人，承担着实现中华民族伟大复兴的重任，他们对法律的认知程度直接影响着自身的成长和社会主义法治国家的进程。公众参与的手段必须合法、有序和多样化，并且必须在法律和政策的范围内进行。通过非法和无序手段影响公共决策的

① 武红利、范俊生：《"抗疫"是最鲜活的爱国主义教材》，《北京日报》2020 年 5 月 27 日第 2 版。
② 李惠芳：《高中思想政治课教学中学生政治认同素养的培育策略》，《西部素质教育》2021 年第 7 期，第 54—55 页。

行为不属于我们所谓的公共参与①。但随着近年来我国经济的快速发展和社会的高速转型，中学生在参与公共事务时，很容易出现犯罪、校园暴力等问题，并且受到社会的广泛关注。很多本该在校园学习的中学生却由于犯罪而受到了法律的制裁，这也反映了我国中学生在参与政治生活的过程中，对法律制度的认知还很欠缺，法律知识还很匮乏，法治教育亟待加强。因此，为了有效遏制未成年人犯罪和校园暴力的势头，对中学生进行系统而有效的法治教育是重要且必要的。本节积极探索中学生普法教育的新路径，旨在让中学生更加健康和谐地进行公共参与，更加健康快乐地成长。

一、中学生法治意识缺失现象分析

（一）对违法行为的认识不足

近些年，随着网络媒体的快速发展，大量信息向青少年涌来，而青少年时期是智力和人格发展的重要时期。这个时期，他们的心智发展不成熟，缺乏对信息好坏的识别能力。同时，青少年的法律意识薄弱，对法律制度的了解非常少。在这种情况下，他们很容易受到网络上负面、激进的信息干扰。在参与公共事务时，往往会发表一些情绪化或错误的言论扰乱公共秩序，因而触碰法律的底线，走向犯罪的道路而不自知。因此，我国近些年出现了一些现象——我国中学生犯罪率呈现上升趋势，犯罪逐渐低龄化，很多中学生在触碰了法律边缘后，做出了伤害他人和社会的行为，而他们却认为这不是什么大不了的事，不认为这是违法的事，还认为《中国未成年人保护法》就是一层保护他们犯罪的外衣，这种认识是极其错误的，这些对违法行为认识上的误区，都是与法治社会建设的要求相背离的。假如不加以合理引导，则极易引发违法犯罪行为，给家庭造成伤害，给社会造成负担，需要引起全社会的高度关注。

（二）用法意识薄弱

部分思政老师在课上注重对学生进行义务性法律知识的传授和讲解，往

---

① 马炳帅：《"公共参与"的分析与比较》，《思想政治课教学》2018年第1期，第66—67页。

往一股脑将授课知识讲给学生听，强调灌输"守法"意识，却忽略了"用法"意识的培养①。这种法治教育活动盲目地重视学生对法律知识的掌握。学生已成为被动接受法律理论知识的客体，只记住了法律条文，变成"法律书呆子"，不利于提高学生的法律素养，学生往往不能把所学理论运用于实践，他们对法律知识的理解和掌握仅限于感知水平。造成学生认为只要守法、不触碰法律底线就行了，把守法等同于懂法。其实不然，真正的懂法是学会"用法"。首先，要着力推进中学生法治观念，深入开展法治宣传教育，树立正确法治观念，引导中学生自觉地依照法律规则办事，遇到麻烦时找法律帮忙，依靠法律解决问题。其次，引导学生积极主动参与到依法治国的实践中去，使尊法、用法观念在全社会蔚然成风，不断加强中学生的公民道德建设，弘扬中华民族优秀的传统文化，增强法治意识，倡导契约精神。

二、中学生法律认知浅显问题归因

（一）学校教育对法治重视程度不够

在应试教育的大环境下，很多学校对法治教育的重视程度是远远不够的。首先，专业的法治老师投入严重不足，一般由中学政治老师来教授，政治老师对法律制度的了解并不透彻，对法律知识的传授也可能一笔带过。在这种情况下，学生们对法律制度的兴趣不大。其次，老师在教育的过程中，一般都只注重形式教育而忽略了心理教育，这就导致学生没有从内心深处去学习、掌握法律知识。也就不难发现，中学生在公共参与时容易触碰法律制度。

（二）家庭教育的缺失

对于处于青春期的孩子，家庭教育责无旁贷。缺乏优质的家庭教育是孩子走向违法道路的主要原因。在当今社会，很多孩子都是独生子女，受到了长辈的溺爱。在这种情况下，家长往往会给予孩子更多的物质条件，生怕孩子受到委屈，而忽视了对孩子的精神教育，让孩子的成长过程出现了"营养不良"的现象。而父母离异或者家庭缺乏关爱的孩子，在成长的过程中也会

---

① 蔡卫忠：《公民意识养成视阈下的大学生法律教育问题研究》，山东大学，2014年。

出现"营养不良"的现象，他们由于缺乏关爱，内心非常孤独。社会上的各种不良信息更容易向他们袭来。这就潜伏着一种犯罪意识和根源，他们在参与社会中的活动时，就会潜伏着犯罪的危机。

（三）缺乏良好的网络环境

中学生正处于青春躁动期，思想还不够成熟。因此，他们很容易受到社会不良风气的影响。当今时代是网络快速发展的时代，网络环境跨越了人与人之间的交流障碍，增进了人们的交流。我们每天都接收着大量的网络信息。这些网络信息传播速度快、覆盖范围广，其中充斥着各种负面、消极的信息。中学生判断是非的能力还不够成熟，容易受到色情、暴力、反动等不良网站的毒害。同时，由于大部分中学生缺乏辨识的能力，他们容易受到这些不良信息的影响，在社交平台上会发表一些不良的言语或产生一些违反法律的行为。总而言之，我国社会整体的网络环境对中学生的影响也是巨大的。

三、中学生法治意识具体培养措施

青少年法律意识的培育是一项长期而复杂的系统工程，这就需要全社会的积极配合。从客观的角度看，有必要建立一种将学校、家庭和社会融为一体的中学生法治教育模式，共同帮助中学生提高法律普及教育的效果。从主观角度上看，需要中学生自身不断提升法律修养，在参与公共事务时，努力培养自身的理性思维，不去挑战法律权威，积极努力地投身于社会主义实践之中。

（一）发挥学校在法治教育中主体作用

教育的特点是有目的、有组织和有计划地对人们施加影响，学校教育正是体现了这个特点。严格的组织性体现了学校教育的目的和计划。"一个国家的繁荣，不取决于它的国库之殷实，不取决于它的城堡之坚固，也不取决于它的公共设施之华丽，而在于它的公民的素养，即在于人们所受的教育、人们的远见卓识和品格高下[①]。"

---

① ［英］塞缪尔斯·迈尔斯：《品格的力量》宋景堂、刘曙光、刘志明译，北京图书馆出版社，1999，第1页。

校园法治教育可从三个方面来开展：首先，扩大师资队伍。通过选择并派遣教师参加专业培训或聘请法律专业人士作为兼职教师，学校可以组成一个由专职和兼职法治教育教师组成的团队。其次，创新法学教育形式。学校不应仅限于开设专门的法治教育课程，还应充分利用所有教育资源开展各种形式的法治教育活动。在进行如征文比赛、体育比赛等校园活动时，可以融合相关法治内容，不仅能够增强法治教育的趣味性，还能在潜移默化中提升学生的法律素养。在校园角或者班级里开设普法专栏，让学生随时随地感受法律的魅力。然后，抓好法治教育课程建设。使学生的法治教育规范化、常态化、正规化，遵循法治教育课程体系的要求，将法治教育纳入学校的教学计划，规范法治教育的教学内容，制定周密计划，确保法治教育落到实处。最后，依托社会咨询，邀请法律顾问提供特殊的咨询和指导，通过案例教学、模拟法庭、预警教育等多种实践活动，帮助学生增强法律意识，形成良好的教育氛围。

只有学校高度重视并把法治教育实践落实，学生的法律素养和法律意识才能真正得到培养，法治观念也会在无形中得到强化，把法律知识内化成法律信仰，秉承法律信仰自觉维护宪法和遵守法律的义务。

（二）父母履行监护责任

教育家马卡连柯曾说："家庭是孩子第一任学校，父母是孩子第一任老师"。由此可见，父母在无形之中影响着孩子的思想、行为，我们最常听到的话是"父母是什么样的人，孩子就是什么样的人"。父母确实在孩子的成长中起着微妙的作用。因此，想让学生健康快乐的成长，和谐良好的家庭教育是关键。无论是容易以自我为中心的独生子女，还是缺乏家庭关爱的学生，他们在社会参与中，往往会给自己或他人带来困扰或者伤害。

一方面，家长要致力于改善家庭环境，创造一个温馨、民主、文明的家庭环境，让孩子在良好的环境中使情操得到陶冶；同时，要规范家长的行为，身教胜于言教。无论是父母的说话习惯、与人交往的行为习惯还是参与到社会活动时的行为方式，都会影响孩子的身心发展。榜样的力量是无穷无尽的，父母是孩子们的终身老师，他们的言行始终在影响着孩子。为了培养优秀的下一代，父母必须树立好榜样。

另一方面，注意对中学生进行科学教育和正确引导，对青少年进行全方位的素质教育，养成良好的习惯、态度、品德。溺爱是家庭中一种毁灭性的爱，它将使孩子养成自私的性格。当父母整天都围绕他转时，他会把自己视为世界的中心，无视别人的感受，并逐渐变得很自私。溺爱下长大的孩子，长大之后会缺失责任心，在确保孩子安全的情况下，父母要学会放手让孩子自己去处理遇到的问题。实行严格、科学的家庭管理培养，要牢抓品行、素质和性格，形成"三位一体"的培养，良好的行为习惯是学生养成道德约束力的关键，通过这种潜移默化的家庭道德教育，学生在参与公共事务时，自然会形成良好的道德约束力和自制力，也就不容易走向违法犯罪的道路。

（三）教师重视培育学生合法参与意识

要使"合法参与"的观念深入人心，应该做到努力培育中学生的法治意识，养成自觉遵守国家法律的习惯，使学生的公共参与行为符合宪法和法律的规范①。这就要求思政教师在教学过程中重视法治教育在公共参与意识培育中的地位和作用，紧紧围绕中学生法治教育，培养良好的公民意识和合法参与意识。

一方面，公民意识教育是党和国家提出的一项重要的教育课题，社会的发展和完善离不开公民意识的培育。公民意识指的是公民对自己在国家地位中的自我了解。公民有义务维护宪法和遵守法律，并在国家的社会和政治生活中发挥自己的作用。王兴旺学者认为"培养青少年的公民意识，就是要培养其主体意识、权利意识、责任与义务意识、法律意识、道德意识，并促进他们对法律制度的认同，使学生能够更好地了解法律并自觉地培养遵守法律和运用法律的习惯，把法律的价值内化于心，逐步形成对法律的信仰，从而促进了社会的改善和发展②。"

另一方面，在进行法律理论知识传授的同时，避免理论大于实践，开展"案例教学""模拟法庭""法学诊所"等校内教学方式，在教学过程中留出

---

① 朱金花：《教育政策制定过程中的公民参与》，《内蒙古农业大学学报（社会科学版）》2008 年第 4 期，第 165—166 页。

② 王兴旺：《浅议公民意识培育中青少年法律教育的完善途径与方法》，《法制博览》2019 年第 25 期，第 45—46 页。

足够的时间给学生讨论辩论，提高青少年学法的积极性和主动性。例如，带领学生参观青少年法治宣传教育基地，通过此次参观，培养师生民主意识，提高师生法治观念，让他们受到一次不同于课堂上的法治教育，通过此次实践活动学生能够看到学校里看不到的东西，学到课堂上学不到的知识，亲身体验法律的权威和尊严，并通过对法律的直观理解逐步培养青少年学习法律知识的兴趣。增强其法治观念和守法意识，将法律理论知识更好地融入实践活动中，对学生的情感共鸣、学习动力激发和有效促进具有价值引领作用，也能取得非常好的实践教学效果。

第五节　社会支持与中学生公共参与素养培育

有关社会支持（social support）的研究最早来自社会学。到目前为止，不同的研究者都是根据自己的研究目的来定义和操作社会支持。其中，程虹娟将社会支持的概念定义为：社会支持是根据社会行为的性质来界定的，社会支持是一种可以促进扶持，帮助或支持的行为或过程，是个体对他人社会需要的反应，是人们的整体参与水平，社会支持环境来源、社会支持是否能为个人提供帮助的复合结构，是一种在社会环境中促进人们发展的力量或因素①。

中学生在参与公共事务时的社会支持，是指中学生在参与的过程中，与教师、家庭、学校、社会等的密切联系，这种联系是客观存在的且中学生能够感知到的。在交流的过程中，中学生的情感、需要能够被看见、被接纳。而不是其他个体或群体单方面的输出，这种社会支持本质是互动的、促进扶持的关系。

一、中学生公共参与中社会支持存在的局限性

中学生在参与公共事务和公共生活时，往往会遇到各种各样的困境。比

---

① 程虹娟、张春和、龚永辉：《大学生社会支持的研究综述》，《成都理工大学学报（社会科学版）》2004年第1期，第88—91页。

如学习和教育方面的困境，人际交往方面的困境等，造成这种困境的原因主要有国家制度的不完善、社会组织支持力度和专业化的欠缺、个体身心方面的不足等①。

(一) 学校支持有限

在应试教育环境的影响下，大部分学校较为重视学生的分数和成绩，而忽略了对学生实践能力和其他能力的培养，更不用说去支持学生参与公共生活和公共事务了。因此，中学生在参与公共生活时，学校的支持力度还远远不够。首先，学校组织这种公共参与的时间和空间是非常有限的。一方面，学校一年中组织学生参与活动的次数非常的少，比如，学生很少有机会参与到中学的校外服务组织、校内的各种活动中。另一方面，学校为学生提供公共参与的平台也很少，学生参与活动的主要场所就是在学校，然而在校园内，学校为学生参与公共事务的平台也很稀少，更不用说校园外的平台了。其次，学校投入的力度也是有限的。比如在经费的投入上，学校一般会把经费重点投入到与学生学习有关的活动中，这与学校的办学理念和教学目标有很大的关系。

(二) 教师理念方面

在以分数为主的教育理念下，教师也秉承着学生学习好就是王道的理念。因此，在教学过程中，教师会着重讲授考点、难点等与考试相关的知识。而略讲、跳过与考试关联不大的知识点。比如一些思政教师在讲授我国公民的政治参与时，会重点讲授民主选举、民主协商、民主决策、民主管理等知识的概念、优缺点。而对于模仿投票等实践性的活动则一笔带过。部分老师表明，"一节课的时间非常有限，必然要突出重难点，而简单讲解不那么重要的理论。对于需要学生参与的活动，都会略过，如果什么都讲，就很难保证学生的成绩，因此，必须要学会舍弃。"在这种情况下，学生对公共参与理论的掌握和学习也只停留在表面，理解得不透彻、不到位。而公共参与知识作为公共参与意识培养的基础和前提，要使公众按照民主原则组织到民主社会生活中去，就必须具备某种知识基础，如果这种基础缺乏的话，民

---

① 莫瑞丽、封维艳《关于困境儿童的社会支持探讨》，《河北青年管理干部学院学报》2020 年第 32 卷第 2 期，第 51—54 页。

主参与是非常荒唐的。所以，初中生缺乏对公共参与理论的深刻理解，无法将理论联系到实际的参与活动中去，便无法取得较好的效果。

（三）国家宏观层面

尽管近些年国家提倡素质教育，但应试教育的理念、制度已经在我们的思想中根深蒂固，因为以分数为主的教育也有它积极的一面。国家在推行素质教育时存在一些不足，比如，关于素质教育的制度体系不够完善，在落实素质教育时会受到多种阻力的影响等，无论是学校还是教师，都不可避免地受到国家宏观层面的影响，中学生在参与公共事务或政治生活时，无法得到国家更好的支持力度，这就需要国家制度和政策上真正帮助到中学生。

（四）个体自身因素

个体的自身因素也会存在较大的影响。比如缺乏良好的政治认知和政治认同感，政治情感冷漠，学习政治理论知识的积极性和主动性不高，公共参与的实践能力和素养较低，这在一定程度上导致他们在参与过程中出现困境时，不能积极有效寻求社会支持或自我建构社会支持。

二、提升中学生公共参与社会支持力度的策略

培养中学生的公共参与素养从来不是纸上谈兵，要充分结合公共参与的理论和实践，得到家庭、学校、社会等方面的支持，为学生参与公共活动提供良好的外部环境，实现高中生公共参与素养的有效提升①。

（一）学校加强对学生公共参与的力度

学校是学生参与公共事务和公共生活的重要平台和主要场所。因此，学校对学生的支持，可以使他们更好地参与到社会实践生活中去。首先，学校可以为学生创造更多公共参与的机会，比如，让学生参与到学校的管理中、创建校长信箱等。其次，学校还应拓宽学生公共参与的空间。可以多组织校外公益服务活动和其他活动，让学生有更多的机会参与到社会实践中去，让他们真正体会到什么叫"做中学、学中做"。

---

① 杨帆：《思想政治课教学中学生公共参与素养培养研究》，辽宁师范大学，2019年。

（二）教师应改变教学理念、创新课堂模式

教师的教学理念在很大程度上能够改变学生的思维方式和实践能力。因此，一方面，在教学过程中，教师应该不断创新，改变传统的教学模式。在讲授我国公民的政治参与时，可以让学生参与进来。例如，在教授民主决策的理论知识后，可以通过模拟听证会的模式，让学生对听证会的步骤和流程有所了解，并能知晓自身该如何发挥作用。此外，在教授理论知识的过程中，不能局限于课本内容。要不断结合时政要闻，培养学生公共参与的知识素养。另一方面，政治教师可以创新课堂模式，通过研究性学习的教学模式。教师传授知识的平台远远不在于三尺讲台，也可以带领学生去基层社区、市场等地去感悟、去体会，这样既可以锻炼学生的思维方式和实践能力，又能提升他们公共参与的素养，这样的教学效果要远远大于填鸭式的教学效果。

（三）学生应自觉提升公共参与素养

要想真正提升学生的公共参与能力，学生自身是关键。首先，学好教材是基础，有些学生对教材的掌握不够深刻和透彻。比如，在学习民主选举、民主决策、民主协商、民主管理时，可能仅仅熟悉他们的概念和优缺点。而对公共参与常识的了解却十分模糊。其次，中学生可以积极主动参与到公共事务中去。比如，可以参与社区的志愿服务，在为大家做贡献的同时，提升了自身公共参与的能力，通过这种方式，能真正地将学过的知识内化于心，外化于行。

第六节　认知水平与中学生公共参与素养培育

在互联网高度发达和自媒体快速发展的时代，人们获取信息的方式更加的便捷迅速。但在这些易得的信息中往往掺杂着不良信息和负面消息。而中学生正处于身心发展的关键时期，他们对公共事务和公共生活缺乏理性且全面的认识，因此很容易被网上错误偏激的舆论信息所误导，不明所以地发表个人情绪化或激进的意见或者看法，本节在此基础上提出了一些对策。旨在提高中学生公共参与意识及能力，让他们在面对各类复杂的信息时，能够独立理性地去辨别是非对错，不断提升自身的认知水平，从而提升自我的公共

参与素养。

一、中学生公共参与素养认知水平现状

中学阶段是学生综合素质全面发展的黄金时期，公共参与素养是公民积极有序地参与社会公共事务，承担公共责任，维护公共利益和实践公共精神的意愿和能力①。通过对中学生公共参与素养的现状进行调查研究，发现中学生对公共事务有具体认识，也具备了一定的责任意识，已经初步具备了公共参与意识，有总体认知但缺乏具体常识，意识初步具备但主动性不足，对政治缺乏兴趣，政治情感冷漠，从而造成中学生公共参与素养不高，有待进一步强化与提高。

（一）有总体认知但缺乏具体常识

一般而言，中学生在学习的过程中，能够很容易地理解并识记政治教材中的理论知识，因此他们能够掌握关于公共参与的知识点，当问到民主选举、民主决策、民主管理和民主监督等公共参与的理论知识时，他们的认知度和识记度就很高。但当让他们参与到公共事务中去解决具体事情时，他们往往不知所措、无从下手。原因在于对公共参与常识的了解甚少，他们平时很少关注国家大事，对社会公共事务了解不多，认识也较为肤浅，很容易被网上各种各样负面的舆论带偏，缺乏独立思考的能力。部分学生甚至对常识完全不了解，比如当问到"发现有人乱砍滥伐林木，应该找政府的哪个部门"时，只有极少数同学能够回答上来。由此可见，中学生对思想政治课程的重要理论知识和考点内容掌握得比较到位，但对常识的掌握却很薄弱，这将会导致他们无法真实有效地参与到公共事务中。

（二）意识初步具备但主动性不足

在应试教育环境的影响下，大部分学校出现了"以分数论英雄、分数和前途息息相关、高分才是王道"等现象。在这样的大环境下，不仅学校和老师看重学生的成绩，学生也十分关注自身的分数，因为这与他们的利益和前

---

① 吴雪丹：《例谈培养学生公共参与素养的几点措施》，《中学教学参考》2020 奶奶第7期，第45—46页。

途相关联。当提到公共参与时，他们抱着"事不关己，高高挂起"的态度，大部分学生认为，应该把有限的时间放在学习上，因此他们的参与意识不强，参与的状态也是不积极、不主动的。如果学校强制要求并且提供平台和机会时，他们可能会去参加，但如果没有硬性的要求，他们一般不会主动参与，在这种情况下，中学生学到的理论知识与实践不能很好地结合，政治素养就不能得到切实有效地培育。

（三）对政治缺乏兴趣，政治情感冷漠

大部分学生认为学习思想政治是一件极其枯燥的事情，教材上的内容晦涩难懂，教学方法千篇一律，对于主动参与政治生活，他们更是提不起兴趣。一些学生认为政治参与应该是成年人的事，与学生无关，学生的任务是努力学习文化知识，顺利拿到毕业证，找一份薪资还不错的工作就是他们应该做的事，对于国家的政策、决策，他们觉得遥不可及。调查发现，有些学生宁可挤出时间去看娱乐新闻，也不愿意关注时事政治。这种政治冷漠现象不利于学生人格健全的成长，不利于学生树立正确的价值观。长此以往会造成向社会输入一些"高智商、低情商"的人，不利于国家和民族的长久发展。

二、中学生公共参与认知水平提高策略

通过对中学生公共参与素养现状的调查研究，发现由于对政治缺乏兴趣和主动性不足，中学生公共参与素养水平仍然处于低阶段，亟待进一步提升。因此，需要采取相关措施来加快公共参与素养的提升，可以从以下三个方面着手。

（一）秉承"生活化"的教学理念

教师在教学过程中适当制造生活情境，让学生亲自讲述自己的故事和经历，了解他们在生活中遇到问题时如何解决，要能够全面的认识和思考问题，必须更多地参与到生活实际中去广泛地了解，只有这样才能提高我们解决问题、分析问题的实践能力①。因此，要想真正丰富学生公共参与的常识，

---

① 朱文彦：《公共参与课堂的重塑》，《中学政治教学参考》2019 年第 7 期，第 40—41 页。

就要秉承"生活化"的教学理念。"生活化"作为思想政治新课程五大理念之一，已经被学界所熟知。从课程标准来看，高中政治课程标准要求："构建以生活为基础、以学科为支撑的课程模块。"可以看出，教育不是追求分数的提升，教育要帮助学生不断地去丰富、扩大、丰富自己的精神、生活世界，只有使他们真正成为社会所需要的人才，他们才会积极主动地承担事务。在"生活化"的理念下，思想政治课程立足于生活，才能真正提升学生公共参与的常识。

（二）培育学生的社会责任感、提升学生的积极性

老师激励学生思考、提出有关社会中现实的问题，引发认知冲突，激发学生探究欲望。这是思想政治课堂教学的真正魅力和生命力所在。在当前以分数为王道的大环境下，中学生的公共参与意识非常淡薄，社会责任感也很弱，他们只注重自己的成绩和个人利益，课堂上不会主动思考、关心公共事务。可以说，很多中学生公共参与的态度是消极的。因此，学校和教师要注重培养学生的社会责任感和参与的积极性。在教学过程中，教师要引导学生负责、有序地进行公共参与，在参与的过程中践行社会主义核心价值观，促进学生的全面发展，为中学生参与公共生活提供精神动力①。

（三）以学生为中心，激发学生的政治情感

公共参与具有公共性，公民需要积极的公共情感和精神。所谓公共情感，指的是对公共事务有一种发自内心的热忱和喜爱。而公共精神是指积极关心公共事务、积极参与改善公共生活和积极建设公共秩序。中学生目前的状况如果得不到改善。就很容易在成长的过程中缺乏对事物正确的判断、缺乏独立理性的思考。

因此，一方面，教师应当利用课堂教学的优势努力提升思想政治课堂的趣味性，要善于结合生活中的案例和启发式的教学。例如，当讲授《生活与哲学》这本书时，把唯物辩证法应用于公共问题和热点事件中去。通过"征地拆迁"等案例，可以启发学生处理个人利益与公共利益之间的关系；学会掌握事物的对立统一，一分为二看待问题②。另一方面，教师要强化对学生

①　许瑞芳：《培育积极的公民》，《人民教育》2013年第20期，第2—5页。
②　徐卫良：《基于思想政治课程培养中学生公共参与素养》，南京师范大学，2015年。

理性情感的培养。徐卫良学者认为："在哲学模块的教学中，在用讲授法等方法陶冶学生情操之外我们不妨借鉴科尔伯格的道德两难理论，课堂教学通过两难问题，制造个人和他人、个人利益和公共利益相冲突的情境，指导学生进行思考和探索，使学生形成正确的价值观①。"可见，通过这种方式的传授，不仅能帮助学生树立正确的三观，还可以培养他们在公共参与时的理性思维，尤其是要让学生学会如何用辩证唯物主义和历史唯物主义的观点看待和处理生活中的事件。将哲学教学和公共参与有机地联系起来，从而培养学生独立思考的能力。

①　徐卫良：《基于思想政治课程培养中学生公共参与素养》，南京师范大学，2015 年。

第六章

中学思想政治课程培育公共参与素养的基本理念

中学思想政治教育课程立足于中国特色社会主义事业建设和学生个人全面发展的要求，力求将中学生培育为全面发展的社会主义建设者和接班人，推动中华民族伟大复兴的实现。随着社会的不断进步和对人发展要求的提高，培育中学生的公共参与素养已成为中学思想政治课的重要内容。然而，当前中学思想政治课程中课堂教学形式单一、重理论轻实践、重灌输轻引导等问题往往使得课堂教学效果欠佳，中学生的公共参与素养培育难以落到实处。对此，变革旧的教学方式，亟待新理念的提出和指引。在新课改背景下，如何使学生更好地掌握知识、更好地运用到社会实践中成为教育教学关注的重点，广大学者与一线教育者根据时代的变化及新时代中学生的特点不断丰富和发展教育思想和理论，为思想政治课堂教学提供了新的理论和依据。在借鉴优秀的教育方法的基础上，本章提出了"做中学"理念、共同体理念、服务学习理念、体验学习理念、探究学习理念五种基本理念，分别从中学生的思想政治学习、社会责任精神培育、公共精神培育、参与热情激发、实践探究深化等角度进行阐述，就其使用意义、主要环节和应用方法提出探讨，从而为中学思想政治课程的公共参与素养培育提供新的开展方式和启发，推动中学生的公共参与素养培育落到实处。

第一节 "做中学"理念：开展参与式思想政治学习

通过中学思想政治课程来培育中学生的公共参与素养有利于学生个人的全面发展与社会的良好运行。在参与中提高思想政治水平、在实践中获得知识与经验，是帮助学生更好进行思想政治学习的一种重要方法，也是培育中学生公共参与素养的一种重要方式。而源自杜威的实用主义理论——以"做中学"为代表的教学理念正是立足于此，因此，在中学思想政治课程教学中融入"做中学"理念有助于更好地培育中学生公共参与素养，具有重要的指导借鉴意义。参与式的思想政治学习能够帮助学生更好理解公共参与知识，完善中学思想政治课程构建，也在一定程度上推动了我国的民主政治及社会的良性发展。

一、"做中学"理念的理论归依

"做中学"（learning by doing/learn by doing）这一说法最早出现在美国教育家杜威的相关著作中，是当前我们对杜威教学方法的一种普遍概括。杜威认为，教育与生活密切相关，它是通过将人类已有的经验进行传递来不断丰富和拓展人类经验内容、增强经验指导人类进行生活、适应社会的能力，从而使社会生活得以维系、发展的一种活动。换言之，教育是个人在社会生活中与他人接触并产生一定的影响，使个人能够逐步吸收经验、不断改进已有经验、形成良好的道德品质、获得知识技能的过程。由于经验改造必须和生活紧密地结合在一起，且经验改造有助于个人的成长，杜威便将其总结为"教育即'生活'""教育即'生长'""教育即'经验改造'"。在此基础上，杜威对教材、教法等教学方面提出了与传统教育观念大相径庭的"新三中心论"，即将教育的重点由"课堂中心""教材中心""教师中心"转向了"活动中心""经验中心"和"学生中心"。而"做中学"这一理念则是立足于此，是一种通过建立学校知识和社会实践之间的有效联系来进行教学的民主的知识教育模式，是为了帮助学生全面自由发展而提出的、强调实践活动重要性的教学理论。

杜威认为，教育源自人类对经验的需要，真正的教育和真正的学习都应来自学生自身的经验。因此，在"做中学"理念中，我们可以将"做"理解为经验、活动，"做中学"便是从经验中学，从活动中学。由于经验又可划分为直接经验和间接经验，在此，杜威所指的"从经验中学"更多是指直接经验，即学习者通过亲身实践获得相应的知识，并将其与生活、与社会相联系，从而使教育为生活、为社会所服务，而非传统意义上不顾及学生接受情况采用直接灌输使学生获得的间接经验；"从活动中学"主要是指学生在学习活动中获取经验，习得知识，并在活动中体验、参与、合作、探究①。而"做中学"的"学"，则是指学习者从经验或活动中获得相应的知识或技能，使其个人可以得到持续变化的一种行为方式。在"做中学"理念中，"做"与"学"共同构成了一个整体，二者相互联系、相互影响，学生既要通过"做"，在实践中感悟学习，做到知其然更知其所以然，并将所学知识更好地运用到生活中；又要以"学"为导向，使活动的设置与经验的获取更具意义与价值，从而更好激发学生的学习兴趣与探究热情，最终实现学以致用。

杜威"做中学"理念的运用使美国的教育得到了快速发展。因此，在20世纪初，我国教育界也引进了杜威的"做中学"理论，随后还出现了以陶行知先生为代表的一批教育家，在继承"做中学"理念的基础上进行创新，形成"教学做合一""知是行之始，行是知之成"等教育理念，突出"做"与"行动"的重要性，从而使"做中学"理念在中国日益得到重视与推广。

二、开展参与式思想政治学习的必要性

参与式思想政治学习，是教师为了促进学生思想政治意识提高、知识完备和能力提升所采用的一种教学方式和手段，即教师在教学过程中运用灵活多样、形象直观的教学方式，以学生为中心、为学生创造参与体验平台，鼓励学生积极开展思想政治学习，并加强教师与学生之间的学习交流和反馈，从而使学生能够更深刻地领会和掌握所学思想政治知识，最终可以运用到实践中去的学习过程。

中学思想政治课程作为一门以马克思主义基本观点为核心，以提高学生的思想认识和参与社会生活能力为导向的课程，其根本目的在于培养具有良好思想政治素质的社会主义公民。而要将中学生培养成为一名具有良好思想政治素质的公民，首先需要注重其公共参与素养的培养。中学生公共参与素养的培养，离不开学校思想政治课程中间接经验的传授，需要教师以丰富多

---

① 王晓琳、杜威：《"从做中学"教学理论在思想政治课教学中的运用研究》，河北师范大学，2019，第13页。

样的教学方式帮助学生更好获取公共参与知识；同时也需要学生在实践中体味公共参与、深化对公共参与知识的理解，使经验在运用中实现自身的意义与价值，从而在学以致用的同时更好地推动社会的发展。诚然，这与杜威的"做中学"理念和参与式思想政治学习的要求是不谋而合的。因此，参与式思想政治学习在加强中学生公共参与素养方面有着举足轻重的地位，只有开展合适、有效、系统的参与式思想政治学习，使中学生在参与、合作中不断深化对公共事务的认识，才能使思想政治教育活动取得良好的效果，实现培养具有良好思想政治素质的社会主义公民的目的。

参与式思想政治学习是进行思想政治教育的一种重要方式，有其自身的特点和运行模式。根据不同的参照角度，我们可以将参与式思想政治学习划分为不同的类型。比如，从参与方式的角度看，参与式思想政治学习可以划分为社会参与和课堂参与两种。社会参与，是指中学生关心、了解国家政治生活、经济生活、文化生活、社区公共事务等方面的现状，积极参与到相关的社会实践中以影响社会发展的思想政治学习方式。而课堂参与则是指在思想政治课程中，中学生通过情境创设、开展小组讨论等方式更为直观地体验所学思想政治知识，达到更深刻、更灵活地掌握思想政治知识学习目的的一种学习方式。从参与活动类型划分的角度看，参与式思想政治学习可以划分为政治参与、经济参与、文化参与、社会参与、公益参与等。在参与式思想政治学习中，不同的参与方式会导致中学生进行公共参与的效果存在差异，但在总体上是相互联系、相互作用的，都是为提高中学生的公共参与素养服务。

由于应试教育在教育实际中仍占据主要地位，目前中学思想政治教育课程主要还是采用"教师传授知识—学生识记知识—练习巩固知识"的知识目标导向教学，中学生的能力及情感态度价值观的培养在实际中仍旧处于较为弱势的地位。理论教育作为思想政治教育的一种基本方法，具有高效、正面、积极教育的特点，能够较为便捷地达到有目的、有计划地向学生传授基础理论知识、提高学生的理论水平，增强政治观念的效果①。但公共参与素

---

① 林瑞青、韩中谊、杜环欢等：《思想政治教育立体课堂建构研究》，载杜环欢《综合创新：基于系统论维度的思想政治教育方法》，广西师范大学出版社，2018，第58页。

养作为思想政治学科实践导向的核心素养，重点在于通过公共参与素养的培育来使学生以切实的公共参与行为实现对政治、经济、文化、制度等公共领域的影响。随着中国发展步入新时代，我国政治、经济、文化、社会的发展既面临着机遇也面临着挑战。中学生作为青年一代，是国家的未来、民族的希望，也是推进社会主义现代化建设的重要力量，其公共参与的水平与能力在很大程度上影响着我国社会治理水平的提高与完善。因此，传统中学思想政治课程中注重理论灌输、轻视实践探究，重视传授思想方法、轻视联系实际解决问题的教学方法单一，不能有效强化思想政治主体的政治社会化等弊端日益突出，不能很好地满足中学生公共参与素养培养的需要。

新形势下通过思想政治课程培育中学生的公共参与素养具有迫切性和重要意义，也对思想政治课程提出了更高的要求。首先，中学生对不再满足于教材上理论知识的单纯、正面灌输，要求教育要有趣味性和实践性，既能拓展他们的公共参与知识，又能理论联系实际，从根本上促进学生自身综合素质的提高和成人成才；其次，随着我国发展进程的加快，经济、政治快速发展，国家治理体系的完善也需要通过人民素质的提高与有序的公共参与来实现。因此，这就要求我们必须重视中学生公共参与素养的培养，不但需要通过思想政治课程提高中学生的公共参与知识与意识，更需要给学生提供广阔的平台和空间，促使其在参与中不断提高其公共参与的能力与实践水平。

三、参与式思想政治学习的运用

运用参与式思想政治学习方法培养中学生的公共参与素养，是立足于国家发展需要和学生成人成才的需要之上的。基于这种认识，我们在探讨参与式思想政治学习的过程中应该从参与式思想政治学习的基本要素、遵循原则和开展形式等方面展开。

第一，建设参与式的思想政治课堂。中学生公共参与知识的获得主要来自于思想政治课堂教学，但教材中呈现的相关概念、作用和意义往往比较抽象，加上中学生的身心发展尚未完全成熟，在实践经验、公共理性方面的自身认知较为有限，要深刻地理解公共参与知识仍是有难度的。教师如果沿用传统的教学方式，只注重单向的知识讲解和观点灌输，容易使学生对思想政治课程产生"内容单调无趣，课堂枯燥乏味"的印象，难以引起学生兴趣，更难以帮助学生联系实际获得情感体验、强化公共参与认同感，从而导致学生对思想政治及公共参与的内容无感甚至反感。因此，教师首先需要变革传统的授课模式，建设参与式思想政治课堂，注重引导学生主动参与到知识形成的过程中，全面体验公共参与知识产生的背景及条件，深刻了解公共参与所涉及的范围之广、作用之大，认识到公共参与的真实性、有效性、广泛性，从而达到增强政治认同、自觉加以遵循和运用的目的。

此时，教师可以通过创设情境、选取典型案例、联系学生生活来优化教学方法，在教学过程中设置辩论、模拟听证会、"我是社区志愿者"活动策划等环节，向学生更好阐释公共参与"是什么""为什么"以及"怎么做"，明确公共参与的范围与不同参与渠道的实现方式，增强学生的信息辨别能力，加深学生对公共参与的认识，深刻认识到公共参与的意义，使学生在趣味参与中破除对"政治参与""公共参与"所固有的"枯燥乏味""难以参与"的印象，激发公共参与热情，增强对我国政治制度的认同感和社会责任感。参与式的思想政治课堂既能够帮助学生通过切身体验深化公共参与认识，又能够引起学生在具体情境和氛围中的自觉思考与探究，从而促使其公共参与认知可通过知识迁移等方式更好运用到社会实践中，是学生进行参与式思想政治学习、提高学习效果的必要条件。

第二，坚持学生为主体、教师为主导的基本原则。参与式思想政治的教学设置目的是为了从根本上改变教师"满堂灌"的单向教学，实现中学生在思想政治课堂中的广泛参与，强调尊重学生的思想需求和心理感受，通过主动参与学习、心理体验和理性思考后，自觉将思想政治知识转化为内在的思想道德品质、价值观念和行为规范。因此，参与式思想政治课堂构建应面向全体学生、尊重学生的主体地位，在参与环节的内容选择和课内外活动设计等方面充分考虑学生的需求、可参与的程度和活动有效性，从而使学生都能够在参与中更好掌握思想政治知识。而教师在此过程中，应当发挥主导作用，尊重和接纳学生的认识和感受，鼓励学生独立思考、深入探究，对学生因生活背景差异、社会地位差异而导致的对社会和生活的不同感悟予以尊重，通过组织讨论等方式引导学生寻找并认可社会共同的思想政治价值观念。其次，参与式活动的构建要坚持实践性原则，以实践为导向，有组织、有目的地引导学生参与到政治生活、经济生活、文化生活、社会公共事务中，通过理论联系实际的"有用性"来增强学生对公共参与的兴趣，使学生在参与的实践中不断提高自己的公共参与意识，并在公共参与实践中不断将其内化为自身的优秀品格，在社会中外化为具体的公共参与行动。因此，中学思想政治课程不应只注重思想政治知识的传授，还需强化实践环节，重视以教学实践、社会实践和学生的自主探究等方式来提高、巩固中学生的公共参与素养。只有在实践中，学生的公共参与意识、知识与能力才能够得到展现，学生的主观认识才能够见之于客观行为，其潜在的公共参与意识才能够被充分开发。再者，参与活动的构建要坚持开放性原则。参与式思想政治课堂应是开放的课堂，既要允许学生在参与过程中有自由选择、自主探究的权利，又要允许学生存在立足于自身参与体验的独特认识。只有学生在参与中形成了切身体会，才能避免留下空有参与形式而非参与活动中的体验感悟及意义印象的形式化参与，使公共参与的认识与体验真正深入人心；另外，开放的课堂还能够将课堂由校园延伸到广阔的社会空间中，为学生的参与提供更为广泛、丰富的素材，也使广大学生的参与立足于生活，能够融入社会，走向现实。因此，参与式思想政治课程的参与活动不应仅仅局限于课堂中的辩论、角色扮演等方式，还应广泛联系社会实践，鼓励通过开展专题调查研究、提供公共服务等方式，拓展学生的参与范围，巩固和深化公共参与认知，不断提高学生的公共参与意愿和能力。

第三，坚持课堂参与和社会参与相结合的开展方式。在思想政治课堂教学中，教师应积极设置参与环节，使学生在参与中更好地理解知识。如在《政治生活》"公民的政治生活"这一单元中，教师可使用案例教学、情境教学等多种教学方式，通过选取典型的公共参与案例、创设情境再现公共参与实践，将学生带入特定的公共参与氛围和实践中，将教材中较为抽象的公共参与知识以生动形象的方式加以展现，便于加深学生对民主选举、民主决策、民主管理、民主监督等方面的公共参与知识的理解，同时，还能够贯彻理论联系实际的原则，使教育回归生活，使学生更好认识到生活中哪些行为是公共参与，自己可以以何种方式参与到公共生活中，培养学生积极进行公共参与的权利意识和责任担当。同时，教师还要主动推动学生的社会参与，使学生更好地将所学的公共参与知识运用到社会实践中，在社会实践中加深对公共参与知识的理解。在实际生活中，由于很多学生大部分时间都待在学校里，对社会事务缺少正确认识，总认为自己距离真正步入社会还很遥远，社会上的事轮不到自己管，也没什么可管的，导致主动参与公共生活的意识、态度和能力缺乏。其实不然。良好的社会环境除了需要政府部门及相关工作人员切实履行职责、进行维护之外，也离不开每一位公民的积极参与。公民主动参与到公共生活中，积极提出意见建议，监督相关部门履责，通过服务行为推动社会向好向善发展，是优化社会治理的一个重要方面。而中学生作为向成年人过渡的公民，已经在很大程度上具备了公共参与能力，很多社会事务也都在中学生力所能及的范围内。对此，教师要向学生明确其参与公共生活的各项权利和责任，充分挖掘教材中呈现的公共参与知识并对其进行拓展延伸，鼓励并推动学生关注社会生活，善于发现生活中存在的不合理现象，通过自身所学知识进行解释、用实际行动推动问题的解决。如教师可鼓励学生从关注校园建设出发，主动关注学校信息公开情况，积极参与到改善学校环境等方面的建设活动中，通过校园实践形成了一定公共参与认识，再逐步向社会延伸，引导学生关注自己生活的农村或社区建设，如关注村委会、居委会信息公开情况，善于发现社区中存在的垃圾分类、乱停乱放等问题，积极向村委会或居委会建言献策，配合村委会或居委会进行公共事务的宣传或普及等，使中学生能够将所学的公共参与知识运用到社会生活中，并在社会生活的实践中更深刻、更灵活地掌握公共参与知识，不断提高自身的公共参与意识和参与素养。

第二节　"共同体"理念：培育中学生社会责任精神

一、"共同体"理念溯源

"共同体"思想源远流长，是特定历史背景下人类在生存困境中对个人主义思想的反思、对集体主义思想的探寻。早在古希腊亚里士多德的"城邦"政治论述及中国春秋战国时期的"和合文化"等论述中，就已或多或少地初步展现了"共同体"思想的内涵。到了 19 世纪,德国社会学家费迪南·滕尼斯首次使用了"共同体"这一说法,使得"共同体"开始成为一个独立的概念进入研究领域。此外,班纳迪克·安德森和艾米尔·涂尔干还分别从民族文化根源与社会心理、社会结构等方面对共同体理念进行了阐述。总的来说,不同学者对"共同体"作出的论述虽有所不同,但大致可分为基于自然传承的风俗习惯而形成的情感共同体、共享种族身份或特定价值而彼此依存的权利共同体、基于特定的任务或目标而聚集并展开共同行动的任务共同体或目标共同体三种①。而马克思主义唯物史观中蕴含的丰富思想,也推动了"共同体"理论的进一步发展。马克思认为:"人的本质是不是单个人固有的抽象物,在其现实性上,它是一切社会关系的总和。"② 由于人是自然属性和社会属性的统一体,而社会属性是人区别于动物的根本原因——人需要依赖社会集体处于一定的社会关系中,在与他人、与社会不断发生关系中界定自我存在的意义并发展自我。因此,人必定存在于某种由共同纽带联结起来的生活有机体中,小至家庭、大至国家、世界,它们对人的存在和发展都有其特殊的意义。

"共同体"立足于对个人主义的反思,将个体囊括其中,并根据相应的性质划分赋予成员不同的身份和存在意义,促使成员意识到他除了自我之外,同时还以集体的形式存在着,强调个人在集体中发挥的作用及相应的公共利益维护。这个身份既赋予了个人在其所处的共同体中享有资源和福利的权利,也意味着个人作为一名成员需要在共同体内承担相应的责任和义务。因此,在同一个共同体中,成员与共同体"同生死,共命运"——既能共享集体成果,又需共同承担相应的后果。也正是因为这样,每个共同体成员都需要为集体建设、公共利益付出个人努力,积极承担责任,通过推动共同体更好发展来促进自身的发展。如今,"共同体"理念已被广泛运用到各个领域中,越来越多的领域倾向于向其成员渗透"共同体"思想来促进其自身的发展。同时,"共同体"理念也对现代国家治理、社会治理产生了深刻影响,

---

① 王亚婷、孔繁斌:《用共同体理论重构社会治理话语体系》,《河南社会科学》2019
年第 3 期,第 37 页。

② 马克思、恩格斯:《马克思恩格斯全集》第一卷,人民出版社,2012,第 18 页。

人们越来越强调用"共同体"理念来推动国家的治理和发展。

二、培育中学生社会责任精神的必要性

社会治理共同体的构建，就是为了在国家治理中进一步明确多元治理主体的权责分配依据、运行机制、实现共同体目标中的地位和作用，从而转变当前社会治理共同体建构中存在的不足之处，推动共同体美好生活目标的最终实现的做法。社会责任精神，是责任主体主动承担对自身、他人和集体责任的内在认知，是责任主体所具有的自觉履行社会责任的习惯和素养，并往往能在实践中转化为自觉承担社会责任的行为，是对人与社会关系的一种反映。而社会属性作为人的根本属性，使人无所不在集体之中。作为生活在同一片华夏大地上、拥有相同血脉的炎黄子孙，中华民族就是一个"共同体"。从现代化角度看，每一个中华儿女都是中国这一社会治理共同体的成员，而中国这一社会治理共同体的建设和发展需要每一位中华儿女通过主动承担对共同体的责任来推动。这就要求中华儿女需要具备较高的公共参与意识与社会责任意识。而培育中学生的社会责任精神，在激发中学生的集体意识以推动中学生更好参与公共服务与社会主义现代化建设方面具有重要作用，既是对"共同体"理念的继承与运用，也是由我国的社会治理现状和素质教育的要求所决定的。

（一）有助于提高社会治理水平

从外部环境看，经济全球化推动了世界各国在经济、政治、文化等各个领域的交流与融合，同时，又因为人类共处于地球这一共同体中，人类的命运在根本上是紧密相连、荣辱与共的；同时，世界的加速融合也带来了更多的全球性挑战，如霸权主义和强权政治在世界范围的扩张使得发达国家对发展中国家的渗透与分化加剧，西方国家标榜"普世价值"、鼓吹"人权至上"、质疑"中国道路"、抛出"中国威胁论"的行径也严重损害中国的形象。为展现中国坚定走和平发展、合作共赢道路的诚意，在提高中国自身的社会治理能力的同时优化外部发展环境，我们不但需要坚持走中国特色社会主义道路，而且需要将中国特色社会主义道路走好，方能通过展示社会主义制度在中国焕发的生机与活力，增强中国在世界的话语权。

从国内环境来看，中国特色社会主义步入新时代，经济建设、民主法治建设、思想文化建设等各个方面都取得了较大的成就，但也还存在着许多不足，面临着不少困难。在社会治理方面，国家治理体系还有待完善、治理能力有待加强，只有不断推进国家治理体系和治理能力现代化，打造共建共治共享的社会治理格局，才能更好推动中国梦的早日实现。对此，党的十九届四中全会对十九大中社会治理的内容做了详细阐释，明确提出社会治理是国家治理的重要方面，要构建"人人有责、人人尽责、人人享有的社会治理共同体"，旨在通过完善制度的顶层设计来提升多元主体参与社会治理的有效性，共同推动社会走向"善治"①。而社会治理作为一个由多元主体对社会事务进行多维度治理的过程，还需要整合多元化的社会力量，通过公民的主体意识、责任意识、公共参与意识的提高和参与行为的践行，共同推动我国社会治理现代化的实现。

中学生是国家的未来，是进行社会主义建设的后备军，他们的社会责任精神在很大程度上影响着他们的公共参与行为，而中学生的公共参与又在很大程度上预示着我国的民主政治建设和社会治理的发展情况。对此，培养中学生的社会责任精神，正是帮助中学生更好形成对社会负责的态度与实践能力，自觉将其转化为良好习惯加以长期坚持，促进我国社会治理水平的提高，更好、更快推动中国梦的实现的一个重要方式。

（二）有助于促进个人全面发展

通过中学思想政治课程来培育中学生的社会责任精神，不仅是培育社会主义现代化建设合格接班人的内在需求，也是我国素质教育的重要内容。培育中学生的社会责任精神，首先有助于中学生正确看待个人与集体的关系，增强集体意识，从而使学生形成较强的社会责任感，愿意主动参与到社会事务中；其次，有助于激发学生对公共参与的热情，促使学生不断丰富自身的公共参与认知，更好地了解公共参与的方式，为未来有序的公共参与做好准备；再者，有助于学生更好地明确自身的权利与义务，认识到自己也是国家的一分子，可以为国家建设奉献出自己的年轻力量，从而更好地树立主人翁

---

① 张国磊、马丽：《新时代构建社会治理共同体的内涵、目标与取向——基于党的十九届四中全会〈决定〉的解读》，《宁夏社会科学》2020年第1期，第12页。

意识，积极投身于社会主义现代化建设的实践和社会治理中。因此，培养中学生的社会责任精神，既能够使中学生具备较强的社会责任感，塑造良好的个人品格；又能帮助学生明确自己在社会主义现代化建设中的角色和使命，勇于担当，在发挥自身聪明才智和履行社会义务中实现自我价值和社会价值的统一，从而促进自身的全面发展。

三、培育中学生社会责任精神的方式

对中学生而言，他们的大部分时间都是在学校度过的，进行知识学习是他们的主要任务，需要主动参与到社会事务中的情况较少。因此，中学思想政治课程成了中学生接收社会责任知识、培育社会责任精神的主要途径。然而当前我国中学思想政治教育课程中还存在着课堂本位、应试为主、重理论轻实践等问题，导致在培育中学生的社会责任精神方面效果不明显。对此，要使中学生的社会责任精神的培育在思想政治课程中取得实效，就必须注意在教学重点、教学内容、教学方法等方面的变革。

（一）挖掘责任知识，明确学生的社会责任

社会责任精神作为人的一种内在品质，往往是在相关的知识获得、情感体验、社会实践中形成的。而社会责任精神不同于其他知识之处还在于它需要通过责任主体的社会责任行为来加以体现，而非通过考试来加以衡量和判断。因此，在当前"素质教育为名，应试教育为实"的教育环境中，中学思想政治教师在课堂授课中往往将选拔应试作为教学的主要目的，片面强调与考试相关的知识点的识记和掌握，在一定程度上忽视了对社会责任精神和知识的深入挖掘，使学生的社会责任精神培育处于一个可有可无的伴随状态，甚至在中学生社会责任精神培育方面根本没有将其纳入教学目标中加以传授，导致学生在很大程度上虽能够习得课本上的思想政治知识内容，却难以将其与具体的生活实际相联系，更谈不上感悟自身所承担的社会责任，重视自身社会精神的培育。

中学阶段的思想政治课程应重视其"立德树人"的根本任务，以帮助学生形成良好的思想品德、确立正确的政治方向、增强社会理解和参与能力。对此，中学思想政治教师首先应转变传统的教学观念，深刻认识到中学生的

社会责任精神对于中学生公共参与的重要性，在授课的过程中重视公共参与知识的传授，强调社会责任精神重要性，突出社会责任的践行，明确中学生可以参与的公共事务范畴及其应承担的社会责任，从而帮助中学生在明确自身责任的前提下增强社会责任感；其次，教师要能够充分挖掘教材中蕴含的丰富资源，结合内容明确设立培养中学生社会责任精神的教学目标，选用恰当的教学方法，对教材中有助于培养中学生社会责任感的显性要素进行充分挖掘，如结合《政治与法治》中公民依法行使权利参与到政治生活中的事例，通过关注、监督政府的工作情况、村委会和居委会的工作情况等让学生在学习中体会主动参与民主决策、民主管理、民主监督既是公民享有的权利也是其义不容辞的责任，激发其对公共参与的积极性；同时重视开发培养学生社会责任感的隐性要素，如通过设立时政新闻播报、社会热点诸如"社区垃圾分类现状"等问题的讨论，善于启发学生思考、联系生活进行反思，以便更好地引起学生共鸣，使思想政治课程教学中的知识内容成为推动学生重视自身社会责任精神培育、关注公共生活、参与公共生活的重要力量。

（二）设置课堂反思环节，增强学生的社会责任感

当前，在社会范围内，随着经济的发展和世界的加速融合，多元文化也在不断冲击着我国的文化环境。享乐主义、拜金主义等腐朽文化的出现使得中学生认知中固有的奉献精神、责任精神受到冲击，在一定程度上导致了中学生的思想困惑和价值迷失；而随着网络平台的日益开放，中学生获得消息的途径增加、速度加快，不少抨击我国的政治制度、思想文化的观点和声音不加筛选地进入了中学生耳中，加上一些媒体中大肆渲染的"偶像明星偷税漏税""官员贪污"等新闻的出现，在一定程度上非但没有增强学生对社会主义法治的认同感，还使中学生更多地关注到了"社会阴暗面"，对新闻曝光外的千千万万其他工作人员的工作目的产生质疑，也在一定程度上使其对主动承担社会责任的意义产生了怀疑，动摇了中学生的责任根基，模糊了中学生的社会角色。而在学生的学习生活中，由于中考、高考在无形中强调了只有通过竞争才能获得更好的教育机会，学生群体也出现了"一心只读圣贤书"，片面强调个人理想、过分看重个人得失、重视自我责任而不重视集体责任的情况。

对此，在思想政治课堂教学中，教师要充分运用多种教学方式，如案例分析、情境设置等，使学生在联系生活实际的情境中进行分析、反思，引导学生在价值冲突中识别观点，在比较冲突中确认观点，既能看到社会生活中社会责任感方面存在的不足，又能够正视社会责任精神的重要性，通过体会主动参与社会生活、承担社会责任对个人、家庭及国家的影响，在反思、探索中明确从自身做起、主动承担社会责任、积极参与到公共生活中的重要作用，从而促使学生形成正确的责任价值观。课堂反思环节的设置有助于中学生将所学的社会责任知识与生活中的责任呈现实际相联系，主动进行思考探究，也有助于教师及时发现学生存在的困惑、为学生提供正确的责任指引，从而帮助中学生正确地认识社会责任、主动参与到社会实践中，促进中学生社会责任精神的形成与自身综合素质的提高。

（三）在实践中提高责任意识，促使社会责任精神形成

在中学思想政治课程中，中学生的社会责任精神是在"知—情—意—行"四个相互连接的环节中逐渐形成的。其中，"行"——实践，这一环节起着至关重要的作用。它既是中学生社会责任精神的具体体现，又是中学生社会精神对社会发展产生作用的必由之路。也只有在实践中，中学生的责任精神这一主观意识才能够通过主观见之于客观的实践活动转化为责任行为，学生才能算是真正参与到公共生活中，在对公共生活产生一定影响的同时促进自身公共参与能力的不断提高。当然，中学生的社会实践反过来也将有助于学生在实践中获得直接经验，从而促进学生社会责任知识的吸收与意识的提高。

中学生进行公共参与、培养社会责任精神的实践的种类丰富、形式多样，教师在这一环节中，应注重联系生活实际，鼓励学生从参加志愿服务、关注社区信息公开、政府政务公开、主动参与到民主管理和民主监督等中学生力所能及的事情出发，推动学生在社会实践中深化对社会责任的认识，将社会责任精神转化为自身的良好素质及行为习惯，自觉以社会治理共同体中的主体身份参与到社会治理中。例如，在2020年初全国范围发生的新冠肺炎疫情中，我国在意识到问题的严重性后迅速做出反应，在全国范围内关闭公共场所，要求全国人民自行居家隔离，取消春节走亲访友等活动，避免聚集

导致的新冠肺炎疫情的传播。此时，中学生作为青少年群体，虽然尚未能够参与到具体的防疫工作中，但是能够通过新闻、学校通知等方式对新冠肺炎形成正确认识，意识到新冠肺炎传播对人民的生命安全造成的重大影响与损失，主动放弃假期出门游玩的机会，自觉居家隔离，避免自身感染新冠肺炎并进一步造成快速传染影响他人的生命安全的行为，就是具备了一定社会责任精神的表现。然而，因居家隔离影响到了大部分人正常的社交生活，导致人们在很大程度上是难以自觉做到的，尤其是一些年纪较大、文化水平不高的中年人及老人，面对国家的态度仍是不以为意，认为新冠肺炎是存在于电视新闻里的报道，距离自己非常遥远，不会发生在自己身上。且由于国人没有戴口罩的习惯、固守"走亲访友"的传统习俗等原因，导致一部分人们对专家要求的"戴口罩""勤洗手""不聚集"等要求心存抗拒，不予执行。而中学生作为知识群体，如果能够发挥自身努力学习、尊重知识的学生本质，及时接收新冠肺炎疫情防控知识，主动说服并引导家人自觉接纳并做到"勤洗手、戴口罩"，阻断疫情传播渠道，防止不必要的感染，在保护自身生命安全的同时也是在践行社会责任，是从自我做起、从保护自我开始，帮助更多的人避免感染，促使国家范围内减少大面积增加感染人群，快速将新冠肺炎疫情控制下来的表现。对此，教师要充分意识到疫情当中存在的教育机会，通过线上教学等形式，让学生在实践中明确自身的社会责任和主体力量，给学生上一堂生动的疫情教育课，使学生在实践中对作为一名公民应承担的社会责任有更为深刻的认识，不断增强社会责任意识，形成社会责任精神。

第三节　服务学习理念：强化中学生公共精神培育

一、服务学习理念的由来

服务学习理念最早起源于美国，是基于当时文明发展程度较高但社会道德腐败问题严峻的背景下，在 20 世纪 80 年代提出的一种使社会服务与课程学习相结合，鼓励学生通过社区服务来参与社区建设，更好地将所学理论知识与实践相联系，并在实践过程中通过经验反思推动知识的深入理解和社会责任感提高的学习方法。20世纪90年代后，服务学习发展迅猛，被看作是教育变革的重要动力，并被逐步纳入美国、加拿大、德国、日本、新加坡等国家高校的高等教育课程计划中，得到了发达国家的普遍认可。

在服务学习理念中，从服务角度来看，服务学习主要围绕社区这一单元开展，但又不仅限于社区。学生作为主体是在自愿的基础上为社区等服务区域提供无偿服务的，因此在广义上具有社会性、公益性的特点；同时，学生的服务学习需要满足社区等服务区域的现实需求，即学生在服务过程中要充分调动所学知识，结合现实情况，提供一定质量的服务，从而实现"学以致用"的目的。而在此过程中，服务实践使学生充分体验到自己的思想行为与社会要求之间的差距，通过反思深化对已有知识的认知，认识到自身的不足之处，并通过学习不断补充有所缺失的知识，从而不断提升自己的思想认知水平与服务技能。而学生在服务他人的过程中，也能够更为深刻地了解社会需求与现实问题，增强自身的社会责任感，从而实现道德素养的提升。从学习角度看，服务学习理念为学生提供了校外实践的学习新方式，使学生摆脱了传统思想政治课程实践中由老师负责安排、学生负责操作的主题和内容，能够充分发挥自身主观能动性，结合实际情况开拓创新，从而主动进行自身思想品质的构建；其次，服务学习理念也将学生的学习融入具体的生活实际中，除了使学生加深对所需使用知识的理解外还促使学生在与他人交往、为他人服务中学会与他人交流、站在他人立场上思考问题，有助于提高学生的人际交往水平和能力。

因此，服务学习理念是把"服务"和"学习"二者有机结合在一起，使其互为条件的一种新的学习方法，强调"服务"与"学习"并重，服务是学习的起点，学习是服务的目的；同时，服务学习既注重学生服务意识的提高，也注重其学习能力的培养，并在其中融入创新精神和社会责任感的培养，在帮助中学生有效参与到公共生活中、强化中学生公共精神培养方面具有借鉴意义。

二、在服务中强化中学生公共精神培育的重要性

习近平总书记在党的十九大报告中对青年提出了殷切希望，"青年一代有理想，有担当，国家就有前途，民族就有希望，实现我们的发展目标就有源源不断的强大力量"①。中学思想政治课程的设置目的就是为了更好培养合格的社会主义公民，而中学生作为未来公民的后备军，其公共参与素养将在很大程度上影响我国的社会发展。公共精神作为公共参与素养的一个重要方面，主要涉及中学生作为实践主体主动融入社会公共领域，在认同和遵守社会公共准则、自觉理性参与公共事务、积极有效增进公共利益方面的以身作则和在致力于担当相应社会公共责任中实现自我价值的精神样貌、实践行动。对此，在服务中强化中学生的公共精神培育，既是我国社会发展的需要，也是促进中学生全面发展的要求。

（一）"全心全意为人民服务"宗旨的必然要求

我国是人民当家作主的社会主义国家，"全心全意为人民服务"是中国共产党的宗旨，实现好、维护好、发展好最广大人民的根本利益是党一切工作的出发点和落脚点。只有坚持人民的主体地位，才能更好巩固党的执政地位。然而要做到以人民为中心、为人民服务，就需要了解人民在生活中遇到的问题，并切实为人民解决好问题。因此，立足于"全心全意为人民服务"的宗旨，中学生作为社会主义事业的建设者和接班人，就需要将"为人民服务"的宗旨要求在理解的基础上内化于心，然后在具体的实践中外化于行。强化中学生的公共精神培育，是指鼓励中学生参与到公共生活中，将所学知识加以运用，从而提高自身公共理性、遵守社会公共准则、不断提高公共参与意识的过程。而在服务学习中，学生的服务不仅可以解决社区等服务区域的实际问题与需求，而且可以使学生在参与过程中获得公共参与的体验，提高公共参与认识，是与服务学习的理念相契合的。同时，践行服务也是中学生对中国共产党"全心全意为人民服务"宗旨的继承，是主动参与到公共政治领域、积极承担公共社会责任、发挥人民主体作用的重要表现，也有助于

---

① 习近平：《决胜全面建成小康社会，夺取新时代中国特色社会主义伟大胜利——在中国共产党第十九次全国代表大会上的报告》，人民出版社，2017，第70页。

中学生更为深入地了解和继承中国共产党人的优良品质和奉献精神，从而紧密团结在党的领导周围，发自内心地拥护中国共产党的领导，认同我国的社会主义制度。

（二）促进社会良性发展的重要举措

公民有序参与公共事务是建设社会主义政治文明的内在要求，是形成和谐民主的政治局面的必要条件之一，而公民有序参与公共事务的实现离不开其公共精神的增强和公共参与能力的提高。中学生是青年一代的象征，他们对待公共事务的态度及行为在很大程度上预示着我国民主政治的建设与发展情况。由于公共精神是建立在公民对社会的认识之上的，而其对个人言行举止和行为习惯的影响也是巨大的，能够成为影响人们公共参与行为的强大力量和推动社会发展进步的精神动力。因此，通过服务学习强化学生的公共精神培养，有助于使学生通过参与社区服务与社区治理活动进一步了解民生和我国社会治理现状，尽个人最大努力为他人排忧解难、解决实际问题，从而能够使他们自身在实践中获得对公共参与的认知，以及在一定程度上缓解社会压力与社会矛盾，使国家层面难以顾及的微观个人问题和基层治理问题得到协助或解决，也在完善社区服务的前提下不断提高人们对国家治理的认可度，推动社会的发展进步。

（三）锻造个人优秀品格的必由之路

服务学习理念使中学生脱离了传统的思想政治课堂教学，进入社区等服务区域，使学生在实践中提高独立思考问题的能力以及掌握运用所学的知识接受新事物的思想。服务学习首先能够帮助中学生在一定程度上摆脱应试教育死记硬背的牢笼，获得亲身体验，做到理论联系实际，学以致用，使学生不再眼高手低，提高自身对知识的运用能力和在创新中解决问题的能力，不断增强自身的综合素养；其次，中学生在进行服务的过程中需要和各种各样的人打交道，既要和同伴进行合作交流，又要面对不同的服务对象和服务群体，需要使用不同的沟通、处理方式，这在很大程度上能够帮助中学生提高人际交往能力与沟通能力；再次，服务学习使中学生成了服务区域的一个重要组成部分，无论是维护秩序、环保宣传，还是帮助有困难的群体，如对无家可归的流浪汉、贫困家庭、独居老人等送上关怀和帮助，都能够在很大程度上培育学生的奉献精神，使学生在服务的同时获得心灵的触动，形成强烈的社会责任感，从而不断提高对社会公共事务的关注度和自身的公共参与素养。

三、在服务中强化中学生公共精神培育之应用

在当前的中学思想政治课程教学中，服务学习隶属于活动性课程，是鼓励学生在校外进行公共服务而获得一定的学习体验、深入了解所学知识和提高社会责任感的一种教学模式。在此过程中，中学生作为服务主体主动融入社会公共领域，在承担社会公共责任中践行服务行为，在服务的过程中了解社会公共准则、增进公共利益，在为社会奉献中实现自我价值，均有助于学生强化自身的公共精神。然而，由于思想政治课程在教学上的一些局限性，一些教师虽要求学生开展服务学习活动，却对服务学习活动的设计、对学生的引导和评估缺少正确认识，从而导致了一部分学生服务意识不强、服务流于形式、学习过为表面化等现象。对此，在服务中强化中学生公共精神培育，应从以下几个方面开展：

（一）学生逐步拓展的生活是服务学习基础

处于青春期的中学生，正是身心快速发展的阶段，其自我探索意识和对社会的关注度都在逐步提高；同时他们也处于社会化的一个关键时期，随着学习范围的扩大、生活范围的拓展，中学生需要掌握的知识、技能越来越多，个人与他人、个人与集体、个人与社会等各个方面的关系越来越多地摆在中学生面前，需要他们正确面对，学会处理。

人的公共参与素养和公共精神是通过对生活的认识和实践逐步形成的。服务学习作为强化中学生公共精神的重要方式，也是中学生学习处理个人与他人、个人与集体、个人与社会关系的极佳途径。因此，中学生公共精神的培养必须要从实际出发，密切联系学生的生活实际和思想实际。只有贴近学生的生活实际，才能够使其在服务实践中获得内心的触动，引起情感上的共鸣，从而进行深刻反思，取得良好的教育效果。因此，教师在设置服务学习任务时，应当以学生逐步拓展的生活为基础，避免给予学生明确的指令性目标，转为设置范围性的公共服务要求，使学生在享有自主性的同时有意识地

融入社会生活中，自行了解社区等服务区域的现状及存在的问题，善于发现生活中的需求和服务，思考"我能做什么"及"我该怎么做"，从而实现让学生参与到实践主题的选择、实施方案的制定和所需材料的准备中。同时，只有密切联系中学生的思想实际，才能使服务学习立足于切合学生认知的基础上，引起学生的好奇心，促进学生自主探究，在学习的过程中自觉注重对他人、集体和社会关系的处理，逐步形成服务意识和公共精神。

（二）加强思政方向引导与注重服务学习相结合

通过服务学习加强中学生公共精神培育，需要立足于中学生思想发展的灵活性、可塑性等特点，注重中学生在心理、智力、综合能力等各方面发展潜力的开发，在尊重中学生的选择和各种生活关切的同时，要能够恰当地给予学生引导，从而帮助他们认同正确的社会公共准则，把握正确的政治方向，积极有效地增进公共利益。换句话说，就是要着眼于中学生的特点，处理好思政方向引导与服务学习二者的关系。

加强思政方向的政治引导，就是要通过学生的服务，旗帜鲜明地向学生提供正确的价值标准——立足于中国特色社会主义制度，主动服务，奉献社会，增强学生的政治认同感，帮助学生强化公共精神和公共参与素养的培养，通过中学生主动参与到公共生活中的行动推动社会治理的向善向好。而注重服务学习，就是要联系中学生的服务实际，引导学生积极进行反思，提高学习的实效性。思想政治课程首先要把回答和解决社会实践中存在的问题作为服务学习的重点和立足点，让学生知晓国家、社会的发展状况，把握自己的生存发展环境和存在的社会价值，使中学思想政治的服务活动可以更具有社会性、体现时代特点；同时，思想政治课程中的服务活动最终又要使学生从服务中回到学生生活中，将其作为连接中学生与社会的桥梁，从而为思想政治课增添生活色彩和生活气息，反映生活本质，增强对学生的吸引力。

（三）热心志愿服务，强化公共精神

中学生公共参与范围广阔，关心、了解国家的政治、经济、文化发展现状及社区公共事务，积极投身到相关的实践中以影响社会发展，都是中学生公共参与的表现。其中，志愿服务是中学生服务学习的一个主要组成部分。然而，大部分中学虽设置了相应的综合实践活动，却由于课堂本位教学观念的影响使学生往往只注重个人成绩的提高和对应学分的获得，或者将志愿活动作为学业压力外的放松途径，往往只是为了完成课程要求、获得相应学分而参与其中，并没有促使学生自身的服务意识和公共精神得到应有的提升。

事实上，由于志愿服务是公益性的服务活动，从根本上确立了服务者的动机不会掺杂其他因素，能够引导服务者自觉树立责任意识和奉献精神。而学生如果能自觉参与志愿服务，不但有助于其责任意识和奉献精神的形成，还能够更好地彰显其自主意识，根据在实际志愿服务中的体验提出独到的见解和解决问题的方法而非一味地沿用书本知识和经验，有利于学生创新精神的培养；同时，如果志愿服务的范畴与学生的兴趣爱好相一致，则更能激发学生的学习动机，推动志愿服务取得更好的效果，因此学生自觉参与到志愿服务中具有重要意义。所以，教师在进行思想政治教育时，在鼓励学生进行服务学习的同时要主动将其与更大范围的志愿活动相联系，帮助学生了解服务学习的形式多样及意义重大，从而鼓励学生热心公益活动，积极参与志愿活动。如在进行社区服务方面，教师可以鼓励学生以小组的形式参与到社区服务中，通过调查研究，与社区管理者进行沟通，自行制定社区服务主题与计划，再开展相应的公益活动，如协助做好社区保洁、规范停车、规范垃圾分类工作等，也可通过社区公告栏进行法规宣传、环保知识宣传、公共安全知识宣传等，在服务中体味课堂所学知识与生活实际之间的联系，更好地促进相应的知识吸收，在服务中提高民主管理意识和公共精神。同时，学生也可以将服务学习理念运用到更广阔的社会中，如到敬老院看望老人、在生态环境脆弱的地方植树造林、参与到维护交通秩序、助残扶弱等活动中，通过自身的实践，体会个人的公共参与对他人造成的影响、对社会良性运行带来的影响，结合现实生活中的需求来增强自身的社会责任感，养成服务和奉献的良好习惯。但在此过程中，教师要注意对学生的社会实践的准备和计划给予跟踪指导，对学生在服务中的学习体验和总结进行及时评价，以促使学生的服务和参与成为行之有效的服务学习环节。

（四）重视经验反思，在总结中提高服务水平

在服务学习过程中，中学生固有的思想和行为转变的改善，是在其社会实践的过程中循序渐进地发生的。中学生公共精神的形成离不开其自身在服

务过程中的总结和经验反思，也需要通过教师及他人对其服务行为的评价来获得新的认识。

因此，对学生个人而言，反思环节是服务学习的重点环节，必须融入服务的全过程中。学生进行经验反思的过程，实际上就是其思想得到提高、感情得到升华的过程，也只有对服务活动进行全面的回顾和反思，学生才能将服务体验系统整合为服务经验，为今后的服务活动提供借鉴和指导。否则，缺少反思的公益活动、志愿服务，学生的服务学习就仅仅只是完成了"服务"任务，而没有进行"学习"。对此，中学生在进行服务学习的同时，既需要在服务过程中不断进行反思，调整自身的服务行为使之不断符合现实的需要；也要在事后及时进行总结，反思自己是否在"准备—计划—行动—总结"中均完成到位，反思自己在志愿服务中的收获等，从而不断促进自身公共精神和公共参与素养的形成。而对教师来说，及时对学生进行评价有助于学生了解自身在服务准备、服务践行过程中存在的优点和不足之处，能够清楚地认识自己、客观地看待自己，认识到自身行为与所要达到的思想标准之间的距离，从而进行行为纠偏，向更高的目标迈进。当然，在实际情境中，由于学生的生活背景、服务目标等方面可能存在较大差异，教师对学生的服务学习进行实时跟踪评价可能较为困难。对此，教师应尽可能地克服困难，在"准备—计划"阶段充分了解学生的服务学习内容，在活动开展前给予学生相应的评价，帮助学生做好心理预设，避免在服务过程中出现不必要的问题；而在学生践行服务的过程中，应对学生在服务的形式、内容、时间、质量等多个方面进行综合考量，尽可能地对学生的公共服务进行预判；在对学生开展的服务活动进行全面了解后，通过观察、访谈等形式来考察学生对知识的理解、运用及解决问题的能力，及时给予学生在服务过程及效果方面的评价，激励学生开展服务学习，促进学生的全面发展。

第四节　体验学习理念：激发中学生公共参与热情

一、体验学习理念的发展历程

体验学习理念经历了较长一段时间的发展，最早可以在苏格拉底的"产婆术"中找到其关于知识、思维、情感等多方面体验的思维萌芽。随后，卢梭认为孩子的学习应该贴近自然，使情感教育先于理性教育的自然主义教学思想和杜威强调创设情境、以问题为导向引导学生进行自主探究的"从做中学"教学思想初步呈现了体验学习理念的特点。美国教育学家大卫·库伯的"体验学习圈"理论使体验学习理念成为一个独立的概念被提出，并建立了"具体的体验，观察与反思，形成抽象的概念和普通的原理，在新情境中检验概念的意义"四个要素组成的体验式学习模型①，其撰写的《体验学习——让体验成为学习与发展的源泉》一书也进一步推动了体验学习的研究和快速发展。而在我国，体验学习理念虽然早在春秋时期孔子的教学方式中就已经有所呈现，陶行知的"知行合一"理念中也包含着相关思想，但是在课堂教学实践中不受重视，直至近代学校课堂教学普遍出现了课堂本位、教学僵化、教学效果不佳等方面弊端时，体验学习理论才日益受到重视，被逐步运用到各个科目的课堂教学中。

所谓体验，就是指学习者通过亲身经历，在理解和感受事物中产生一定的情感认知，再将这种情感认知加以升华，达到内在心理认识和外在行为活动统一的过程。而体验学习则是将"体验"与"学习"紧密联系在一起的一种学习方式，即有目的、有计划地以一定的情境或活动为载体，学习者在亲身经历、感受、思考后，将自身感受加以内化，从而促进自身知、情、意、行相互统一的过程。在体验学习中，"体验"与"学习"二者相互作用、相互促进：学习者在进行体验的过程中，自我意识不断觉醒，在与自然、社会、他人进行互动的过程中不断加深对认识世界和改造世界的活动的认识并

①　杨育：《高中思想政治课体验式教学的探讨》，广西师范大学，2017，第2—3页。

形成属于自身的理解，从而影响了自身的实践活动和态度变化；而学习者对自我、对世界认识的不断提高又促进了其在体验中的更深层次的情感与认知获得，从而在不断循环、螺旋式上升中获得良好的学习效果。

在中学思想政治课程中融入体验学习理念，能够丰富中学思想政治课堂形式，使中学生在"亲身经历"后对公共参与有更为深刻的认识，在思考中将对公共参与的感受加以内化，从而不断地提高公共参与认识，激发公共参与热情，提高公共参与能力。

二、通过体验学习激发中学生公共参与热情的必要性

受"素质教育为名，应试教育为实"的教育环境影响，我国的中学思想政治课程在现实中还是以"教师讲授知识—学生掌握知识"的知识目标导向为主要教学方式，强调学生掌握并学会运用思想政治知识，却很少能够真正做到"使知识真正深入人心"，从而使思想政治课学习的内容难以切实转换为学生发自内心认可的涵养及践行的行为举止。而"公共参与"作为实践导向的中学思想政治课程核心素养，与其他核心素养相比更是处于不受重视的地位。然而，中学生公共参与素养的缺乏将导致学生对公共参与失去了解和热情，因此学生无法正确地、积极主动地参与到公共事务中，无法充分发挥主观能动性对客观的公共领域进行改造，因而更不可能对公共参与燃起热情，从而形成一个恶性循环，阻碍了中学生公共参与素养培育的实现。因此，激发学生的公共参与热情，作为刺激中学生产生公共参与意识、践行公共参与行动的首要环节，必须得到重视。而体验学习能够使中学生在积极主动参与的过程中充分激发其内心的情感认知，并使其在思考内化后对公共参与形成一个较为完整的认识，符合激发中学生公共参与热情的需要，将其运用到思想政治课程中能够在一定程度上促进中学生公共参与素养的形成。

（一）有助于学生建立公共参与新观念

中学思想政治教育课程是一门育人的课程，注重通过教学帮助学生塑造良好的世界观、人生观和价值观，树立远大理想和坚定信念。因此，在课程目标改革后，中学思想政治课程的情感态度价值观在三维目标中便得到了重视和凸显。然而，要在实际课堂教学中促进学生集体主义精神和正确的价值观形成，需要教师以丰富多样的授课手段来激发学生的学习兴趣，使学生在情感体验中获得情感需求的满足，从而让学生更好理解所学知识，促进"知情意行"的统一。而中学生的公共参与素养也是立足在这个基础之上的。

然而，当前不少中学生对公共参与都存在认知误区，不能正确认识公共参与，使得他们对"政治""公共事务"往往带有"枯燥乏味""严肃难懂"的刻板印象，导致中学生对公共事件的关注更倾向于娱乐、体育、网络游戏等方面的内容，而对社会民生、经济、政治等方面的内容较少关注，政治情感冷漠。因此，教师在培育中学生公共参与素养的课堂教学中融入体验学习理念，使学生通过活动的体验或生活的体验进行公共参与方面知识的学习，首先能够帮助学生在体验中化被动接受老师所讲的公共参与知识为主动认识探究。在这个过程中，由于学生的认知不再是通过简单的知识灌输或识记获得的，而是主动做出选择、自主探究获得的，能够使中学生在体验中增强对公共参与的兴趣，并使他们在自我探究的过程中获得更为深刻的情感体验，在自我反思中深刻认识到主动进行公共参与的必要性，从而增强中学生的公共参与热情，并推动其向公共参与行为的转变；其次，由于教师在培育中学生公共参与素养时融入了体验学习理念，学生在切实的体验中不但能够加深对具体体验方面的公共参与认识，还能通过主动获得的情感体验更加深刻地理解公共参与知识、运用公共参与知识和把握公共参与知识，进而对公共参与形成一个不同于过去的全新的认识，帮助学生建立公共参与新观念。

（二）有助于构建活跃课堂、激发学生公共参与的内在动力

正如马克思所说，"人的本质不是单个人所固有的抽象物，在其现实性上，它是一切社会关系的总和"①。因此，社会性作为人的第一属性，要求我们要将学习与社会生活紧密相连，才能使学生学习的内容发挥真正的作用，促进学生在社会中的成长。然而，许多学生自身并不注重公共参与素养的培养。究其原因，大致可归结于他们对思想政治课的不喜爱——一大部分学生认为思想政治课是无聊的课，学习内容抽象、单调，而老师在授课时也往往是照本宣科，片面注重知识的传授而不注重联系生活实际、激发学生的学习兴趣和内在认知，从而使学生认为所学的内容都是脱离生活实际的大话、空

---

① 马克思、恩格斯：《马克思恩格斯全集》第一卷，人民出版社，2012，第18页。

话，要完成学习任务只需按照课本内容读背即可。还有一些学生对思想政治课的不喜爱进一步升级为厌恶、抵制等情绪，从而特意与教师唱反调，不认同、不接受教师所教授和倡导的价值观念与行为规范。

学生的学习态度和学习动机影响思想政治课程的教学效果，也影响学生本人的思想道德素质、价值观念的形成。因此，在教学过程中，教师运用体验学习方法，通过"体验"这一环节让学生对公共参与形成自己的体验和认识，有助于增强学生对公共参与内容的兴趣和理解，激发学生从情感上去感受公共参与知识魅力的动机。例如，教师使用典型的公共参与案例作情景导入，能够让学生"身临其境"，从中进行感悟、探究，而在此过程中，学生是学习的主体，教师则从传统的"满堂灌"的绝对掌控者转换为学生学习的引导者，使学生能够根据自身的体验自主进行学习。同时，由于失去了教师灌输的外在压力，学生处于一个较为轻松、开放的环境中，充分享有自由探索的权利，其课堂积极性也会在"思维活跃—产生困惑—形成个人答案"中得到激发，从而使其在课堂中的发言、讨论、交流等活动增加，在良好的生生互动与师生互动中构建活跃课堂。再者，学生在教学过程中的主动性增加、在学习中主动将所学知识与自己的生活情感体验相联系，能够不断提高自身分析问题、解决问题的能力，从而使其获得一定的成就感，有助于学生将公共参与知识的学习从被动接受转向自我主动探索，从而不断激发学习的内在动力，激发公共参与热情。

（三）贯彻理论联系实际教育方针，更好推动社会发展

中学思想政治课作为一门德育课，其目的不仅在于培育学生的思想政治素养，更在于学生能够利用自身的思想政治素养指引行动、在不断改造和完善自我的同时推动社会的发展，成为一名合格的社会主义公民。这就要求中学思想政治课程在培养中学生公共参与素养中必须要坚持理论联系实际的教育方针，方能使中学生的公共参与意识转化为公共参与行为，在实践中影响并推动社会的发展。

然而，教材中呈现的公共参与知识是源于生活又高于生活的，在经过提取归纳成为系统的知识后，其理论性、抽象性增强，对中学生而言不借助直接的生活经验是难以理解和接受的；即使在字面上理解了，也难以发自内心

地认同并将其转化为联系生活的实践行为。因此，教师将体验学习理念融入中学思想政治教学中，是贯彻理论联系实际的教育方针的体现，能够为学生提供体验的机会与情感上的触动，将系统、抽象的公共参与知识通过体验进行内化，从而使学生的思想状态超越原有的道德情感标准，不断提高对公共参与的认同感。而中学生对公共参与的认同感及热情得到激发，促使其初步形成了公共参与知识的基本认识，从而在将自身认识运用在理论联系实际的实践过程中，深化自身对公共参与的看法和观点，使自身对公共参与的认识逐步深入、完善，从而使学生在体验中提高了自身的公共参与能力，主动投身于社会公共事务，通过自身行动推动我国公共社会的合理有序发展。

三、在体验学习中激发中学生公共参与热情的方式

激发中学生的公共参与热情，离不开老师在课堂中教学模式的创新与应用，更离不开老师对学生的引导。体验学习既需要充分发挥教师的主导作用，创设情境或使学生参与到社会实践中，引导学生进行体验，又需要学生充分发挥学习主体的作用，在体验中自觉增强自身的公共参与素养，激发公共参与热情。

（一）创设情境，模拟公共参与体验

由于中学生的知识来源主要是思想政治课程，因此，如何使课本中抽象的知识更加生动、形象，使学生能够发自内心的接纳，首先需要教师丰富课堂授课形式。在中学思想政治课程中，体验学习理念既可作为一个课堂环节，如导入、讨论、作业等融入思想政治课中，也可以以专题的形式开展，贯穿思想政治课始终。

1. 作为课堂环节激发中学生公共参与热情

一节思想政治课往往由导入、新课讲授、讨论、练习、总结、作业等多个环节组成，而体验学习可以以一个或多个活动的形式融入导入、新课讲授、作业等环节中。将体验学习作为思想政治课堂教学的一个环节，教师应遵循"创设情境—生成问题、促进探究—引导思考、总结评价"的流程。首先，教师在创设情境—生成问题环节，要立足于学生的需求，结合学生所处的年龄段、兴趣、行为习惯等进行情境创设，从而使学生在情境中能够将所

学的公共参与知识与已有的生活认知相联系，引起学生对公共参与的注意力，从而使学生在立足于自身生活经验的基础上触发感官体验，使其在与已有的生活经验相矛盾中进一步深入认识公共参与或在与自身体验相一致的情况下巩固对公共参与的认识，而非根据教师自身的主观愿景进行选择；同时，教师创设的情境应是生活中真实发生或可能发生的，具有指向生活、提供经验的导向，而不是教师为通过情境调动学习气氛进行的人为编造；另外，教师创设的情境还应具备一定的探究价值，能够引起学生的好奇心和求知欲，具有启发性，从而能够真正引起学生思考、调动学生思维，使学生在体验中生成对公共参与存在的认知问题，并进一步探究。其次，在促进探究—引导思考环节，教师应以多种形式鼓励学生进行探讨，如小组合作、同桌协作等，使学生在形成一定的疑问中能够将思维进行发散，与其他同学的不同思想进行碰撞，从而获得更为全面、深刻的认识；而在总结评价环节，教师应对学生形成的认识在求同存异的基础上进行归纳总结，同时还应引导学生将针对具体情境所得到的认识加以深化、拓展，与其他相关的生活实际相联系，从而帮助学生进行类比拓展，深入理解抽象知识，巩固体验后的知识、情感价值观，增强对公共参与的认同感。但教师在使用体验学习方法时应注意把握情境的适度性和丰富性，情境的使用不单单是为了让学生体验其中的乐趣，不是以观看影视、开展辩论、角色扮演的形式之丰富来判断课堂的丰富性，为了使课堂更有趣而不断填充体验环节，更多的是为了引导学生进行思考，使一个情境得到充分的挖掘，发挥其应有的教学功效。

2. 专题形式激发中学生公共参与热情

中学思想政治教育课程中蕴含着丰富的公共参与内容，因此，教师也可以通过讲解公共参与具体知识、分配角色、设置情景等方式对中学生的公共参与进行专题教学。以"模拟联合国"为例，它作为一个了解国际政治、拓宽国际视野的学生活动，在我国中学中已有 16 年的开展历史，是促进学生关注和了解国际事务的重要方式。在"模拟联合国"中，学生们通过学习联合国的运作方式和议事原则，以亲自扮演不同国家的外交官的方式对当今世界的热点问题召开会议进行讨论协商，并提出相应的议案进行表决。在此过程中，学生们作为"外交官"，需要充分了解"联合国"的运作方式和议事原则，针对探讨的问题提前研究背景文件，广泛搜集资料；而在会议中，

"外交官"可以在遵循基本活动流程的基础上充分发挥自身的主观能动性，结合自身代表国家的条件和立场提出相应观点，进行辩论，从而在民主协商中形成针对该问题的决议草案。因此，"模拟联合国"活动使学生置身于具体的情境中，在协商与交锋中进一步了解政治参与的过程及重要性，能够拓宽学生的国际视野，充分调动其对国际政治的热情，提升中学生的公共参与素养，在思想政治课程使用体验学习方法培养中学生公共参与素养中具有重要的借鉴意义。立足于"模拟联合国"的运作方式，我们也可以结合我国的政治制度进行借鉴创新，开创"模拟两会"的体验专题等，使学生将所学的政治参与知识加以充分运用，以扮演政协代表、人大代表的身份针对国内社会热点问题如"城市垃圾分类处理现状及建议"等进行商讨、提议，在模拟体验中进一步了解和体会中国特色社会主义的根本政治制度和政治协商制度发挥作用的方式，从而实现中学生心系国家、心系民生，不断提高自身的公共参与素养与热情的良好效果。

（二）进行公共参与实践，体验公共事务管理

中学生的公共参与热情源于公共参与实践，最终又指引学生回到公共参与实践中，方能在真正意义上实现中学生公共参与热情激发的目的。因此，通过体验学习方式激发学生的公共参与热情，可以从中学生的日常生活入手，通过分析、类比、迁移等方式，把中学生的校园生活和社会生活联系在一起，帮助同学们在深化已有的公共参与认识的基础上对抽象的公共参与知识进行拓展延伸。

例如，为加深中学生对《政治与法治》中"民主选举""民主决策""民主管理""民主监督"等方面内容的理解，教师在讲解的过程中可以联系中学生日常生活中的公共参与实践，使学生认识到"原来这就是公共参与""原来我还可以这样参与公共生活"，从而达到深化公共参与的认识的目的。首先，教师应利用好班集体这一载体，对学生进行公共参与渗透。学生大部分时间都处在学校中，班级是他们在学校学习生活的基本单位，参与班级事务管理是他们可获得的"公共参与"直接体验。因此，教师应将班干部管理班级的权利充分下放给学生——班干部由同学们通过直接选举产生，同学们对班集体中的事务进行集体决策、管理，对班干部的工作情况进行监督，从

而在为学生提供直接体验公共参与机会的同时，也向学生阐明其中蕴含的公共参与道理及意义，帮助同学们在公共参与、校园生活、班级日常之间建立连接，深化公共参与认识，并由小见大，使学生对社区治理、国家治理中的"民主选举""民主决策""民主管理""民主监督"等内容有更为深刻的了解，从而通过切身体验增强对公共参与的热情与积极性。其次，中学生还可以通过网络渠道对国家公共事务进行合理关切，监督有关部门公正执法，从而对行使公民权利、推动社会发展有直观体会，改变对公共参与的刻板印象，形成新的认识；再者，教师还可鼓励学生积极参与社区志愿服务活动，通过向有需要的人提供志愿服务，扩大中学生公共参与的平台，使中学生在不同的场合以不同的方式参与到公共事务中，在服务与奉献中获得公共参与新认识，在探索中激发公共参与热情。

第五节　探究学习理念：推动中学生走向社会课堂

一、探究学习理念简介

（一）探究学习理念的发展由来

探究学习理念在国外的研究成果丰富，最早可追溯到法国启蒙思想家卢梭的《爱弥儿》，他认为探究是儿童的天性，将儿童的天性视为最重要的课程资源，认为教师对儿童开展的教育活动应立足于尊重和发展儿童天性的基础上。美国的实用主义教育家约翰·杜威则是第一位将探究方法运用到学校教育中的教育者，他把探究定义为"有控制地，或有指导地，把不确定的事态变换成一个在区别成分及关系上十分确定的事态"①。随后，美国认知心理学家布鲁纳提出了"发现学习"，其实质是通过引导学生的自我发现来加深知识理解，从而形成探究性思维的过程。到了20世纪中叶，施瓦布提出了与"发现学习"相类似但更具操作性的教学方法——探究学习，成为首位提

---

① 伯特兰·罗素：《西方哲学史》，耿丽译，重庆出版社，2016，第512页。

出"探究学习"概念的教育者。随着探究学习的不断推广与运用，美国、英国、日本等国纷纷将探究学习纳入了基础教育改革措施中，强调课程教学应注重学生在探究过程中探究能力的培养，探究学习成为国外教育界广泛认可的重要学习方法。

探究学习指的是学生在教师的指引下积极参与到探究活动中，围绕一定的问题，通过自主、合作、探究等学习方式对所学知识进行理解、构建，在积极进行小组合作交流的基础上较好达到课程标准中关于认知目标与情感目的要求的一种学习模式。在此过程中，学生是探究学习的主体，教师通过问题情境的创设或相关的实践活动引导学生进行问题探讨，强调学生自主寻求答案、自主构建理解，同时积极与他人进行交流合作，在讨论、交流中碰撞思维形成探究结论，是学生进行主动学习、自主探究的过程。

（一）探究学习理念的特征

1. 学生主体性

探究学习中，学生是学习的主体，教师在教学过程中起主导作用。尊重学生在学习中的主体地位，充分发挥学生的主观能动性进行学习是探究学习的重要特征。因为在传统的教学活动中，教师往往掌握着教育主动权，通过单向的灌输向学生传授知识，学生参与感较弱，不能很好地激发学生的学习热情与积极性，教学效果不佳。因此在探究学习中，教师将学习的主动权交还给学生，通过提出问题、创设情境等发挥教师的主导作用，引导学生根据自己已有的知识和经验进行自主探究，发挥其学习主体的主动性和积极性，尝试解决问题，在全身心地投入学习中使认知、情感、意识、行为达到高度统一的状态，从而为学生发挥创造潜能提供机会，培养学生的学习能力与创新能力。

2. 过程探究性

探究学习重视知识获得的过程。学生探究学习的过程就是一个从问题的出现到知识构建、应用、拓展深化的过程，其中，以科学、认真的态度进行探究，在探究过程中促使自身获取相应知识并提高探究能力是探究学习的重点，而对于探究的结果则不做硬性要求，允许多样性答案的存在。

3. 全体参与性

探究学习提倡全体学生的共同参与。探究学习既强调学生个人进行自主独立的探究,又强调发挥小组合作的作用,因而独立学习和合作学习相结合的方式是其一大突出特点。由于探究学习是为了更好解决现实问题而开展的,而被提出的问题往往具有一定的难度或探究意义,因此在解决问题的过程中学生不但需要进行自主探究、形成自我认识,在很大程度上还需要依靠集体的力量来进行分工合作,与不同成员在初步形成自我认识观点后充分进行交流碰撞,从而不断完善并深化探究认识。这一过程能够帮助学生取长补短、相互促进,并使学生在将个人参与融入小组合作的基础上提高沟通表达能力和合作能力。

4. 结果开放性

探究学习对探究的结果持开放性的态度。由于学生是探究的主体,不同学生从不同的角度出发进行探究,探究的结果可能随着学生在不同因素影响下进行的不同操作而不同,结果存在多样性也是必然的、合理的。因此,教师对待探究的结果应持开放态度,不以简单的"正确"或"错误"来进行衡量或判断,而应注重对学生探究结果的归纳与引导,从而使探究学习具有现实意义。

二、在探究中推动中学生走向社会课堂的必要性

中学思想政治课程具有显著的德育特点,相较于其他课程而言,在进行公民教育方面具有重要意义。而中学思想政治课程中存在着大量能够引发学生积极思考、需要学生进行积极探究的公共参与知识,如果仅仅对这些知识进行机械记忆,是难以获得深刻的理解并使其发挥真正作用的。所以,在中学思想政治课程中融入探究学习理念,使学生在探究的过程中逐渐生成公共参与知识、落实公共参与行动、增强学生的政治认同感,在推动中学生在探究中走向社会课堂具有重要作用。

(一)帮助厘清公共参与内容与范围,培养学生的探究能力和创新意识

由于中学思想政治课程中公共参与的内容往往通过政治参与方面的知识

加以体现，导致不少学生误将"公共参与"等同于"政治参与"，仅对公民的政治权利与义务、参与民主选举、民主决策、涉及民主管理的基层群众自治制度等有所了解，而对参加公益活动、开展社区志愿服务、进行垃圾分类宣传和普及等有助于社会良性发展的公共参与组成部分认识不充分。中学生虽能够认识到自己具有参与公共事务的权利，但往往认为社会事务的管理主要还是由政府负责，自身发挥作用有限，所以对社会公共事务不闻不问，对存在的问题视而不见，对公共参与漠不关心，在很大程度上影响了中学生公共参与行为的践行。然而事实上，政府及有关部门的时间和精力往往是有限的，在处理问题上可能是出于政府机关的角度，对民众生活中真实存在的问题可能存在考虑不周的情况，就要公民通过实践加以检验，因此需要公民的参与为政府和有关部门提供更全面的视角，增强决策和服务的民主性、科学性、有效性。

因此，在探究中推动学生走向社会课堂，即通过教师对探究活动进行全方位、多维度的设置，使探究内容涉及政治、经济、文化、社会生活等各个领域，可以帮助中学生从关注身边的小事、解决身边的小问题做起，实现公共参与。这对中学生而言，首先能够帮助他们厘清公共参与的内容和范围，拓展学生的公共参与眼界；其次，能够给予学生足够的探索空间和自主性，摆脱传统"听讲"模式下的知识灌输，使学生在自主、开放的环境下收集资料、与同学进行互动交流，不断获取公共参与知识，深化公共参与认识；再次，学生在自主探究的实践活动中还能够较好地形成问题意识，并通过自主探究不断提高自身的公共参与意识、判断能力，提高认识事物、分析事物的逻辑思维能力，增强应对社会变化发展的变通思维和理论联系实际、举一反三的能力，有助于学生在面对各种复杂的社会情况时更有效地找出解决问题的办法，不断开拓创新，促进自身的全面发展。

（二）增强学习效果，实现社会运用

在以应试教育为目的的教育环境中，中学生大都能较好地在课堂中接纳政治参与方面的知识，但却存在由意识向实践转化、由内在认知向外在行动转化方面的困难——因为在社会这个大环境中，中学生往往只关注自身的学习成绩，对公共事务的关注也仅限于涉及自身利益方面，对其他的公共事务更多的是带有一种"搭便车"心理，觉得自己不做也会有其他人做，所以他们认为自己参与与否并没有太大的关系。而事实上，如果人人都这么想，人人都不主动将所学的公共参与知识转化为公共参与行动运用到社会中，那么公民的有序参与、推动社会良好运行就只能成为一句空话。

正如马克思所说，"全部社会生活在本质上是实践的"①。学生只有将学到的知识运用到实践中，才能做到真正将知识融会贯通。而对中学生进行公共参与知识的传授和培育，最终的目的在于使中学生长成为合格的社会主义公民，将自身所学的知识运用到社会实践中，以国家主人翁的角色积极有序地参与到公共事务中。因此，在中学思想政治课中加入探究环节，学生首先能够在教师指导下充分发挥主观能动性与学习积极性，进行自主探讨，主动运用所学知识尝试解决问题，自觉地将已有知识与社会实践中遇到的新问题进行建构，并发挥集体合作的力量进行交流互动，在促进集体合作效果最优化的同时提高自身综合素质，增强学习效果；同时，公共参与作为中学思想政治教育核心素养中的实践环节和理论归宿，需要学生在参与实践中形成和完善。在探究中推动学生走向社会课堂，能够使中学生摆脱"学习知识是为了应对考试"的理念，摆脱对公共事务"事不关己，高高挂起"的无所谓态度，使学生主动参与到社会生活中，在践行公共道德的过程中体验人民当家作主的幸福感、责任感，能够正确表达诉求，推动我国民主法治社会的构建。反过来，人人热心社会发展、关心社会公共事务的环境也有助于使中学生在潜移默化的熏陶中形成主动积极的公共参与认识。

三、在探究中推动中学生走向社会课堂的方式

（一）设置联系社会实际的探究性学习任务

要在探究中推动中学生走向社会课堂，首先应注重探究内容的选择和设计。从形式上看，探究性学习任务的实践场所既可以在课堂上，通过听、谈、读、写完成，也可以在课堂之外，通过走、看、做、讲来实现。探究内容应以是否符合课程内容和教学目标为准，既能实现提高中学生公共参与素

① 马克思、恩格斯：《马克思恩格斯文集》第一卷，人民出版社，2009，第501页。

养的教学目的,又能使学生广泛参与其中,而且在实践过程中完成公共参与知识的内化与公共参与行为的外化。因此,在中学思想政治课程教学中,教师首先应丰富教学模式,结合学生的年龄、身心发展状况、实践能力等各方面情况,有针对性地设置探究性学习任务,使探究性学习任务的难度既在学生力所能及的能力范围内,又保持在学生最近发展区中,从而推动学生不断提高自身的公共参与水平。其次,探究性学习任务的设置应与中学生的公共参与行为相联系,使中学生在进行探究学习的过程中,融入社会,用已有的知识对未知的、不够确定的社会领域进行探索,从而实现中学生在社会事务的公共参与中不断加深对公共参与知识的认识,并通过公共参与尝试获得公共参与体验。

在此过程中,教师还应注意对探究问题的把握,确保其具有探究意义。如在讲解"民主监督"的相关内容时,教师既可以让学生结合生活实际在课堂中进行思考,让同学们反思是否做到了积极通过民主监督的方式对国家公共事务进行关注和监督,探讨造成相应结果的原因,也可以在完成知识讲解后,设置相应的课后探究任务,让学生以小组为单位,考察自己所在的社区存在的问题,并制定监督方案并实施。一个联系实际的探究学习任务,能够引起学生对身边的社会公共事务的关注,将平时关注到但却因认为"总有其他人会负责"的态度而选择容忍的问题纳入思考范畴,然后通过自主、探究、合作的方式,不断加深自身对行使监督权的认识,充分认识到行使监督权既是公民的权利也是公民的义务,且在与他人、与社会接触中沟通、尝试解决问题中,不断引起中学生对社会现实的关注和反思。因此,精心设置探究学习任务,既把社会引入课堂,又让课堂走向社会,这是推动中学生走向社会课堂的第一步。

(二) 开放校园,让学生有更多探究可能

对于中学生而言,学校是学生主要的学习场所和生活空间,学生的发展、与他人在交往中促进个人社会化的实现大都发生在校园里,因此,我们可以将校园看作是社会的一个缩影、一个微型社会。在学生大部分的时间都是在学校度过、对外接触较少的情况下,校园事务便成为学生公共参与最直接、最便捷的公共参与对象。因此,要培育中学生的公共参与素养,推动中学生走向社会课堂，首先应充分发挥校园为学生提供的探究、示范、先导作用，通过中学生在校园中的广泛参与和主动探究，培养中学生具备较高的公共参与意识，从而能够联系校园、探索实际，将眼光投向更广泛的社会空间，逐步将自身的探究行为和公共参与向社会推进，实现走向社会的目的。

首先，校园应为学生的公共参与素养的培育营造一个良好的环境，从学校的领导阶层到教师、学生，都应高度重视公共参与，实行民主管理，让学生适当地参与到学校公共事务管理和决策中，使他们在校园生活中进行探究成为可能。对此，学校管理者应主动为中学生创造一个开放的公共参与环境，让学生主动参与到学校公共事务的管理和决策中，如推行与学生相关的某项决策，应通过广泛征集学生意见进行民主投票，集合教育专家、学生代表、家长代表、教师代表对某项决策方案开展听证讨论等，落实民主决策和管理。其次，教师应引导学生关注校园建设，积极维护学生利益，主动对校园中存在的问题进行探究。公共参与不但存在于广阔的社会中，也存在于校园这一小社会中，需要学生有善于发现的眼睛和关心集体的意识，才能够发现其中的问题，主动参与其中，开展探究。对此，教师可通过设置探究主题活动如校园卫生现状、学校文体艺术活动、学生社会实践活动的开展现状、对学校工作信息公开程度及内容的了解等，使学生在探究中更好地意识到自己享有的权利和应尽的义务，在探究中深化自己与他人、与社会关系的认识，逐步形成公共参与意识。

（三）搭建平台，为学生拓展更多探究途径

基于探究性学习的思想政治课程能够把学生的独立思考和合作探究巧妙地结合在一起，把学校的公共参与知识学习拓展到解决实际生活的问题中去，从而培养学生的探究意识，提高学生发现问题、分析问题的能力，并培养学生的创新精神。然而，由于中学生的公共参与知识主要来自课本内容与教师的讲授，因此，教师还应该充分发挥其传道授业的作用，在思想政治课程中向学生充分讲解公共参与范畴，向学生普及校园外中学生力所能及又便于参加开展的公共服务如社区服务、志愿服务、暑期公益活动等，普及社区居委会、共青团、青年志愿者协会等服务平台，使中学生对公共参与的范围有更为清晰的了解，同时也能够对公共参与的途径及渠道有较为充分的了解，能够在认识到自身在公共参与中的意义与作用后主动投身于公共参与的社会实践中。同时，中学思想政治教师还可通过布置社会探究活动，或者提议学校开展相应的探究项目，鼓励学生发现公共生活中的问题，在老师的指导下制定社会调查方案，然后通过查阅文献、实地走访调查、问卷调查、访谈等方式对相关问题进行探索、分析、论证，从而使学生在社会实践中主动发现问题、积极进行探究，得出相应的对策方案，推动学生在公共参与中走向社会大课堂。对此，无论是校园内的食堂问题、环保问题，抑或是与学生生活息息相关的社区流浪猫、乱停乱放、政府河道管理等问题，都能够有效地引导学生关注生活，进行研究探索，培养学生的公共参与思维和社会责任感。

（四）完善评价体系构建，促进学生全面发展

要使中学生通过探究学习走向社会课堂，在根本上就要改变中学思想政治课程中过分重视知识和单一的笔试测验的评价方式，将关注点转向中学生思想政治素养的培育和提高，并进行综合评价。其次，还要注重学生在探究学习过程中的思想变化和能力发展状况，通过多元的评价主体、多样化的评价方式将反思探究过程、评价探究结果贯穿在整个探究学习过程中，推动学生的探究学习落到实处，促进其公共参与素养不断提高。

对此，在中学思想政治课程中，教师首先要将对学生的评价由成绩一元转向学生知识涵养、个人品德、公共参与素养、公共服务行为等多元综合的评价上，以帮助学生更好地认识自我和社会的关系，成为一名合格公民。因此，课程评价不但需要重视学生掌握和运用相关知识的能力，也要积极关注其政治素养和思想道德方面发生的变化和潜能的开发。其次，教师应引导学生重视对探究的过程和结果进行合理的自我评价，使学生在自我反思中获得相应的提高和发展；而在小组合作探究中，还应引导学生开展相互评价、组内互评、组间互评等，使学生在相互评价中发现对方的优点和存在的不足，相互借鉴，取长补短；在组内互评中发现小组存在的问题，增强小组凝聚力；在组间互评中相互学习、相互监督，从而实现无论是在个人、小组还是集体中都能够促进学生的自我探究和合作学习的效果。最后，还应通过教师

评价、社会评价等方式，明确学生的优点，肯定、鼓励学生的进步，帮助学生认识自我、建立自信，同时又帮助学生了解自己在探究活动过程中存在的问题，从学习角度、社会角度等不同方向明确自身的认识与实际需要的差距，了解自身的薄弱点，促进学生在探究活动中不断监控、调节，朝着正确的方向前进，走向社会课堂。

第七章

中学思想政治课程培育公共参与素养的主要策略

通过中学思想政治课程培育中学生的公共参与素养，既有助于中学生关心国家和社会发展、明确自身责任担当、提高自身的综合素养，也有助于推动我国社会主义事业和民主政治的蓬勃发展。对此，除了从现实角度对中学生的公共参与素养培育现状进行剖析，从理论层面寻求借鉴指引，更重要的是要将中学生的公共参与素养培育落实到中学思想政治课堂教学中，通过中学思想政治课程切实提高中学生公共参与的意识、知识与能力。因此，在结合实际的基础上，本章从学科教师、教学资源、社会实践、协同育人、虚拟生存等角度提出了中学思想政治课程培育公共参与素养的主要策略，进一步明确思想政治课程的价值取向，为中学思想政治教师提供方向和策略指引，使思想政治教师能在以培养中学生公共参与素养为旨的理念下更好地开展教学工作，准确把握教育重点，丰富拓展教学方式，合理设计教学活动，同时也推动社会各界共同参与到中学生公共参与素养的培育中，形成一个全方位、多角度的公共参与素养培育环境和氛围，提高中学思想政治课程培育中学生公共参与素养的实效性。

第一节　育己及人：优化学科教师公共参与素养培育能力

一、优化学科教师公共参与素养培育能力的重要性

教师是人类科学文化知识的继承者和弘扬者，其"传道授业解惑"的职

业特点决定了教师在教学中是学生智力和品行的开发者、塑造者,学生能够习得的知识和能力在很大程度上来自于教师的教授。而公共参与作为思想政治学科的核心素之一,要在学生的身上得以培育、实现,其中最重要、最有效的途径之一便是要提高思想政治教师的公共参与素养培育能力。

　　思想政治教师的公共参与素养培育能力,是思想政治教师培育学生有序参与公共事务、合理表达利益诉求、主动承担公共责任所具备的条件和水平。一般来说,它是立足于思想政治教师自身所具备的公共参与素养基础之上的,是在教师的日常感悟和培训学习中不断获得的,也是在课堂教学实践中不断提升的。立足于此,我们可以从两个方面来剖析思想政治教师的公共参与素养培育能力。

　　一是思想政治教师个人的公共参与素养。教师的公共参与素养,本是教师作为独立个人的内在修养,是由其在公共参与方面的知识、意识与能力共同构成的,在日常生活中感悟和后天的培养锻炼中不断养成并加以内化的综合素质。然而,受教师这一职业所特有的教育使命的影响,教师的公共参与素养具备更强的辐射性——由于教师所教授的知识、所提倡的行为往往被学生认为是正确的学识、应当学习并养成的行为习惯,由此带来的教师权威和光环效应使得学生对教师的个人品格也更容易认同和模仿学习。对此,教师所表现出来的公共参与知识、态度和行为,也往往是通过言传身教的方式使学生对公共参与的认知在潜移默化中受到影响,教师个人的公共参与素养越高、展现得越多,学生能够从教师身上获得的公共参与感悟便越多,其公共参与行为的践行概率也就自然而然地提高了。

　　二是思想政治教师的教学能力、育人能力。在教育过程中,教师是主导者,教师的教是为了学生的学,而学生的学习成果也往往取决于课堂教学的吸收效果。因此,要提高学生的公共参与素养,教师肩负重任,需要从传授公共参与知识、丰富课堂教学方式、深化学生公共参与感悟等多个方面进行教学,将公共参与融入学生学习和成长的各个方面。只有在提高了教师"教"的广泛性和深刻性的前提下,学生"学"的有效性才能得到更好的保证。

　　因此,思想政治教师自身是否具有较高的公共参与素养、是否能够发挥榜样作用在潜移默化中帮助学生形成正确的公共参与认知,以及是否能够有效地推动学生在公共参与实践中提高公共参与意识，都是影响中学生是否能够形成公共参与素养的重要因素。然而，当前思想政治教师在公共参与素养培育能力方面也还存在着许多问题。受应试教育影响，一些思政教师不重视对学生公共参与素养的培养，忽视了课堂教学中对学生进行公共参与知识、意识与能力的培育；同时，一些教师也不注重个人公共参与素养的提高，缺少言传身教，在教学实践中难以起到表率作用，还拉低了思政教师的整体公共参与素养水平；还有一些教师仍旧以"教师"权威身份自居，将学生置于教学的对立面，热衷于进行"填鸭式"的灌输而不注重教育方式方法，课堂教学缺少活力，教师缺乏人格感召力，也影响了学生的公共参与学习效果。对此，想要提高中学生的公共参与素养，首先得提高教师队伍的公共参与水平，优化思想政治教师的公共参与素质与能力，方能在教学中给予公共参与足够的重视，将公共参与的知识与技能正确传授予学生。

二、学科教师公共参与素养培育能力的优化途径

随着时代的发展，公共参与日益受到重视。它作为思想政治学科的核心素养之一，是中学生在思想政治课程中必须获得并掌握的重要内容，中学生的公共参与不但深刻影响着学生个人的发展，也将深刻影响着国家与社会的发展。对此，中学思想政治教师也要根据时代的要求不断对自身的能力进行优化，不断提高自身的公共参与素养与教学能力，在优化的过程中加强对中学生的教育引导，从而提高中学生公共参与素养培育的实效性。

（一）提高自身公共参与素养

1. 树立终身学习理念，不断更新公共参与知识

受应试教育的影响，不少教师只关注学生对课本知识的掌握情况及考试结果，片面追求较高的考试分数，将考试分数简单地与学生的所学知识及对应的内在素养画等号。在此背景下，如何使学生更好地掌握课本知识成为教师关注的重中之重，不少教师认为自己只需要对课本所教授的知识有充分的理解和掌握，能够正确传授予学生，使学生在理解的基础上取得较好的考试成绩即可，而课本中公共参与方面的内容主要体现为政治参与，对公共参与的呈现并不全面、充分，从而导致一些教师忽视了对公共参与知识的挖掘和

对学生个人素养培育的真正落实。同时，由于思想政治教师相较于其他主科教师而言负责的教学班级更多，同一教学内容重复的次数多，使得思想政治教师的工作倦怠期往往比其他教师到来得更早，对其在教学内容的研究和拓展创新方面造成了不利影响；再者，由于思想政治的学科教学内容主要包括了教材内容和时事政治两个方面，时事政治虽年年更新，但因其只在大考中加以考察，所占的比例极小，使得不少教师仅仅在大考前对时政内容进行归纳解释，要求学生背诵掌握即可，缺少与教材知识、学生生活实际相联系；而大部分教材内容虽会随着时代的发展而不断更新，但其更新的周期也往往需要几年甚至是十几年，也导致了一部分教师钻了教材更新的空子，年复一年地使用原有的教学内容和方法开展教学，忽视了随着时代进步而不断提高的对学生发展的要求及新时代背景下学生在不同阶段的现实生活中可能面临的新的认知冲突。

对此，中学思政教师应深刻认识到自身的教育使命不仅仅在于教书，更在于育人，其自身的知识储备将对学生的学习和吸收效果造成重大影响。思想政治教师需要正确认识公共参与对塑造学生个人品格及综合素养的重要性，认真研读思想政治学科的课程目标及核心素养，重视公共参与这一素养在思想政治课程中的体现和对学生的培育。其次，教师也应主动走出舒适区，树立终身学习的理念，将如何培育德智体美劳全面发展的社会主义建设者和接班人作为开展思想政治教育课程的根本目标，将提高中学生公共参与素养培育能力视为提高工作效率和水平的重要能力之一，对公共参与除了需要有清晰的认知，能够明确公共参与的概念、特征、基本类型等基础知识外，还需要结合时代发展的特点与要求，联系生活实际，不断地从生活中感知、提炼公共参与内容，不断更新公共参与知识。同时，教师还应主动积极地参与学校组织开展的各项公共参与知识和技能培训，关注公共参与动态，不断提高自身的公共参与素养。而在课程教学方面，由于思想政治教材中呈现的往往是政治参与的内容，而对公共利益关切、公共事务管理等方面缺少直接的呈现，对此，教师也需要充分挖掘教材中呈现或包含的公共参与信息，尽可能多地查阅资料，对其与课本素材相关的因果关系、具体运作等方面获得充分的认知，从而能够在课堂教学中将公共参与知识加以补充，更好地传递给学生，使中学生的公共参与素养能够在学习中获得提高。

2. 挖掘生活素材，提高公共参与意识

美国教育家杜威曾提出"教育即生活"这一教学理念，指出学校教育应与社会生活、儿童生活相结合，能够充实儿童生活、使儿童更好地适应生活，充分体现生活、生长和发展的价值。换言之，教育与生活是具有密切联系的，教育源自生活，又在运用中回归到生活里。对此，无论是初中的道德与法治课程还是高中的思想政治课程，其基本理念都包含了立足于学生的现实生活经验、着眼于学生的发展需求，把理论观点的阐述寓于学生社会生活的主题之中的要求，使学生既能够掌握相应的知识，又能够在解决问题的过程中活化知识，学以致用，更好地促进自身知识、能力、情感及态度的和谐发展。因此，要通过思想政治课程教学提高学生的公共参与素养，教师首先需要提高自身的公共参与素养，善于挖掘生活素材，方能使思想政治课充满生活色彩，富有生活气息，反映生活本质。

意识是人脑对客观的物质世界所产生的感觉、思维等活动，具有对客观实际作出能动反映、在现实生活中加以体现等特点，提高思想政治教师的公共参与意识，有助于使思想政治教师在生活实践中主动深化公共参与的认识和感触，并将所得的公共参与认知运用到生活实际与课堂教学中，从而推动自身公共参与素养的积累与提高。对此，教师首先应深刻认识到自身的公共参与意识对课堂教学及学生公共参与素养的关系，注重公共参与、关注公共参与的教师自然会在其课堂教学中融入公共参与的相关内容，流露出对公共参与的关注与重视，从而在潜移默化中引起学生对公共参与的关注，所以教师首先要重视并不断提高自身的公共参与意识。其次，教师要充分挖掘生活中的公共参与素材，善于观察、勤于思考，将自身对公共参与的观察思考融入课堂教学中，从而实现不拘泥于教材、将公共参与与学生生活实际充分联系、引起学生对公共参与的兴趣、使学生的公共参与在联系生活中更具有可行性的教学目的。如学生喜欢在校门口的小摊买早餐、买零食是各个学校的普遍现象，对此，教师如具有较高的公共参与意识，便可以在观察到这一现象后主动思考其与公共参与的联系，如是否支持校园门口的小摊存在，校园周边的小摊有何优势、又可能造成哪些问题，有关部门应如何对其进行管理等，从公共卫生、民主监督等各个方面进行拓展，在课堂教学中加以呈现，既能引导学生广泛关注社会公共生活，又能使思想政治课程不拘泥于传统的教材教学，联系生活实际，富有生活气息，使学生认识到公共参与与我们每个人的联系和意义，从而不断提高对公共参与的关注度和积极性，也使中学生的公共参与能够在最终回归到生活中，得到更好的落实。

3. 发挥榜样作用，在社会实践中提高公共参与能力

正所谓"学高为师，身正为范"，教师的身份及特点决定了教师对学生是具有引导作用、表率作用的。然而，一些教师虽然能够认识到公共参与对于学生综合素养培育的重要性，却往往只是通过课堂教学要求学生掌握相关知识后在生活中加以践行，对自身的公共参与素养不加审视和要求，使得"公共参与"这一要素变得苍白无力，教师的要求也缺少说服力。对此，想要实现中学生公共参与素养的提高，光靠思想政治教师通过相关的课堂教学内容讲解来呼吁学生参与到公共生活中是不足以实现的，还需要思想政治教师身体力行、积极参与到公共参与的实践中，在实践中提高自身的公共参与知识和能力，方能以深切的感悟和切实的行动感召学生，使学生在对榜样的学习和模仿中加深对公共参与的认同感，提高参与度。

因此，思想政治教师首先要明确自身的角色定位，严格要求自己，不能仅仅满足于对课本知识的掌握，还应充分认识到公共参与是实践导向的核心素养，最终需要在实践中得以形成。而公共参与能力的提高源自公共参与实践，又能够反作用于公共参与实践，推动个人的公共参与获得良好的效果和反馈。因此，教师要积极参与到公共生活中，关注公共事务、热心政治参与、参与到公共事务管理中，在实践中不断锻炼、积累丰富的公共参与经验，从而不断提高自身的公共参与能力。如果教师都没有参加过民主选举，为行使人民当家作主的权利积极进行投票选举，面对社会生活中存在的问题也从来不向有关部门反馈，那么呼吁学生进行公共参与则是无水之木、无本之源，难以使中学生的公共参与落到实处。对此，只有以身作则，方能充分发挥榜样作用，使公共参与不再是教师在课堂中单方面的呼吁和要求，而是能够通过教师的行为加以展示、通过教师的表达加以深化的具象的内容，从而赋予公共参与更强的感染力，使学生更为信服。

（二）优化教法，提高课堂教学水平

教师的教是为了学生的学，而学生的学习效果往往取决于对课堂教学的

吸收效果。然而由于思想政治学科的内容较为抽象、晦涩，不少教师又固守成规，仍旧采用"填鸭式"的教学方法对学生进行知识的讲授和观点的灌输，课堂缺少活力，知识与生活实际脱节，进一步加深了学生对思想政治课程学习"枯燥无味"甚至是"厌恶"的印象，也影响了学生对思想政治课程内容的吸收。对此，教师要改变传统的教学理念，不断探索、优化教学方法，从而使课堂教学更符合学生实际，增强课堂教学对学生的吸引力，从而使学生对思想政治内容的吸收效果得到提升，对公共参与的兴趣和认识得到提升。

1. 立足学情与社会实际，合理设计教案

一份精心设计的教案是一节优秀课的开端。它不但展示了教师的教学理念，预设了课堂教学的方式，也直接影响了教学效果和教学质量。对此，要通过课堂教学向学生传递公共参与知识，结合学生与社会实际设计一份合理的教案至关重要。

一般来说，教案包括教学分析、教学目标、教学要素、教学环节设计等四个方面，其中教学分析包括课程标准分析、教材分析、学生情况分析、社会实际情况分析、教学资料收集和筛选等；教学目标主要指知识目标、能力目标、情感态度价值观目标三维目标；教学要素主要包括教学主体行为、教学内容、教学方法、教学媒体、教学环境等；教学环节主要包括导入、语言、情境、提问、板书、小结、作业等。由于教学目标、教学要素、教学环节设计这三个部分的内容往往是在课堂中有所展现的，大部分思想政治教师在结合教材进行设计方面都有较好地掌握，能够较好地将教材中的知识传授予学生，使学生在知识了解与识记、做题与掌握中取得较好的结果。然而，由于教材内容较为固定、变更较少，而思想政治学科本身又是一门与时政紧密相关、需要与时俱进的学科，大部分思想政治教师在固守已有的教学内容和方法与日新月异的社会发展之间的矛盾便产生了，作为教案设计第一步的教学分析中学生情况分析、社会实际情况分析部分往往被大部分思想政治教师忽略，继而沿用原有的对学生和社会的认知及教学设计进行课堂教学，从而使公共参与仅仅成为学生在课堂中所学所得的知识，而无法与实际生活形成紧密联系，甚至无法解决学生在教材与现实之间矛盾的困惑。以中学生的政治参与为例，民主选举、民主决策、民主管理和民主监督是其主要内容，掌握其参与方式及意义是其主要内容。然而，大部分思想政治教师在教授此部分内容时往往只重视知识层面的传授，认为学生能够掌握、在答题中正确运用即可，对其在生活层面的运用则缺少深入的联系，也忽视了学生在个人认知与社会实际之间存在的疑问。如在讲授民主监督部分的人大代表联系群众制度，课本上只告知学生存在这种监督方式，但在现实生活中大部分学生都只知道由人民投票选举出了人大代表行使国家权力，真的在生活中遇见问题了却从未见过人大代表的身影，更不知应该要到哪里找人大代表反馈，教师的课堂教学若纯粹只是灌输知识而不注重解决学生的困惑，在知识与生活实际之间搭建桥梁，那么中学生的公共参与最终是难以实现的，也不利于学生对我国政治制度认同感的形成。

对此，教师在进行教案设计时，必须了解学生的基本情况，了解班级及学生个人的学习基础、学生学习中可能面临的疑难困惑，同时结合社会的发展和变化，结合党和国家的路线方针政策、社会热点和焦点等，换位思考，以学生的视角加以观察、预判，以教师的身份加以引导，从而确立教学目标、处理教学内容、选择教学方法、确定教学方案，提高教案的有效性和针对性。

2. 丰富课堂教学方法，增强课堂活力

教学方法是思想政治教师为了实现思想政治课教学目标而采用的方法。正所谓"教学有法，教无定法，贵在得法"，教学方法丰富多样，如在一堂课中只使用单一的教学方法，则容易给学生以单调、枯燥的印象，甚至感到疲劳，不利于调动学生积极参与到课堂教学中来，教学质量也难以得到保证。对此，要提高教学效率，思想政治教师需要根据教学目标、教学内容、学生实际、教学条件、教师特长等各个方面进行综合考量、选择，综合运用多种教学方式，在帮助学生深入理解公共参与知识、提高公共参与热情的同时提高课堂教学效率，使课堂更为张弛有度，生动活泼。

常规的教学方法有讲授法、谈话法、读书指导法、演示法、参观法、练习法、情景教学法、案例教学法、讨论法等，各种教学方法均有其优越性和局限性。然而就当前的思想政治课教学而言，大部分教师在日常教学中使用的教学方法都较为单一，面对教材中大量的抽象知识仍旧以讲授法为主，而对情景教学法、案例教学法、讨论法等方法虽能加以运用，却往往只流于形式，没能真正发挥其活跃课堂气氛、深化知识理解、联系学生生活的作用。对此，教师应结合教学实际，深入学习、挖掘不同教学方法的内涵，根据不同的课型将不同的教学方法加以组合使用，使学生在情景创设中获得体验和感悟、获得对公共参与的情感共鸣，在案例学习中学会迁移与运用，将所学公共参与知识能够结合实际加以运用，在讨论探究中提高独立思考能力、语言表达能力、团队协作能力，从而也推动自身在公共参与中更好展示自我、凝结团队力量。

3. 落实活动教学，丰富公共参与

活动教学是力求将教材中的理论知识与社会实际相联系，将教材内容通过课堂活动或社会实践活动加以展现的一种教学方式，能够使学生在具体的活动中激发参与热情、提高参与积极性、积累参与经验。相较于传统的"师讲生听"型课堂，活动教学能够充分体现"以学生为主体"的教学导向，使学生在活动体验中充分发挥主观能动性，获得更为深刻的认识，从而激发其对思想政治课堂的兴趣与热情，逐步实现从"参与"过渡到真正的"公共参与"。

由于设置活动教学往往涉及情境、模拟抑或是现实生活中的实践活动，对此，教师要提高课堂教学效率，需要付出更多的时间和精力加以准备。教材中，课前的导入情境与课后的思考与探究部分均提出了一些探究的内容，但这些内容往往不够全面，未能完全联系生活，需要教师对其涉及的背景、范围进行加工完善，抑或是广泛联系校园生活或社会生活实际，为学生补充相应的活动内容。如对考察社区管理、参与民主监督，模拟一次听证会等，均具有较强的实践性，教师可以加以利用并开发，使其成为课堂教学中的活动环节或活动任务，从而使学生在活动开展中获得相关体验与相应的公共参与知识，同时有效提高其对思想政治课程及公共参与的兴趣，达到引导学生关注公共参与、在潜移默化中提高公共参与素养的目的。

第二节 校本资源：重构思政课程的
教材内容和地方资源

一、选取恰当的教学内容是提高中学生公共参与素养的关键

教学内容，是根据教学目标选择并按照一定的逻辑思路组织编排而成的知识体系。这种知识体系主要通过教师为实施教学而设计的具体教学方案表现出来，体现了教师对教学内容的选择和安排①。通过中学思想政治课程培育中学生的公共参与素养，需要通过教学内容将公共参与知识加以呈现，即教师需要按照一定的学科逻辑或生活逻辑选择公共参与的内容，将其编排成一系列的知识体系并在课堂上展现，使学生在中学思想政治课程中加以学习和获取。因此，教学内容是中学生了解公共参与知识、践行公共参与行为的窗口和重要载体，能够为中学生的公共参与素养的形成提供示范与指引。

一般而言，中学思想政治课程的教学内容主要源自教材，是教材在课堂上的呈现。但就公共参与这一方面来讲，中学思想政治教材中呈现的内容有限，教材中列举的相关案例少、相应的活动延伸少，往往只能在政治参与这一方面找到较为直观的呈现，而社会参与则分散、隐藏在经济、文化和哲学板块中，需要教师深入挖掘加以呈现方能体现；再加上教材内容具有相对稳定性，在一定时期内基本保持不变，教师若完全按照教材进行课堂教学则不能够与时俱进，帮助学生及时补充完善公共参与知识、解决现实生活中遇到的新问题，学生对公共参与的认识则不够全面、深刻，教师也难以实现对中学生的公共参与进行全面教导的目的。对此，教师在进行教学内容选择时，不能完全依赖于教材，而要根据实际情况对教材内容进行取舍，对公共参与内容进行更新、补充，从而使学生对公共参与的认识更为全面、系统。同时，针对当前中学思想政治课程教学中重知识、轻实践，重理论、轻活动等情况，教师在进行教学内容选择时应结合学校实际，充分利用校本资源如校

---

① 胡田庚：《中学思想政治教学设计与案例研究》，科学出版社，2012，第64页。

园硬件环境、学科课程资源、地区历史文化背景、校友、家长等社会资源，对中学思想政治课程的教学内容进行更新和重构，大力推行活动型课堂教学、开放型实践活动，从而构建符合本校发展特色和有效提高学生公共参与素养的思想政治课程，使中学生的公共参与不再是简单的知识灌输，而是能够在活动与实践中得到丰富和落实。

二、推动中学生公共参与教学内容丰富和完善的具体措施

教材是由有关专家根据课程标准组织编写的反映学科内容的教学用书，经过权威机构的审查，往往是在某一区域内通用的。同一教材的使用有助于在较大范围内以相同的标准检测学生对知识的掌握情况，节省人力物力的同时又能够较好地保证教育公平。然而，要全面提高中学生的综合素质，尤其是培育中学生的公共参与素养这一实践导向的素养，教材在学生的体验和实践方面是难以发挥充分的作用的。因此，教师要在用好教材的基础上注重对校本资源进行开发，更新、重构思政课程的教材内容和地方资源，以学校为本位，开发和建设适合本校发展特色的思想政治课程，使其与教材相呼应、相补充。对此，推动中学生公共参与教学内容丰富和完善，主要可以从补充辅助性教材和创设实践活动两个层面加以拓展。

（一）挖掘地方资源，编写辅助性教材

公共参与涉及社会公共生活的各个方面，学生的日常生活、言行举止往往就处于公共参与之中。然而由于教材内容较为固定、篇幅及涉猎范围有限，学生在日常生活中的公共参与问题往往难以直接在教材中找到对应和解析，教材也难以为中学生在日常生活中的公共参与提供明确的导向和意见建议，使得中学生难以全面、正确认识公共参与，也难以将个人价值观的形成、日常生活行为与公共参与相联系，不利于学生对公共参与形成全面、深刻的认识。对此，中学思想政治教师要重视公共参与对中学生成人成才所发挥的作用，在充分挖掘教材中公共参与内容的同时，立足于学生的现实生活经验，着眼于学生的发展需求，挖掘地方资源，组织编写以生活为基础、以思想政治学科知识为支撑的辅助性公共参与校本教材，为学生的公共参与提供更为丰富的素材和资源。

　　辅助性教材的编写可以从案例分析和信息补充两个方面展开。一方面，辅助性教材可以以具体的案例为蓝本，拓展、补充课本中简要带过的内容如投票选举、听证会等，为中学生的公共参与提供经验借鉴。在选取案例时，教师要注意其范围应覆盖经济、政治、文化、社会、生态等各个方面，同时以参与者的视角展开，尽可能完整地呈现参与主体在参与前准备的内容，包括参与途径的获取、基本情况的知悉、相关技能的要求，注重参与过程中的表现及成果展现等。同时，还要以第三视角对案例内容进行点评，善于发现公共参与中的不足之处并提出改进的意见建议，使学生能够在具体的案例中加深对公共参与的认识和了解，明确公共参与的责任与要求，增强对公共参与重要性的认同感和主动进行公共参与的责任感、使命感。这样既能够帮助学生拓展公共参与认识，提升自身公共参与水平，明确不同领域、不同内容的公共参与方式，又能够使学生在案例中增强学生群体在社会公共参与中发挥的作用，明确自身在社会中能够发挥的作用，增强自信心和使命感，从而促进自身公共参与意识的提高。另一方面，辅助性教材还要尽可能全面地为学生补充与公共生活息息相关的参与常识，如为学生普及当地政府各部门的职能范围及联系方式，提供诸如当地政府电子门户网站、微信公众号、微博账号等官方信息获取途径、不同乡镇的信访部门联系方式、所在地址，以及本地区的社会公益组织及其参与途径介绍等，使学生能够更为方便快捷地获取相关的公共参与信息，提高参与的积极性与可行性，同时对公共参与也有一个更为全面、系统的认识。

　　（二）推行活动型课堂教学，创设实践活动

　　作为实践导向的公共参与素养，需要中学生在实践中体验、深化、完成，对此，仅仅依赖教材进行教学是难以实现的，还需要教师充分发挥主观能动性，改变传统的课堂教学模式，推行活动型课堂教学并使其常规化，通过创设一系列的开放型实践活动，给予学生充足的探索、体验空间，使他们在切实的体会中将公共参与内化为自身的素养。

　　1. 构建校本活动型课堂

　　新课标明确提出了高中思想政治的课程性质："以培育社会主义核心价值观为目的，是帮助学生确立正确的政治方向，提高思想政治学科核心素养、增强社会理解和参与能力的综合性、活动型学科课程。"① 活动型课堂则是活动型学科课程在微观层面得到落实和实现的体现。所谓活动型课堂，就是在新课标的指导下，教师立足于学生的兴趣、社会经验和现实需要，通过设计开放式的活动将学科知识和生活关切融入课堂教学中，同时学生在教师的引导下参与教学活动，能够在活动中发现问题、分析问题，在探究中获得直接经验和间接经验的课堂教学模式。在此过程中，活动承载着课程内容，并把教学目标和学生的有机参与结合起来，使理论观点能够与生活经验相符合。而校本活动型课堂，则是立足于本校、本地区的条件和状况下进行设计的活动型课堂。相较于传统的依赖教材进行教学的情况而言，校本活动型课程可以更好地依据本校学生的整体生活条件、学习水平、兴趣爱好和特长等进行活动设计，从而更好满足学生在学习和生活方面的需求，又能够很好地结合本校、本地区的条件和状况，因地制宜，推动相关部门的工作得到推动与提升。因此，构建校本活动型课堂能够成为中学生公共参与素养培育内容的重要延伸和补充，使得思想政治课能够更好地将本地资源与学生个性相结合，把书本知识和参与能力相结合，通过活动的开展更好培养中学生的公共参与素养。

由于开展一节活动课往往需要教师花费较多的时间和精力进行准备，因此，在构建校本活动型课堂的落实方面，可以采取活动环节插入与活动专题设置两种方式。其中，活动环节插入是主要形式，设置活动专题则根据课时内容进行拓展补充，二者交替开展，可以适当减轻教师的教学压力。

活动环节插入主要是指将案例教学、辩论、情景表演等常见的课堂组织形式融入课堂教学中。对此，教师要善于挖掘生活中的公共参与素材，通过选择、加工在课堂中加以呈现，引导学生主动参与到预设的课堂活动中，从而在探究中碰撞思维、深化认识，并能够联系生活实际形成正确认识、加以运用，从而在课堂的活动环节中调动学习积极性，深化公共参与认识。

活动专题设置是指教师根据一定的公共参与主题，用专门一节课甚至是几节课的时间开展相应活动的过程。如在进行民主决策的内容教学后，教师

---

① 中华人民共和国教育部：《普通高中思想政治课程标准（2017 年版，2020 年修订）》，人民教育出版社，2020，第 1 页。

可以根据"社会听证制度"这一内容开展校园模拟听证会专题活动。对此，教师需结合学生的学习生活日常，提出一个具有讨论意义的问题，诸如"学生是否能够带手机进入校园""学校饭堂的饭菜是否应该涨价"等问题，安排学生分别以学校代表、学生代表、专家学者代表等角色进行发言，并严格按照召开听证会的流程、手续及步骤开展，使学生在角色扮演中对听证会形成一个更为直观的感受，从而对公共参与之于我们每个人的影响及意义有更为深刻的认识，也能在潜移默化中提高学生投身社会主义建设的积极性。同时，教师还可以借鉴相关经验，利用学科课程资源及校友、家长等社会资源，组织开展如"模拟联合国""模拟两会"等专题活动，丰富活动型课堂，让更多的同学参与其中，体验公共参与的意义及作用，并不断优化活动设计，促使这些特色活动成为本校活动型课堂的品牌，在扩大影响力的同时也使其成为提高学生公共参与素养的有力武器。

2. 创设开放型实践活动

学科内容与社会实践活动相结合是活动型学科课程的显著特点①，也是活动型课堂的必然要求。开放型的实践活动有助于充分调动学生的主动性和积极性，引导学生在生活中善于发现问题、收集素材、自主探究，从而在实践中获得切身体会；而实践活动往往与公共参与密切相关，也有助于在潜移默化中实现提高中学生公共参与素养的目的。对此，创设开放型实践活动，教师可以采用多种实践教学方式——既可以划出专门的课时带领学生开展社会实践活动，也可以将其转换为在课堂上布置相应的实践任务，由学生在课后自主完成。而要充分开发开放型社会实践活动，可以从校园和社会两个层面进行资源开发，充分挖掘可开展的实践活动。

（一）优化校园公共参与环境

对中学生而言，校园是他们主要的学习和生活空间，在封闭管理的学校里更是如此，学生能够接触到的社会公共事件较少，因此校园公共事务便成为其对公共参与的主要认知来源与接触对象。对此，在校园内营造良好的公共参与环境，为学生创设能够在校园内开展的公共参与实践活动对中学生公

---

① 黄万强：《实施基于核心素养的思想政治活动型学科课程的思考》，《齐鲁师范学院学报》2018 年第 4 期，第 70—74 页。

共参与素养的形成起着至关重要的作用。

从班级角度来看，教师要善于引导中学生，使其对公共参与的认识不仅仅局限于维持良好的班级秩序、完成班级学习任务上，更要在涉及公共参与的各种实践活动中有充分的自觉性、主动性并发挥创造性。如教师可以在校园文化节、运动会、各类评比活动中引导学生主动进行探讨，集思广益，在建言献策中选择最佳方案，从而发挥班集体的作用，为学生的公共参与实践创造条件。从学校角度来看，学校要创设有利于学生进行公共参与的环境，实行民主管理，从而让学生能够参与到学校的建设和发展中来；与此同时，教师也要善于引导学生发现校园中的公共参与要素，引导学生结合实际进行参与。如学生要了解并知道各种意见箱的具体位置及反馈的正确方式，允许、鼓励学生结合校园生活实际主动就公共场所、班级、宿舍、食堂等问题科学理性地提出意见建议；在进行决策方面，要允许、鼓励学生主动参与、理性表达诉求，从而增强公共参与意识。对校园宣传栏中的内容，学生可以建言献策，主动提出选题与内容，这样既能够使学生的意愿得以表达和呈现，也能够相应地提高学生的主动性和积极性。

（二）整合地方公共参与资源

除了校园内的公共参与，教师还应充分利用学科课程资源、地区历史文化背景、校友、家长等社会资源，尝试为中学生的开放型社会实践提供更为丰富的活动内容及条件，使学生在开放型社会实践活动中能够充分发挥主观能动性，在促进学生公共参与素养形成的同时也推动本地区的建设与发展。

对此，教师可以引导学生就社会公共事务展开调查，分析其背景、成因、意义或危害等，尝试撰写社会调查报告、提出合理的意见建议等，对有关部门的工作开展提出改进意见，也为有关部门的决策提供依据，在加深社会了解的同时也提高了自身的社会责任感；可以鼓励学生积极行使公民权利，主动参与到民主管理中，指导学生监督本村委会或居委会在环境治理、治安管理、交通管理、文化教育等方面的工作开展；可以引导学生主动参与到志愿服务中，积极主动参与各种救灾、扶贫、助残等帮扶困难的社会群体和个人的活动，资助科教文卫事业、参与环保、公共设施建设，参与促进各项福利事业的活动，践行公益精神；还可以引导学生关注社会公共事务，如本地区非物质文化遗产的保护及传承工作等，推动本地区优秀文化的继承与发展。

第三节　社会课程：推动中学生社会实践环节课程化建设

一、社会实践环节课程化的重要性

社会实践，是人类通过实践这一理论联系实际的环节认识世界、改造世界的过程。而中学生的社会实践，通常指中学生走出校园、接触社会、服务社会的过程，在这个过程中，中学生通过实践这一环节将所学的理论知识运用到社会实际中，在切身体验中获得新经验、形成新认识，从而使自身的认知得到重构，在形成相应价值观的同时也对社会的发展产生相应的作用。正所谓"纸上得来终觉浅，绝知此事要躬行"，要培育中学生公共参与素养这一实践导向的核心素养，学生不但需要在课堂上学习相关的理论知识，更需要投入到社会实践中对所学知识加以检验，方能有更为深刻的体会，将感性认识上升到新的理性认识，从而内化为自身的公共参与素养，因而社会实践在推动中学生公共参与素养形成方面具有重要作用。

一般而言，中学生的社会实践活动形式多样，主要可以分为以下几种类型：一是社会调查，包括某一群体、某一现象或是某一地区情况的调查等；二是公益服务，如探望老人、助残扶弱、清洁社区、交通指挥等；三是知识宣讲，如环境保护、法律法规、医疗卫生知识宣讲等；四是体验教育，如参观博物馆、爱国主义基地、了解非物质文化遗产传承与保护等；五是职业尝试，如勤工俭学、兼职实习等。虽然中学生的社会实践方式丰富多样，选择空间大、可操作性强，然而就当前的教育教学现状看来，中学生的社会实践在落实层面还存在许多问题：大部分学校虽鼓励学生进行社会实践，却往往让位于应试教育，使中学生的社会实践空有其表，难以落到实处，从而呈现出社会实践表面化的问题；再者，出于安全和管理方面的考虑，学校往往只选拔部分优秀同学外出开展社会实践，或者采取校内主题班会式的理论教育和情景模拟为社会实践的主要形式，没有充分挖掘社会资源，从而使中学生的社会实践活动抽离于现实生活，中学生的社会实践缺乏广泛性、真实性和实践性；此外，部分教师虽能够适时布置社会实践作业，却缺少有效组织和充分开展，更没有进行跟踪指导与实践评价，社会实践不系统、随意性强，使得学生对社会实践也往往持应付态度，中学生的社会实践难以发挥其应有的作用。对此，想要通过社会实践这一环节提高中学生的公共参与素养，首先就得直面在中学生社会实践中存在的问题，重视社会实践在推动中学生形成公共参与认识、提高公共参与意识方面的作用，使其在开展过程中体系化、课程化，方能使中学生在社会实践中获得新体验，形成新认识。

二、推动中学生社会实践环节课程化的方式

推动中学生社会实践环节课程化建设，即以课程的标准和要求来组织学生开展社会实践，有助于使社会实践的各个环节规范化、系统化，使教师能够根据相关内容及教学规划对学生进行指导、推动学生社会实践的顺利完成；也有助于综合利用各种资源，实现实践教学对课堂理论教学的深化、延伸和拓展，提升活动质量、提高育人效果。对此，推动社会实践环节课程化建设可以从做好课时安排、设立课程目标、进行教学设计、阐明任务要求、进行实践评价五个方面展开。

（一）做好课时安排与统筹

一般而言，中学思想政治课的课时较少，大部分教师在安排完日常教学内容及单元考试、试卷讲评后基本没有多余的课时可以进行社会实践安排，这也导致了中学生的社会实践活动往往是以课堂中的情景模拟抑或是课后作业的形式呈现，社会实践活动缺少相应的落实与追踪。对此，从学校层面来看，要实现社会实践环节课程化建设，推动中学生在社会实践中获得公共参与认识、提高公共参与能力，首先需要对中学生的社会实践设置专门的课时。通过社会实践培养中学生的公共参与素养是一个长期的过程，不能一蹴而就，因此学校要高度重视社会实践在引导并培育中学生公共参与素养方面的作用，通过顶层设计来设置专门的社会实践课时，保证每学期至少 1 课

时，寒暑假各 1 课时，并在学期初做好时间安排，方便教师结合教学实际设置社会实践任务，使中学生的社会实践能够有充足的时间得到落实，真正发挥社会实践环节在中学生的公共参与学习方面的作用。

（二）设立系统的课程目标

推动中学生社会实践环节课程化建设的次要任务是根据实践活动内容和主体的差异性，构建相应的课程目标体系。而社会实践课程化所需要形成的目标，就是学生通过社会实践所要达到的预期和标准，是学生进行社会实践所需达成的最终目的与教师进行指导、评价的根据。

对此，在目标设立方面，从实践内容差异性看，由于社会实践环节是为思想政治学科的课程内容服务的，在方向上具有一致性，因此我们可以参照思想政治学科课程的目标分类，将其划分为知识目标、能力目标、情感态度价值观目标三个维度。其中知识目标指的是学生通过社会实践活动所需获得的对公共参与的相关概念、观点的实际和理解；能力目标是指学生通过社会实践活动所能够提升、达到的能力，如沟通表达能力、分析处理问题的能力等；情感态度价值观目标是学生通过社会实践活动形成的对人、对社会等方面的情感、态度和价值判断。而根据主体的差异性来看，社会实践往往随着学生所处年级不同、所学的思想政治教材内容不同而改变。对此，社会实践的目标设置应与学生所学的内容相衔接，如高一年级的社会实践目标应围绕经济和政治领域设立，帮助学生正确认识我国的经济制度、政治制度，在实践中投身社会主义现代化建设，增强政治认同感，突出爱国主义和集体主义教育；高二年级的社会实践则应普遍围绕文化和哲学领域设立，使学生能够在社会实践中增强文化自觉和文化自信，用辩证的观点看待社会事务的发展等，提高学生分析社会问题的能力、综合应用能力及创新精神等。

（三）进行社会实践教学设计

教学设计是在一定的教育教学理论指导下，应用系统方法对教学过程的诸要素、环节及其相互关系进行科学的分析、描述、规划，为教学活动制订具体可行的程序或方案的过程[1]，它是连接教学目的和社会实践的桥梁，对

---

[1] 胡田庚：《中学思想政治教学设计与案例研究》，科学出版社，2012，第 8 页。

社会实践的开展具有指导作用。由于社会实践不同于课堂教学，中学生在进行社会实践时往往处于不同的情境中，学生的自主性较强，具有较大的不确定性与开放性，因而社会实践活动的过程及效果也往往是因人而异、因事而异的。尽管如此，教学设计仍是进行社会实践的一个必要环节，只是不同于普通课堂的教学设计，社会实践教学设计更侧重于社会实践内容这一大方向的选择以及开展方式多样化的预判，使教师能够为学生提供更为全面而充分的实践指导。

对此，在教学内容选择方面，教师要充分开发利用社会资源、时政资源，精心选择适合的社会实践主题。首先，社会实践的主题应该选择与学生近期所学课本知识相近或相关的内容，有助于学生深化对课本理论知识的认识，又能主动进行迁移，使所学理论知识在社会实践中得到检验，还能够使学生在一定的认识基础上解决实际问题，从中获得成就感与满足感，提高学生的学习积极性。其次，社会实践的主题应符合学生的关注点（关注点应源自学生的日常生活实际）。这类主题的社会实践能够将学生在社会生活中遇到的问题提取出来，引导学生直面生活中的困惑或困难，能够较好地调动学生发挥主观能动性进行深入了解和分析，做出相应的价值判断和价值选择，从而实现与时俱进，提高对新时代背景下公共参与的认识。再次，社会实践的主题应选择与社会热点紧密相关的主题。社会热点是人们关注的重点内容，往往体现不同群体的矛盾与冲突，反映不同群体的利益诉求，是社会公共领域的重要事件。这类主题与时事紧密结合、话题度高，较能引起学生注意，调动学生的好奇心进行主动探究，有助于推动学生在社会实践中进行公共参与。

而在活动开展形式方面，教师往往只负责为学生提供方向上的选择，而在具体的社会实践中则要允许学生发挥主观能动性进行拓展。如教师在设计开展关于本地区垃圾分类问题的社会调查时，需要向学生明确"社会调查"这一社会实践方式，并为学生的活动开展提供相应的知识技能背景——什么是社会调查，如何进行社会调查等，其余内容如学生在社会实践中所需要做的具体内容及选择的具体开展方式（如学生是通过走访、问卷调查还是访谈这一种或几种方式获得调查数据）则不作干预，仅是进行预判，以为学生在社会实践中可能遇到的问题提供相应的意见建议并做出引导。

此外，社会实践的主体应涵盖全校的学生，使每一位同学都能够参与到社会实践中，都能通过社会实践获得相应的公共参与体验，形成自身的公共参与认识，提高自身的公共参与能力，在体验和收获中提高对公共参与的兴趣与积极性，从而形成一个良性循环。只有当全体学生均能够无差别地参与到社会实践中，社会实践这一环节方能算是达到了课程化的要求。

（四）阐明任务要求

为规范化、系统化地开展社会实践，教师需要在学生开展社会实践活动前为学生提供相应的知识技能铺垫，并阐明学生通过社会实践需完成的主题内容、反馈及检验的方式。知识技能铺垫是教师为学生在公共参与社会实践中遇到的必备知识提前进行的讲解与普及，如教师安排学生自主完成一次公益服务，则需要对公益服务的内涵及其所辐射、涵盖的范围给予基本的讲解铺垫，使学生对本次社会实践的目的意义以及开展范围有一个基本的认识，在后续的社会实践中不会偏离方向、脱离主题。反馈及检验方式指的是教师对学生的社会实践成果进行验收的方式和要求，如撰写一份调查报告、提交一篇心得体会、以个人或小组的方式进行课堂分享等，均是教师在学生开展社会实践活动前需要向学生明确的要求，以便学生按照既定的要求提交社会实践反馈。再者，教师还可以适时地将其对社会实践成果的评判标准进行说明，以帮助学生更好地明确他们在社会实践中需要达到的标准和水平，使其在社会实践过程中努力向预定的目标靠近，有效提高中学生社会实践的效率和效果。

（五）进行社会实践评价

推进社会实践环节课程化建设，还需要建立一套完善的社会实践教学评价方式。社会实践评价，就是在系统地收集、分析、整理学生在社会实践过程中所产生的信息和资料的基础上，根据一定的标准，运用一定的方法和手段，对中学生的社会实践活动进行价值判断的活动，是对学生在进行社会实践后所获得的知识、能力、情感态度价值观在对应教学目标的实现程度上进行判断和总结，既有助于学生客观看待其在社会实践过程中的收获与不足之处，也有于教师在后续的社会实践教学设计中不断吸取经验、不断改进。

由于社会实践具有一定的特殊性，为避免出现未认真参加社会实践却提交了一份看起来较为优秀的社会实践报告、在社会实践过程中表现优异却不善于总结分享、认真进行社会实践有所收获却与教师预期不相符等极端情况，充分尊重学生的劳动成果，尽最大努力维持公平公正，对学生的社会实践进行评价不能单纯地注重结果，还需要考察学生在社会实践的整个过程及实践效果，关注学生在社会实践过程中所呈现出来的认真负责、创新创造、自我提升等。因此，要给学生的社会实践一个合情合理的评价，需要综合运用多种评价方式。

1. 过程评价与结果评价相结合

过程评价是教师在了解的基础上对学生在社会实践过程中所表现出来的态度、能力、参与时间、完成情况等进行的评价，结果评价则是教师对学生按要求完成的社会实践成果进行的评价。由于学生人数众多，教师要对每一位学生的社会实践过程均有充分的了解是不切实际的，对此，教师则需要收集学生的课堂笔记、活动日记、实践资料等在社会实践过程中产生的所有资料，借助这些资料对大部分学生的社会实践活动进行过程评价。同时，根据学生提交的社会实践成果进行结果评价，最终按照一定比例对学生的社会实践进行综合评价，使教师的社会实践评价较为客观公正，给予大部分学生一定的肯定和认可，激发学生的公共参与责任感和使命感。

2. 定量评价与定性评价相结合

定量评价是运用一定的数学方法对社会实践的各个要素进行数量分析和评判的评价，定性评价则是立足于教师个人的经验对学生的社会实践过程和结果性质进行分析和判断的评价。量化评价的内容往往更为客观、准确、公正，但社会实践作为一个理论联系实际的过程，不同的主体在不同的情境下做出的判断和选择也不同，是复杂多样、难以进行量化的。对此，教师在评价的过程中不能一味追求量化，如简单地靠学生在公共参与中完成的任务量来进行评判，而要将定量评价与定性评价相结合，对学生的社会实践活动进行综合评价，从而在真正意义上实现对中学生社会实践的客观公正评价。

3. 自我评价与他人评价相结合

自我评价指学生本人参照评价指标体系对其在社会实践中的表现和成果进行的评价，他人评价则是指学生本人之外的教师、同学等其他人员依据评价标准对该名学生的社会实践进行的评价。由于教师难以实现全程参与并了解每位学生的社会实践情况，因此学生的自我评价首先能够反映出学生在社会实践活动过程中的自我认识、自我分析，在帮助学生进行总结反思的同时也给予教师更多的资源信息。而他人评价中的同学评价则能够帮助教师以第三方的角度了解某一同学在同伴眼中的表现，综合多名同学的评价有助于对该名学生的社会实践表现形成一个较为客观的认识。对此，教师在对学生的社会实践活动进行评价时，应在学生进行自评、他评之后进行综合，以获得一个较为准确、客观的评价，为在社会实践过程中培育中学生的公共参与素养提供切实的意见和建议，使中学生的公共参与能力得到切实的磨炼和提高。

第四节　社会调查：在关切公共事务中激发公共参与精神

一直以来，中学思想政治课程都侧重于传授理论知识、提高学生考试成绩，传统单一的理论教学课堂往往只能让学生识记相关知识而不能获得深入理解，部分学生甚至对所学内容"学而不信""知而不行"，使得思想政治教育未能真正实现其教育目的。对此，中学思想政治教师也就此问题进行了不断地探索和改进，在思想政治课程教学中融入并辅之以一定的社会实践活动，以推动中学生更好实现"知行合一"，在自主探究中深化对理论知识的认识和理解，并通过切实的实践行为更好地观察世界、改造世界。对此，社会调查以其广阔的涉猎范围、较强的可操作性、学生喜闻乐见的形式成了教师们在社会实践环节的重要选择之一，而它在促进中学生内化理论知识的同时也推动了中学生关切公共事务、投身公共参与，在提高中学思想政治课程育人效果方面发挥了重要作用。

一、社会调查对中学生公共参与产生的影响

社会调查是在一定的目标指导下运用科学的调查方法对社会现象进行了

解、考查的过程①。从调查主体来看，社会调查的主体覆盖全体社会公民，没有年龄、学历、专业等方面的条件限制，只要对某一具有社会意义的社会现象感兴趣或存在疑问，在简单学习社会调查的基本操作及程序后均可开展社会调查；从调查对象来看，社会调查涵盖了全社会范围各个领域内所有值得关注、了解、探究的现象和问题，领域宽广，可供调查的内容丰富；从调查方法来看，社会调查可以通过查阅文献、观察走访、问卷调查、访谈等方式加以了解、记录；从开展形式来看，社会调查可以由个人独立完成，也可以进行团队合作，可以通过网络进行线上调研，也可以到相关领域进行实地考察。因此，社会调查立足于对社会的研究和探索，以其广泛的覆盖面及较强的可操作性成为社会实践的一大重要开展方式。

就其意义来看，社会调查对中学思想政治课的教学而言更多的是一种组织学生走出课堂、走出学校、深入了解社会并从中得到教育的课外活动形式，是对传统的学校思想政治理论课堂的延伸和补充，能够帮助学生将所学的理论知识与社会生活实际相联系，自觉关注社会生活、关注社会热点问题；同时，又能够丰富思想政治课程的组织开展方式，使社会实践这一环节得到贯穿和落实，既调动了学生的学习积极性，又进一步提高思想政治课程的趣味性、深刻性和实效性。对中学生而言，进行社会调查首先能够引起他们对公共生活领域的关注、关切公共事务，促使他们善于发现问题、提出问题，并通过对公共生活领域存在的问题进行探究和分析，不断提高逻辑思维能力、沟通交流能力、团队协作能力等各方面综合能力；其次，进行社会调查有助于调动学生对公共参与的积极性，使其积极主动投身于公共领域，尝试运用马克思主义的立场、观点和方法来观察、分析存在的问题。通过调查研究，中学生能够客观理性地看待社会生活中存在的问题，提出相应的意见建议，并将其转化为自觉行动，主动承担社会责任，从而更好地激发中学生的公共参与和公共理性精神，传递正能量，在推动相关领域发展完善的同时加深爱国爱党的情感，坚定对社会主义的信心和信念，逐步树立正确的世界观、人生观和价值观。社会调查不但能够推动思想政治课程的完善和发展，

---

① 张同秀：《高中生公共参与核心素养培育途径探究》，《教育基础参考》，2018年第14期，第73—74页。

也能够帮助中学生在关切公共事务中激发公共参与精神、增强责任担当、提高综合素质，还能够发现并解决公共领域问题，推动社会的发展和进步。因此，应当重视并加以运用，以最大限度发挥社会调查的价值和作用。

二、通过社会调查激发中学生公共参与精神之应用

公共参与涉及社会生活的方方面面，与每一位公民的生存发展息息相关。而公共参与精神指的是公民关心公共事务，愿意为营造更好的生存发展条件而致力于公共生活、改善和公共秩序建设的理念和追求。如果缺乏公共参与精神，那么公民对公共参与的关注度和积极性便会相应地降低，其主人翁意识和社会责任感也就相应地弱化了。因此，培育、激发公民的公共参与精神，有助于营造一个良好的社会公共参与氛围，也有助于推动我国民主政治建设和社会治理的发展进步。中学生作为青年一代，是未来公民的重要组成部分，他们对待公共事务的态度及行为在很大程度上预示并推动着我国民主政治的建设和发展情况。事实上，教师有目的地引导中学生开展社会调查的过程，就是推动中学生投身于社会公共领域、合理关切公共事务的过程。在此过程中，中学生以实践主体的身份融入公共领域中，在关切公共事务中发现问题、提出问题、分析问题，探究其产生的原因并提出相应的意见建议，能够提高中学生的公共理性和社会责任感，激发公共参与精神，推动公共生活和公共建设的发展与完善。因此，我们应该充分利用社会调查这一手段，推动中学生在关切公共事务中激发公共参与精神，使其不断提高自身的公共参与素养。

（一）明确社会调查的组成部分

"工欲善其事，必先利其器"，想要组织学生开展社会调查来提高学生的公共参与意识和能力，激发公共参与精神，教师首先要向学生明确开展社会调查的基本环节与内容，使其具备进行社会调查的基本能力。一般来说，社会调查由五个部分组成。

第一，确定调查主题。社会调查的调查主题虽涵盖了社会范围内各个领域的内容，选择众多，但还需教师进行筛选，以确保调研主题具有足够的可行性、科学性、针对性和教育性。一般来说，调查主题的选择往往立足于现

行的思想政治教材及教师的教学内容，抑或是社会聚焦的前沿问题。选择与学生近期所学的课本知识相近或相关的内容有助于深化学生对课本理论知识的认识，使学生在社会调查中对其真理性加以检验，同时又联系生活实际，拓宽学生对某一领域理论知识的认识和了解；而选择社会热点问题，则能够推动学生主动关注公共领域，充分调动所学知识进行研究和分析，从而形成自己的观点、提高思辨能力，同时也能够在一定层面和范围内引导舆论的发展、推动社会热点问题得到解决。其次，教师应对调查主题进行审核，确保调查主题具体、涵盖范围适度、可操作性强，符合学生的思想状况及能力范畴，避免学生因选题不当而在开展过程中出现问题，影响社会调查的进行。再者，面对第一次接触社会调查的学生，教师要以举例说明的方式对调查主题进行讲解，并为学生提供一定数量的调查主题以供选择，如校园范围内的食堂问题、校车问题、中学生使用手机情况，经济领域的索取发票情况、消费观念调查，政治领域的民主选举、民主决策、民主管理、民主监督参与情况，文化领域的文物保护、非物质文化遗产继承和保护、方言发展，生态领域的农村水污染问题、垃圾分类问题、一次性塑料制品使用情况等，既帮助学生初步了解了调研覆盖范畴，又有助于引导学生关注公共生活，进行公共参与。而随着学生开展社会调查的次数和经验的增加，教师可以逐步减少对学生选题的干预，以审核筛选为主，采取提供选题和自主选题相结合或独立自主拟定调查主题的方式开展社会调查，逐步培养学生独立自主开展社会调查的能力。

第二，制定详细计划。确定选题后，学生需要根据选题内容制定详细的社会调查计划。计划应包含调查的主体、目的、调查对象、开展时间、地点、内容、实施过程、相关器材准备、可能出现的问题及面对的困难等，需要进行全面考虑。在此过程中，教师应为学生准备相应的调查计划作为示范，使学生更好地明确调查计划的撰写要求；同时，教师要对调查中可能出现的问题及面对的困难等着重进行举例说明，传授一定的调查技巧以避免出现技术性失误，如调查对象应具有典型性，掌握一定的沟通技巧以促进调查的顺利开展等。

第三，确定调查方法。常用的调查方法主要有文献资料法、实地观察法、问卷调查法、访问访谈法等。其中，文献资料法是通过查阅文献资料以了解调查内容，通过持续的深入研究而掌握问题实质进而解决问题的方法；实地调查法是通过到被调查的地区进行走访、观察以了解该地区情况的方法；问卷调查法是使用问卷对有关对象进行调查访问的方法，因其往往采用不记名调查的方式，避免了调查对象信息的公开，从而使获得的问卷数据更为真实可靠，加上网络这一途径为问卷调查提供了更为便捷的开展方式，使得问卷调查成为开展社会调查最为普遍的方式；访问访谈法是通过与调查对象面对面或借助电话、网络等渠道进行提问、沟通以获得相关信息的方法，一般适用于调查主体较少或是抽样调查。对此，教师应向学生说明各种调查方法的适用对象、使用方式，并引导学生根据调查内容和实际情况进行搭配选择，以提高调查的真实性、可靠性和科学性。

第四，进行调查。前期的充分准备是为了调查的切实开展，因此，进行调查是开展社会调查的重中之重，只有切实开展了调查方能获得真实、可靠的信息与数据，方能继续推动社会调查下一步的开展，也赋予了本次社会调查切实有效的意义。经过前期的充分准备，学生基本上可以按照调查计划逐步执行，但教师还需提醒学生注意处理调查中出现的突发情况，随机应变，以推动调查的顺利进行。

第五，形成调查报告。在调查结束后，学生需要对调查获得的信息与资料进行整理，秉持"不唯上、不唯书，只为实"的态度，剔除无效内容，对有效部分进行归纳整理、分析数据。而在数据分析中，一般采用定量分析和定性分析两种方法。其中，定量分析是指分析被研究对象所包含的数量关系，并以数量作为结果进行描述的方法。而定性分析则是指通过逻辑推理、哲学思辨、历史求证、法规判断等方法着重从被研究对象的性质方面进行分析的方法。

在进行深入的分析研究后，学生应当自主撰写调查报告，对调查的题目、开展时间、地点、方式、调查对象、调查过程、发现的问题、材料分析及研究结论、心得体会等进行系统的阐述，以书面报告的形式加以呈现，便于将社会调查由感性认识上升到理性认识，从而更好地指导实践活动。对此，教师应在教授过程中为学生提供优秀的调查报告作为范本，使学生对调查报告的撰写有所了解，在模仿中进行初次尝试，以避免出现因畏难情绪而不撰写调查报告，使社会调查未能在真正意义上得到完成的情况。

（二）高度重视，检查落实社会调查的各个环节

社会调查的顺利开展和实现有赖于学生的正确设计与实施，也依赖于学生对待社会调查的态度。而教师对社会调查的态度将直接影响到学生对待社会调查的态度。受"素质教育为名，应试教育为实"的教育现状影响，大多数思想政治教师更关注学生对课本知识的吸收理解和考试运用，而对社会实践持可有可无的态度。同时，由于开展社会调查需要教师进行大量的准备和引导，在学生进行实践的过程中也需要及时为学生答疑解惑、观察引导，大大增加教师的工作量，使得一些教师对社会调查持敷衍态度，只求完成教学任务，不问教学质量与效果。对此，教师应深刻认识到社会调查在推动学生关切公共事务、激发公共参与精神，在理论与实际相联系中推动学生个人综合素养提高的重要作用，高度重视社会调查作为提高中学生公共参与素养的一个重要载体和手段的落实与发展，方能使社会调查发挥其真正的作用，实现意义所在。因此，教师要克服畏难、懈怠的情绪，以促进学生个人的全面发展为基点，以推动社会的发展和完善为己任，检查、落实学生在社会调查中各个环节的内容和开展，以认真的态度和严谨的作风要求自己，以良好的精神面貌感染学生，从而促使中学生树立对社会调查的正确态度，在社会调查中提高公共参与意识，增强社会责任感。

（三）进行交流总结，升华主题

社会调查在实际上是一种"实践—认识—实践"的过程，即通过社会调查这一实践检验已有认识的真理性或了解社会中存在的问题，在客观理性地进行分析论证后得出相应结论，最后又通过实践来践行真理或解决问题。而按照社会调查的要求和程序完成社会调查，是学生在个人层面的学习和收获，以此为结点结束社会调查这一实践活动只能使学生获得在社会调查中形成的主观认识，不利于其知识的拓展和丰富。因此，教师首先应在学生提交调查报告后对学生的调查报告进行考评，结合学生在社会调查过程中的表现及成果给予综合评价，以肯定学生的调查行为、认可其调查结论或指出不当之处，以帮助学生深化对社会调查的认识。其次，教师应当组织开展交流总结会议，为学生在社会调查活动中取得的经验、成果、调查结论提供交流和总结的平台，使学生能够在小组分享及相互交流中吸取借鉴他人的经验和长

处、弥补自身的不足，同时升华主题，将社会调查、理论知识与公共参与相联系，拓宽并加深学生对不同领域公共事务的认识和理解，纠正和停止不符合道德要求的思想和行为，引导学生从个人理性走向公共理性，形成共同体意识，增强社会责任感，更好地激发公共参与精神，愿意为营造更好的生存发展条件、改善公共生活和推动公共秩序的构建付出切实行动，实现对中学生公共参与素养的培育。

第五节 社区服务：探寻参与式中学生思想政治教育路径

一、社区服务之于中学生公共参与的意义

社区，是由居住在某一地区的社会群体或社会组织所构成的社会区域生活共同体，它可以是一个街道的小区，也可以是一个城镇的乡村。社区服务一般指的是公民为社区提供的公益性义务活动。就中学生群体而言，社区服务指学生利用课外时间，以志愿者、服务者的身份参与到社区公共服务中，结合社区的实际情况，应用所学知识为社区提供力所能及的服务，从而获得直接经验、提高自身的综合实践能力，又能够对服务对象形成新的认知、推动社区以及社会的发展进步的过程。

社区服务的内容和开展形式丰富，从内容上看，涵盖了公共安全、生态环境、助残扶弱、医疗卫生、法律普及、综合管理等方面；从形式上看，包含了义务劳动、人文关怀、社会调查、宣传科普等。社区服务立足于学生生活实际，覆盖面广，能够根据不同阶段学生的发展水平提供不同的服务内容，可操作性较强。就其作用而言，社区服务首先能够在理论联系实际中加深学生对学科知识的理解。由于学生在学校所学的内容都是理论知识，对所学内容在社会生活中的认识往往也处于一个理想化的状态，因此，进行社区服务能够帮助学生将课堂中所学知识在实践中加以运用和转化，不断加深对所学知识的理解，同时结合实践中所遇到的新情况、得到的新体会，不断丰

富已有认识，拓宽知识面，联系实际，以便更好地巩固所学知识。其次，社区服务有助于提高学生分析问题、解决问题的能力。在进行社区服务的过程中，学生要将所学知识联系实际加以运用，面对现实中可能存在的新情况、新问题，需要通过独立思考或讨论协商后充分发挥主观能动性加以解决。因此，学生分析问题、解决问题的能力在一定程度上可以得到提升。再次，社区服务能够提高学生的思想道德素质，促进学生情感、态度和价值观的养成。进行社区服务的过程，是学生认识自己、认识他人、认识社会的过程，通过提供不同方面的社会服务，学生在能够亲自观察社会、了解他人需求中明确自身之于社会的意义与作用，从而在实践和感悟中不断强化自身与社会的联系，增强社会责任感和使命感，促进自身思想道德认知与综合素质的提高。

而随着我国基础教育课程改革的不断推进，过去只注重知识传授的倾向已经无法适应时代的发展要求，提高学生个人的综合素质、增强其探究和创新意识、提高社会责任感成为迫切需要。对此，社区服务与社会实践和信息技术教育、研究性学习、劳动与技术教育共同构成了综合实践活动这一必修课程，要求学生在小学至高中阶段均加以学习和实践，社区服务也就成了学生群体走出学校、服务社会、改造社会的一大活动载体。基于此，不难发现综合实践活动中社区服务与社会实践的作用及意义与思想政治课程的培养目标具有相似之处，社区服务的实践性、公共性的特点也为思想政治课程通过实践活动培育中学生的公共参与素养提供了新思路。

二、通过社区服务培育中学生公共参与素养的路径探究

社区服务作为思想政治课程教育实践活动的一种重要组织开展方式，是对"服务学习"理念的贯彻与落实，能够推动中学生在社区服务中促进社区及社会的发展进步，同时又推动学生在进行服务和实践的过程中进行自主学习，不断提高其公民意识、参与意识、社会意识和主人翁意识，形成学以致用、服务社会的观念和勤恳助人、乐于奉献的积极态度和情感。然而，就当前的中学生社区服务来看，还存在着许多问题，影响了中学生社区服务的效果：首先是服务的内容较为单一，大多局限于简单的打扫、慰问、爱心捐助等常规活动中，社区服务与思想政治学科教学的联系较为有限，对社会资源、实践资源的开发利用不够充分，相同内容的机械重复难以让参与其中的中学生体验到社区服务真正的乐趣与内涵，也不利于调动学生的主观能动性、发挥创新能力；其次是大多学校、教师对社区服务的认识不够充分，在组织学生进行社区服务时比较随意，活动前缺少明确规划，活动中缺乏组织纪律与指导，活动后缺少总结与评价，往往就是把学生带到社区中完成相应的任务，缺少完整的工作机制与对学生服务学习的跟踪反馈；再次是社会层面对中学生社区服务的认同感还不够高，尚未形成一个良好的氛围。不少家长仍以学生的学习成绩与兴趣爱好培养为重，忽视了社区服务在促进学生综合素养方面的意义与作用，认为社区服务只是流于形式，作用有限，需要占用孩子较多学习时间，不利于孩子学习成绩的提高，而有关部门及其工作人员对中学生开展社区服务的态度也较为敷衍，甚至存在中学生开展社区服务会增加他们的工作量的想法，学校、家庭和社会之间尚未能就社区服务形成一个联动网络，影响了中学生社区服务的有效开展。对此，想要推动中学生通过参加社区服务提高公共参与素养，就需要解决当前中学生社区服务中存在的问题，从资源挖掘、设计方案、落实服务、评价追踪、营造氛围等多个方面推动中学生社区服务体系不断完善，使其服务体验效果得到提升。

（一）挖掘地方资源，丰富服务内容与形式

由于开展社区服务所涉及的因素较多、考虑面较广，如学校层面需要考虑学生出行的安全问题，活动经费、活动内容设置问题，同时也需要考虑社区的配合度以及与社区协商活动场所、活动时间等安排，不少学校便将活动开发思维固定在常见且便于实施的服务内容中，如打扫卫生、慰问老人、爱心捐助等，内容较为单一、形式上较为简单刻板。事实上，社区服务覆盖范围广，可操作性强，社会资源丰富，而这些社会资源的开发和运用程度也影响着中学生社区服务的效果和水平。因此，学校首先要对社区服务的内容进行挖掘和创新，整合地方资源，丰富社区服务的内容与形式。

首先，在服务的内容方面，应当包含物质层面的直接服务与精神层面的人文关怀。直接服务一般指学生通过体力劳动或捐款捐物等进行社区服务，如打扫卫生、爱心捐助等，使中学生能够在劳动或奉献中增加对我国公共环境及民生现状的了解，在微观层面使一些问题得到缓解或解决，从而推动国家治理的不断完善；而人文关怀指的是中学生重视公民的精神发展状况，在精神层面给予他人陪伴与温暖，协助解决他人的心理问题，促使我国公民健康成长，从而不断推动人民对国家治理的认同感，如定期与福利院的儿童、敬老院的老人、甚至是艾滋病患者等特殊群体进行沟通交流、甚至是搭对帮扶，以陪伴关怀或宣传推广的方式给予特殊群体人员关怀与帮助。对此，既要注重直接服务的开发，也要注重对精神层面活动内容的挖掘，以不断丰富中学生社区服务的内容与形式。

其次，我们要以发展的眼光看待中学生的社区服务，充分挖掘社区中的物质资源，包括各种可以为中学生社区服务提供场地及资源的环境、机构、组织，如敬老院、福利院、献血站、图书馆、博物馆、爱国主义教育基地、共青团、村委会、居委会等，积极拓展社会关系，善于发现社区服务中存在的难点、热点问题，结合实际进行沟通联系、寻求互惠合作，确保学生能够有更丰富的途径和资源来开展社区服务，推动有关组织机构及社区工作水平的提高，进一步推动社会治理水平的提高。其次，要充分利用社区中的人力资源，为中学生的社区服务拓展提供助力。社区的人员构成复杂多元，覆盖各行各业，而不同领域的成员所具备的认知经验与技能素质也不同，充分利用社区中的人力资源则有助于汇聚行业英才，丰富中学生社区服务的内容与形式，甚至能够为中学生开展社区服务提供经验技能培训等，对拓宽中学生社区服务的发展空间、提升服务质量具有重要作用，有助于推动中学生社区服务的顺利进行。

（二）精心设计社区服务活动，增强服务效果

就中学生的社区服务而言，教师起主导作用，其关注、指导学生服务的开展能够帮助学生更好地完成服务内容，从具体领域不断完善对公共参与的认识；而中学生作为参与主体则需要通过切实的实践在体验中感悟、在感悟中收获，从而不断更新、巩固自身的公共参与认知，不断提高自身的公共参与意识与能力。然而在现实的社区服务中，由于社区服务不同于传统的课堂教学，它是在不同的社会环境中发生的，涉及因素多、不确定性强，学生进行服务的效果也是因人而异、因事而异的，且要求教师从原有的课程实施

者、执行者转变为课程的组织者、管理者、评价者，对大部分教师而言难度较大，甚至有些无所适从，因此出现了不少教师将社区服务简单化、应付了事的情况，即只是简单地为中学生社区服务的开展设定了主题、说明要求便加以开展，而没有结合具体的教学实际、本班学生情况及社会实际需求进行具体的设计和准备，也没有对预判学生可能会出现的问题加以引导，从而导致了中学生在社区服务的过程中发现的问题没有得到及时的解决、思想政治素养没有从根本上得到提高，甚至使社区服务成为形式主义的产物等结果。

对此，教师首先应明确社区服务之于中学生公共参与素养提高的重要性，认识到自身在社区服务中发挥的作用及角色定位，结合中学生社区服务的活动特点，转变教学观念，从被动的实施者转变为主动的设计者和指导者。其次，教师既要结合教学实际、学生所处阶段的认知经验与社会发展实际主动深入挖掘中学生社区服务的内容，拓展学生社区发展服务领域，又要允许学生发挥主观能动性，主动参与到社区服务主题的提议、实施方案制定中来，使学生善于发现社会生活中的需求与服务，促进其自主探究能力、服务意识与公共精神的提升。再次，教师应对具体的社区服务的开展过程进行教学设计。教学设计是中学生社区服务的先导，能够为中学生的社区服务提供方向指引，更好落实教学目标。因此，教师应当对每一次的社区服务的背景及意义有一个充分的了解，围绕社区所存在的热点、难点问题有针对性地进行活动计划及内容设计，并对学生可能遇到的问题进行预判，从而使学生在参与社区服务中能够有所体验，在遇到问题的时候教师能够及时给予引导，让学生真正成为学习与服务的主体，能够充分发挥主观能动性进行体验和探究；而教师则真正成为学生在学习和服务中的引导者，通过教案预设把握社区服务开展的节奏，在服务过程中进行组织引导，逐个击破学生在服务过程中所遇到的困惑，推动社区服务效果的提高和增强，更好把握中学生社区服务的内容与意义。

（三）切实体验社区服务，注重评价反馈

社区服务中，无论是常见的打扫卫生、敬老爱老、扶贫助弱，还是较少开展的交通指引、垃圾分类、普法宣传等，都需要学生在切实的服务中加以体验，方能不断提升自身对社区服务及公共参与的认识，形成社会责任感，推动自身公共参与素养的提高。对此，学生首先应当端正对社区服务的态度，不应简单地将社区服务等同于体力劳动或形式服务，不拘泥于是否参加过这一内容的社区服务，不过分依赖教师的规划与安排，而是在充分了解社区服务之于社会发展、之于自身全面发展的意义后主动投身社区服务，充分调动自身的主观能动性，善于发现在每一次社区服务中所呈现的问题，善于从不同角度进行思考和挖掘，从而使自身能够通过思考、沟通切实为他人解决困扰、提供帮助，在每一次的社区服务中均能有所体验与感悟，并从不同角度不断完善自身对公共参与、公共服务的认识，不断提高自身的公共参与意识与能力。

其次，教师应注重以综合、多元的方式对学生的社区服务进行评价反馈，以便更好提高学生社区服务的质量和效果。在现实的社区服务中，教师往往以学生服务结束后提交的活动总结作为衡量的标准，而选择性忽略了学生在活动过程中的表现及收获，对此，仅以单一的方式进行中学生的社区服务评价不利于激发学生在活动过程中的主动性、积极性，也不利于给予学生的社区服务更为客观、公正的反馈与评价。因此，对学生进行评价时，一是要注重评价主体的多元化，使学生自己、同伴、教师、社区工作人员都尽可能地参与到社区服务评价中，综合多方意见以保证评价更为客观、真实、全面；二是要注重评价手段的科学化，综合运用作业评定、总结报告、成果展示、口头演说等方式，对学生在服务过程中、服务结束后等不同阶段的所感所得进行综合了解，在推动学生认真对待社区服务的同时也推动学生书面表达能力、语言表达能力的提升；三是要注重过程评价，即综合学生在社区服务过程中的表现进行评价。对此，教师不能简单地以任务完成量作为衡量指标，而应结合学生的个人情况、社区服务的难度以及学生在社区服务过程中的进步和成长进行综合考量，对乐于奉献、敢于突破自我、出现问题后能够通过尝试、反思调整服务方式等情况要给予充分肯定。

再次，教师还要对学生在每一次社区服务中的表现及态度，进行社区服务的目的及意义进行总结升华，并就每一次社区服务中的不足之处加以指出、不断完善，逐步形成适合本服务内容、本校学生的社区服务模式，必要时可以借鉴使用，提高后续社区服务的成效。

(四) 营造良好的公共氛围，取得家长与社会支持

中学生社区服务的开展涉及学校、家长、社会等多个主体，只有各个主体相互支持与配合，共同营造一个良好的鼓励公共参与、鼓励服务奉献的氛围，才能在全社会范围内推动社区服务的开展与落实。对此，学校方面首先要高度重视中学生社区服务的开展，认真贯彻落实新课改精神，将社区服务纳入学校的教育管理和课程体系中，支持中学思想政治课以社区服务作为丰富课程内容与拓展中学生公共参与素养的重要方式，积极制定社区服务计划，拓展社区服务资源；其次，家长应当理解并支持中学生开展社区服务。家长应当充分认识到孩子的发展不应局限于功利的学习成绩与刻意培养的兴趣爱好，而应是德智体美劳全面发展，从而更能够适应社会发展要求，在发展中获得更大优势。因此，社区服务对中学生提高自身的服务意识、奉献意识、综合探究能力、实践能力、共情能力等多方面均具有重要作用，对推动社会发展进步也具有重要意义，家长应当鼓励并支持学生参与到社区服务中，从而更好培养学生关心社会事务、关注弱势群体、服务奉献的意识与能力；再次，社会各单位应当认识到自身在中学生社区服务中所承担的责任及发挥的作用。《中共中央国务院关于进一步加强和改进未成年人思想道德建设的若干意见》中明确指出："城乡社区等相关基层组织必须切实推进青少年的思想道德建设，为青少年的健康成长与发展营造良好的社区环境。"[1]提供社区服务是推进青少年思想道德建设的一种重要方式，需要城乡社区等相关基层组织及社会各有关单位给予支持和帮助，为中学生提供开展社区服务的场所及内容、鼓励中学生社区服务的开展，从而形成一个鼓励服务、支持奉献的良好社会氛围，推动中学生通过社区服务提高其思想道德水平和公共参与素养的同时也推动社会治理的不断发展与完善。

---

① 中共中央、国务院：《中共中央国务院关于进一步加强和改进未成年人思想道德建设的若干意见》，中国法制出版社，2004，第6页。

第六节 协同育人：与政府社会共建中学生
公共参与平台

一、营造协同育人良好氛围的重要性

协同育人，是指两个或两个以上的资源或个体以人才培养为核心目标，在协作系统中相互团结、配合，形成和谐互动的关系，建立有机衔接、稳定运行的系统路径，共同进行学生培养的过程，它既是一种理念，也是一种手段。由于学校是进行教书育人的主要场所，因此通常所说的协同育人多指校外协同育人，即学校和政府、社会团体、企业、科研院所等进行深度融合，开展全方位、多样化协作以培育学生的过程。在协同育人这一过程中，各个要素扬长避短、协同互动，形成一个有机整体，并在动态发展的基础上寻求整体的最优发展。

中学生作为青年一代，是祖国未来公民的重要组成部分和推动社会发展进步的中坚力量，而对中学生进行思想政治教育的最终目的也在于推动其成人成才，培养合格的社会主义建设者和接班人。因此，立足于中学生的成长发展路径及最终目标，仅仅依靠学校进行思想政治教育是不足以实现的，还需要联合政府、社会团体等各个主体形成相互支撑、优势互补、理论与实践相结合的协同育人的共同体，方能提升育人的实效性和针对性。从这个角度来看，协同育人首先有助于实现全方位育人的教育目标。除学校之外，协同育人强调政府、社会团体、企业等各个主体要发挥自身优势，充分调动积极性，投入到对中学生的教育培养中。多元主体各尽其职又优势互补，为中学生的教育培养提供了全方位的资源协助，能够推动中学生在良好的育人氛围中实现知行合一。其次，协同育人有助于增强思想政治教育的针对性和实效性。随着时代的快速发展，多元价值的涌现日益冲击着中学生的思想道德和理想信念，学生往往容易在理论联系实际中对社会生活和实际现象产生困惑，而协同育人则能够通过不同主体发挥不同的作用，从学校、家庭、社会

等不同领域和角度有针对性地为学生的认知冲突提供解答和实践的途径，更好地贴近学生、围绕学生、引导学生，进而影响中学生思想政治教育的针对性和实效性。再者，协同育人有助于促进中学生个人的全面发展。学校以思想政治理论教育为主，而各社会主体则能够为学生提供不同的体验和实践渠道，使中学生在理论学习、社会实践等各个层面均能得到锻炼，促进理论与实践相结合，不断提高学生的理论认知水平、认识世界和改造世界的能力，进而促进其个人德智体美劳的全面发展。

而公共参与作为思想政治教育的核心素养之一，既包含了中学生参与到政治民主、政策制定和社会生活中所需的理论知识，也包含了中学生理论联系实际，以及在了解、研究政治、经济、文化、制度等公共领域问题后投身于公共参与实践中的行为举措，仅仅依靠学校教育容易出现理想化、难以与社会实际接轨的状况，因此还需要联合各个社会主体，为中学生的公共参与提供全方位、多角度的学习环境和平台，从而帮助学生在理论联系实际中加深对公共参与的认识，在切实的实践行为中增强公共参与能力，激发公共参与精神，在促进学生个人全面发展、成长为合格公民的同时形成良好的公共参与氛围，推动社会的发展进步。

二、协同育人之应用：与政府社会共建中学生公共参与平台

协同育人是一个由学校、社会等多个要素共同组成的整体，客观上要求各个要素发挥各自的组织能力和职责，形成合作、互补的协同效应，从而推动整体发展的最优化。然而，在当前的公共参与协同育人中，不同的育人主体更多还是在各自的分工领域内开展工作，工作界限明显，对整体的认识和重视程度不高，缺乏协同配合的理念和积极有效的协同行动，导致形成了各自为政、缺乏协同的现实壁垒，影响了中学生公共参与的效果和质量。因此，针对当前中学生的公共参与协同育人中存在的问题，需要通过深化顶层设计、明确主体责任、丰富育人方式来深化协作，为中学生的公共参与搭建平台。只有各个育人主体紧密而有效地开展互动协作，不断集聚资源、发挥作用，形成一个全方位、多角度覆盖的动态网络，才能更好地提高中学生公共参与的实效性。

（一）出台相关政策，明确协同要求

由于中学生的公共参与涵盖了校内校外、理论与实践、管理和服务、线上与线下等涉及学生学习、生活方方面面的内容，因此，要推动中学生公共参与的切实发展，不能仅仅依靠教育领域推动学校思想政治课程进行理论与活动的设计和开展，还需要站在方针政策部署和制定的高度，理清各个育人主体在推动中学生公共参与中发挥的作用和内在关联，制定符合新时代发展要求的公共参与协同育人战略规划，方能形成公共参与协同育人的体制机制，并发挥实际效用。然而，就目前的公共参与情况来说，政府等有关部门虽然印发了《重大行政决策程序暂行条例》等规章，强化了公共参与在政府重大决策这一环节的重要性和有效性，但在社会公共生活的其他方面并没有加以强调，社会范围内对公共参与的重视度有所提高但仅限于公民范围，各个社会育人主体对自身在中学生公共参与培育方面的认识不到位，未能充分意识到自身工作开展与中学生公共参与的内在关联及发挥的作用，尚未能与学校教育形成一个相互补充、相互促进的中学生公共参与协同育人体系。

对此，要提高中学生的公共参与素养，提高协同育人实效。首先需要国家出台与公共参与相关的指导意见、政策制度，制定符合新时代发展要求的协同育人战略，从顶层设计的角度为中学生公共参与的开展提供方向指引，并设定目标、明确职责。明确中学生公共参与素养之于中国特色社会主义教育制度及社会主义民主政治建设的重要性，明确中学生进行公共参与的权利和义务、途径和渠道，明确各个育人主体应承担的责任与任务等，结合中学生的公共参与实际不断进行改进，加强促进机制的建设，从而使中学生明确提升自身公共参与素养的意义与方式方法，使各个育人主体认识到身在中学生公共参与中扮演的角色与发挥的作用，积极主动承担自身相应的职责和任务，进一步推动中学生公共参与素养在全社会范围内的培育和实现，使中学生的公共参与真正做到脱离模拟、走出校园、联系社会、改造现实。

（二）模糊边界意识，拓宽协同维度

中学生公共参与协同育人的各个主体存在复杂的"自主—依赖"关系——各个育人主体在其专门的工作领域是独立运行的，而在协同育人体系中又是相互依赖、相互促进的。从协同育人的角度出发，各个育人主体应当立足于各自的职责和任务，扬长避短，相互配合，从而形成一个互补、互动的关系，共同推动中学生公共参与素养的形成和发展。然而在现行的机制体制下，其他育人主体如政府及社会组织往往专注于本领域的工作职责，完成相应的工作任务，对中学生公共参与方面的引导和实践衔接不够重视。再加上中学生处于未成年至刚刚成年的阶段，政府及有关社会组织往往不以公民的身份看待中学生，对其参与的内容及方式在潜意识中进行了限制，影响了中学生公共参与的实现；同时，由于中学生对公共事务的参与内容大多停留在知识层面，对具体进行公共参与实践的流程及方式方法不太熟悉，在参与的过程中难免会出现一些偏差，如弄错负责部门、不知道该如何进行参与、不清楚参与的具体领域、范围、层次和程度等，而有关部门及社会组织更多的时候也秉持着多一事不如少一事的态度，对中学思想政治教师鼓励学生联系所学知识开展的公共参与实践活动如参与到民主管理、民主监督等内容不够重视，未能及时提供帮助和引导，从而影响了中学生公共参与行为的实现，不利于其公共参与意识和能力的提升。

对此，在中学生的公共参与协同育人体系中，各个主体的职责划分得过于清晰，不利于中学生公共参与中社会实践活动的开发和配合，如政府及社会组织普遍还存在"公共参与属于思想政治课程的教育教学内容，应当由学校负责开展，与自身关系不大"的认识，过于强调工作边界。因此，各个育人主体应在充分认识中学生公共参与素养协同育人的基础上，适当模糊自身对工作范围及工作内容的边界意识，转变刻板印象，提高工作灵活性，认识到自身在中学生公共参与中发挥的独特作用，与其他育人主体一起为中学生公共参与搭建平台，为中学生的公共参与提供更为广阔的空间。例如，政府部门在面对中学生的公共参与时应当持鼓励和支持的态度，在中学生对实践过程中出现的对参与过程及流程不熟悉、不知道如何参与等情况，应发挥其在社会领域的引导、服务作用，给予学生细心、耐心的指引，而非以简单粗暴的形式拒绝中学生的公共参与，挫伤中学生公共参与的积极性；社会组织也应跳脱出固有的工作划分范畴，从自身职责出发，拓宽协同育人的维度和范围，积极主动地参与到中学生公共参与素养培育中，为中学生的公共参与提供更为广阔的空间。

（三）形成教育合力，共建参与平台

思想政治课程培育中学生的公共参与素养强调要将学生的所得所感内化于心、外化于行，最终实现内化与外化的知行统一，推动中学生将所学的理论知识运用到实践中，又在实践中深化对公共参与的认识，从而提高自身的公共参与能力和公共参与意识。对此，中学生公共参与协同育人的各个教育主体虽然在进行育人的方式方法上各有特点、各有注重，在充分开发的条件下能够满足中学生公共参与素养培育的需要，但大多教育主体对其所肩负的中学生公共参与责任仍不明确，对有关实践活动缺乏开发和配合，导致中学生在社会范围内进行公共参与的平台和途径有限，缺乏拓展和创新。因此，除了学校需要重视对中学生的公共参与展开理论教育、为学生奠定公共参与知识基础之外，还需要其他育人主体如政府或社会组织为中学生的公共参与提供更为丰富的实践方式，形成教育合力，共同搭建参与平台，使学生在实践中践行公共参与、提高参与兴趣。

对此，不同的育人主体可以从自身职能及工作范畴出发，创造参与平台，为中学生的公共参与提供更多的体验机会。就政府部门而言，由于中学生大多处于未成年阶段，在直接参与民主选举、民主决策中可能不符合相关的条例和要求，中学生难以直接进行参与。对此，政府应充分拓展中学生可以进行参与的板块和范围，如在通过社会听证制度参与民主决策方面，在涉及与学生利益息息相关的政策制度时应当充分考虑中学生参与的可行性，为中学生的公共参与提供更多的参与机会，使中学生能够在实践中增强公共参与认识；在民主监督中，学生群体所受条件限制较少，因此政府部门及其工作人员也应转变对中学生"生理年龄尚未达标、心理尚未成熟"的固有观念，对中学生的主动参与持积极鼓励的态度，高度重视学生群体的意见建议，认真记录并加以反馈，以参与质量作为衡量的依据而非以中学生的年龄及身心发展程度作为判断的标准。而共青团和妇联等群团组织则可以结合自身的工作实际联系青年群众，如共青团可以组织开展各种形式和内容的志愿服务，进行禁毒、环境保护的公益宣传等，使中学生能够更好地关注社会、服务社会，并形成较强的社会责任感和热爱公益事业的优秀品质；妇联方面则可以组织学生开展对女性这一群体在家庭生活、社会工作等各个方面受到影响的社会调查，使学生在社会调查中自觉增强对公共领域的关注和了解，在社会实践后获得相应的调查结果的同时也能帮助妇联更好地了解社会现实发展状况，为其帮助有需要的女性提供理论依据。而其他社会组织如环保组织、文化组织、慈善组织等也可以积极拓展以中学生为主体的社会实践活动，开展垃圾分类、植树造林、非物质文化遗产的学习和传承、对口某一贫困山区的学生进行书信联系或捐赠等，既丰富了中学生课外实践的途径，又促进了组织自身的发展，也推动了社会的发展进步。同时，各个育人主体还应注意网络平台、新媒体等新兴机制在当前社会发展及引导中学生公共参与中所发挥的重要作用，加快开发速度，充分发挥微博、微信、抖音等新媒体在中学生群体中的正面宣传及推广作用，通过官方账号及时、准确地发布各类中学生关注的社会信息，为中学生的公共参与提供更加丰富的信息资源，也使中学生在积极的社会公共文化氛围中不断提高公共参与意识与社会责任感；同时，逐步完善网络平台建设，推动电子政务平台的建设与完善，为中学生进行利益表达和公共参与提供更为便捷有效的途径，实现线上线下联合。

当然，在为中学生拓展公共参与平台的同时，还应形成一个体系化的教育培训机制，使中学生在公共参与实践方面得到培训和提升。在校内，可以以思想政治教育课程为主导，着重对中学生的公共参与实践进行参与方法、途径等方面的主题培训。而在校外，各大协同育人主体也应形成系统的培训机制，对中学生所参与的某项具体活动进行专门的培训，以帮助学生更好了解参与背景，提高对该活动的认识，出色完成相应活动，落实公共参与职责，同时更好地提高其个人综合素养。

第七节　虚拟生存：拓展网络社会的中学生
公共参与空间

一、中学生利用网络有序进行公共参与的重要性

在传统的公共参与中，公民往往是通过有关部门张贴的公告、人与人之

间的口耳相传、新闻媒体等直接或间接的方式了解政治、经济、文化、制度等公共领域的资讯或问题，而对社会公共问题的反馈则需要通过上门、写信或电话联系等方式与有关部门的工作人员进行沟通，信息获取的便利性、普及性和反馈对接的时效性、便利性、可参与性在一定程度上较难得到保证，在一定程度上也影响了公民公共参与的积极性。除此之外，中学生作为青少年群体，身心发展尚未成熟，社会对其公共参与仍不可避免地存在一定的偏见，有关部门的工作时间大多与中学生的上学时间相重合等都影响了中学生公共参与行为的践行。而随着信息技术的快速发展，互联网以其便捷的使用方式、广大的受众群体及包容的虚拟交流空间广泛渗透到社会的各个领域中。人们拿起手机、打开电脑，无时无刻不处在网络环境中；而一些新兴的网络媒介如网络论坛、微博、微信公众号、电子政务门户则为公民的公共参与提供了新的平台，使我国公民的公共参与不再囿于时间和空间的限制，既提高了公民获取信息的便利性，又在继承传统公共参与方式的基础上发挥了网络渠道的优越性，为我国公民参与公共生活、表达意愿诉求、提出意见建议提供了一个新途径，也为中学生的公共参与提供了更为便捷可行的方式。

由此，我们可以认为中学生的网络公共参与就是中学生通过互联网这一途径参与到政治民主、政策制定或社会生活中，利用网络媒介表达自己的诉求和意愿，试图影响社会生活、政策制定或政府行为的一系列有效行动。一般而言，中学生网络公共参与的方式丰富多样，主要可以分为以下两种类型：一是互动式参与，即中学生通过在各个网络平台上转发与评论信息来表达自身的观点，扩大公共事件的影响力和覆盖面。这些态度与看法可以让其他网友在关注、浏览该事件时看到，因而产生了人与人之间的互动讨论；二是行动式参与，即中学生通过网络途径就所关注的公共问题提出意见建议、发起倡议以解决问题，如在网络平台上进行提议、维权、捐助等。

然而，互联网是一把双刃剑，其便捷的使用方式、广大的受众群体及包容的交流空间在赋予了公民便捷、高效地表达意愿和诉求的途径的同时，也为公民发表情绪化、煽动性言论提供了空间，对中学生而言，其身心发展尚未完全成熟，辨别能力还有待提高，容易在海量的网络信息中迷失方向，进而影响其公共参与的效果。因此，引导中学生有序进行网络公共参与，即按照宪法、法律、规则、程序的规定通过网络参与到社会公共领域中，具有重要意义。

对中学生个人而言，进行有序的网络公共参与首先有助于中学生摆脱升学压力下过分重视考试成绩的桎梏，关注公共利益，践行公共参与，提高学生的网络利用能力和公共参与能力，使学生能够紧跟时代发展要求，掌握必要的网络使用技巧，同时又学会用正确的方式反映意见、表达意愿，不断提高对话协商、沟通合作、解决问题的能力，促进学生个人的全面发展；其次，进行有序的网络公共参与有助于增强中学生的政治认同感，在理论联系实际中加深对"人民当家作主"的本质认识，从而认识到自己也是国家的一分子，能够为国家建设奉献自己的年轻力量，更好地树立主人翁意识，增强社会责任感和使命感。

对我国的政治建设而言，推动中学生通过网络进行有序的公共参与，是中学生行使知情权、参与权、表达权、监督权的表现，有助于更好地表达民意、集中民智、凝聚民心，提高国家立法和政府决策的科学性、民主性①，也能够鼓励我国公民关政治生活、热心公共服务，从而更好地激发社会活力，不断提高社会治理水平，形成和谐民主的政治局面；其次，推动中学生通过网络进行有序的公共参与，有助于充分发挥网络这一参与途径的优势，使我国公民在反映群众意见、积极参与国家建设方面更为便捷、高效，不断推进我国政治建设、社会建设与科学技术的深度融合，加快构建智能化、便利化的服务型政府，推动我国社会主义民主政治建设和社会发展体系的不断完善。

相反，如果不注重对中学生进行有序的网络公共参与方面的引导，中学生则容易在海量的网络信息中迷失方向，偏听偏信，难以正确掌握通过网络进行公共参与的方式，使得其意愿及诉求表达难以得到回复或解决，从而挫伤中学生公共参与的积极性，阻碍中学生网络公共参与意识和能力的提高，也不利于我国社会主义民主政治建设的推进。

---

① 中华人民共和国教育部：《普通高中思想政治课程标准（2017年版，2020年修订）》，人民教育出版社，2020，第6页。

二、拓展中学生网络公共参与空间的方式

对中学生而言，网络为其公共参与提供了足不出户便可获得的资讯与信息，为其提供了便捷高效的意见表达渠道，使其能够更好地了解公共事件、参与公共生活、提出意见建议，提高自身对公共参与的认识，不断增强自身的社会责任感和使命感。但就当前的中学生网络公共参与开展情况来看，还存在着不少问题。首先是中学生网络公共参与意识较为薄弱。"素质教育为名，应试教育为实"的教育背景使得大多思想政治教师对中学生的公共参与缺少引导和落实，而在日常的学习压力下也往往使网络成为中学生在学习之余放松、消遣的选择，导致了中学生在网络使用方面更倾向于娱乐、体育、游戏等方面的休闲内容，对社会民生、政治等方面的关注度较低、主动性欠佳。其次是中学生对网络公共参与的效果存疑。由于互联网具有匿名性、实时性、无边界性等特点，公民在网络中可以自由发表言论，部分公民的自控力和理性在一定程度上被削弱，面对社会热点问题容易不经全面、详细地了解便作出评价，使得网络中存在大量的偏激、宣泄甚至是煽动他人的言论和评价，而中学生的身心发展尚未成熟、辨别能力较弱、从众心理较强，容易受不良舆论的影响陷入对政府、社会的不信任中，从而影响了其网络公共参与行为。再次是中学生对网络公共参与的认识不充分。大部分中学生都能够从社会新闻、家庭熏陶、同伴交流中获得一些社会热点事件的资讯，形成自己的观点或看法，然而由于教材和教师的课堂教学中大多没有对中学生的网络公共参与提供现实可行、详细的操作解说或是探究提议，使得中学生对涉及公共利益方面的问题处于围观或讨论的状态，不会参与也不知为何需要参与，从而影响了中学生的网络公共参与行动。对此，想要充分发挥互联网在公共参与中的优势，帮助中学生有序地进行公共参与、提高公共参与意识，就需要从搭建参与平台、教授参与方法两方面展开，从提供良好的网络公共参与环境、提高中学生网络公共参与能力方面推动中学生的网络公共参与空间得到拓展、网络公共参与行为得到落实。

（一）政府等有关部门：搭建、拓展中学生网络公共参与平台

政府是公共事务的重要参与者，是公共信息的提供者，只有政府等相关

部门不断优化公共信息服务，健全网络参与的法治保障，方能给予中学生的网络公共参与正确的信息引领，帮助中学生更好地利用网络参与到公共生活中。对此，政府等有关部门要着力建设、完善网络公共参与平台。

在我国，县级及以上的政府均设立了电子政务门户，即各级各地政府的官方网站；市级及以上的各级人民代表大会也设立了电子门户，即各级人民代表大会的官方网站。地方政府与人大的官方网站是公民通过网络进行公共参与、表达利益诉求、解决日常生活中公共管理和公共利益问题最主要的途径。然而，当前电子政务门户中存在着地区、层级的差异化问题，如一二线城市的网络公共参与平台建设水平较高，覆盖内容全面，导航清晰便捷；而三线及偏远地区的网络公共参与平台建设相对较差，网页设计较为单一陈旧，信息更新不及时，实效性也较差等。除此之外，大部分地区的政府及人大也开设了政务微博与政务微信公众平台，以便更好地传递政务信息、了解并接收公民对公共事务的关注、及时进行回应。但在政务微博与政务微信公众平台建设方面也存在明显差距，部分地区甚至只能以电子政务门户作为网络公共参与的方式，缺少政务微博与微信公众平台等更为便民利民的参与平台。对此，首先，政府等有关部门应当高度重视已有的网络公共参与平台建设，加大人力、物力、科技等方面的投入，不断提高电子政务门户的专业化管理和运作能力，不断完善政务微博、政务微信公众平台的建设，使主流的网络公共参与平台能够在最大限度上发挥作用。其次，政府等有关部门应当积极拓展、开发新的网络公共参与渠道，为中学生提供其更为喜闻乐见、便利的公共参与途径。中学生作为青年一代，善于使用网络获取信息，喜欢新鲜、有趣的交流方式，关注点普遍集中在 B 站、抖音、天涯、百度贴吧等社交平台上。对此，政府等有关部门应充分结合中学生的特点，有针对性地的创设基于新媒体的政务信息发布和公众互动交流新渠道，在中学生喜欢使用的平台如 B 站、抖音、天涯等网络传播平台上注册官方账号，及时发布与公共事务相关的信息，将公共参与渗透到中学生的网络生活的方方面面，以便更好地掌握公共事件的舆论主导权，将公共事件的真实信息及时传递给中学生。再次，政府等有关部门还可以开发以中学生为受众的公共事务交流网站，在净化中学生的网络公共参与环境的同时也为中学生提供一个专属于自己的网络公共参与交流讨论平台，使中学生能够在各抒己见、思维碰撞和学习借鉴中不断增强网络公共参与的获得感、成就感，提高中学生关注社会公共事务的积极性和主动性，为中学生理性、有序的网络公共参与奠定基础。

另一方面，虽然国家在互联网安全方面已经出台了相应的法律法规，但在网络公共参与方面的法制建设尚不完善，网络不良信息的泛滥在一定程度上对中学生的公共参与造成了阻碍，需要政府运用法治思维和手段，对网络公共参与进行立法保护，健全网络信息筛选管理机制，不断完善网络公共参与的制度保障。互联网是公民进行沟通交流和意愿表达的平台，政府在立法过程中，应注意保护公众言论自由的权利，同时对非理性言论和不实言论进行有效的规制，加强信息来源和安全管理，倡导文明有序的网络参与，加大对传播不良信息、虚假信息的个人和单位的处罚力度，使不法分子发布不良信息、传播虚假信息的行为从源头上被制止，从而净化中学生的网络生存空间，推动其更好地进行公共参与。

（二）学校：教授中学生有序进行网络公共参与的正确方式

首先，中学思想政治教师需要转换"以成绩定输赢"的应试思维，重视中学生网络公共参与能力的形成与培育。就公共参与这一方面来讲，中学思想政治教材中呈现的内容有限，教材中列举的相关案例少、相应的活动延伸少，往往只能在政治参与这一方面找到较为直观的呈现，而社会参与则分散、隐藏在经济、文化和哲学板块中，通过网络进行公共参与更是没有明确的提出。对此，教师需要对教材内容进行深入挖掘，结合学生的生活实际在课堂中对网络公共参与进行适当补充，让学生明确公共参与就在身边、与自己息息相关，利用网络进行公共参与极为便利。如教材中所提及的民主选举、民主决策、民主管理、民主监督的内容，均是中学生可以利用网络进行公共参与的内容。除此之外，涉及人民民主、国家治安、社会主义经济建设、文化建设、社会建设、生态文明建设的内容，都是中学生进行网络公共参与的重要内容。对此，无论是上学入户、证件办理、工作意见，抑或是社区治安、街道绿化、噪音扰民、公共设施破坏，还是事关人民生存权利、生活福祉的内容如校园霸凌、未成年人犯罪等，都是学生进行网络公共参与的内容。对此，中学生可以通过网络渠道关注、了解人大、党和政府的人事任免，参与法律法规的制定和政府决策，参与村委会、居委会的干部选举、公务决策、事务管理、工作监督等，对国家机关及其工作人员的工作进行监督，主动提出改进的意见建议。在对某方面的证件办理或办事流程存在疑问时，中学生可以在政府网页的交流互动板块进行询问，获得相关部门的回复后进行办理，减少不必要的奔波；在发现对社会治安存在影响等方面的问题时，如红绿灯坏了、井盖丢失、路边果树过于繁盛影响行车及行人安全、噪音扰民等，中学生可以在政府网页提出意见建议，推动政府有关部门履行职责，既参与了政治生活，又维护了自身的权益，并在切实的参与和问题解决中不断提高对网络政治参与的认同感。因此，尽管教材中没有对中学生的网络公共参与做出明确规定与指引，教师可以联系生活实际进行拓展，将网络公共参与知识融入课堂教学的案例采用抑或是课后作业中，帮助学生不断完善对网络公共参与的认识，提高通过网络进行有序的公共参与的意识和能力；同时，教师也要身体力行，以切实的网络公共参与行动成为学生的表率。

其次，教师要向中学生教授有序进行网络公共参与的方式和方法。对于不同的参与内容，中学生可以通过不同的方式进行网络公共参与。如社会热点事件，教师可以鼓励学生进行互动式参与——通过微博、微信公众号文章转发、文明评论等方式进行参与，推动中学生网络公共参与的实现。而对存在于自身现实生活中涉及公共利益的问题，则鼓励学生进行行动式参与——提出意见建议、进行维权等进行反馈和解决。由于在非官方平台上发表的言论往往难以得到有关职能部门的及时关注和解决，甚至容易被其他的网络言论淹没，对此，要解决人民群众在日常生活中关注的公共领域问题，最重要且最有效的途径便是通过网络直接对接有关职能部门，如人大、政府等，从而获得官方解答，提高办事效率。对此，教师要向学生普及并提供解决公共事务的官方途径：一是各级各地政府的电子门户网站，告知学生这是通过网络进行公共参与、表达意见诉求、解决日常生活中公共管理和公共利益问题最主要的途径；二是政务微博、微信公众平台，学生可以通过关注相应的政务微博、微信公众平台，获得本地区或某一地区发展的最新资讯，了解该地的发展情况，主动关心公共事务；同时，也可以通过在后台留言、提出意见建议的方式，实现公共参与。而在介绍过程中，教师要选择本地区或某一地区的官方平台为例进行操作展示，既要展示通过官方途径进行公共参与的步骤和方法，也要展示官方平台在解决公民诉求方面的效率和态度，以帮助学生获得更为直观的认识，增强对党和政府的认同感，同时又掌握正确进行有序的网络公共参与的方式，推动学生正确利用网络进行公共参与。

　　再次，教师还应将中学生的网络公共参与纳入学生评价体系中，以便更好地推动中学生网络公共参与的践行。针对中学思想政治课程对中学生的网络公共参与这一实践导向的核心素养则缺少评价的指标，在一定程度上导致学生不重视网络公共参与的情况，教师应当将网络公共参与以适当的课后作业的形式让学生加以完成，对学生的网络公共参与行动采取过程评价与结果评价相结合、定量评价和定性评价相结合、自我评价和他人评价相结合等方式，帮助学生提高对网络公共参与的重视程度，并能够客观看待其在进行网络公共参与过程中的收获与不足之处，在参与中深化网络公共参与认识，从而提高自身的网络公共参与意识，使网络公共参与进入良性循环，长期得到贯彻落实。

后　记

高校马克思主义理论专业老师指导学生研究中学生思想政治教育课题，有不小的难度。说实话，指导教育硕士（学科教学·思政）本身就是一件难事。难在普遍性地存在人才培养目标与导师研究方向的错位。教育硕士（学科教学·思政）的人才培养目标是中学思想政治课教师，其研究方向主要是中学生思想政治教育；而在高校马克思主义学院里，从事这方面研究的老师少之又少，甚至对中学思想政治课的教学内容和方法知之有限。因此，指导教育硕士（学科教学·思政）难免有些无所适从。

为弥补这一先天不足，最好的办法之一就是采取双导师制，高校马克思主义理论专业教师负责理论研究的指导，中学思想政治学科高级教师负责业务能力的指导。2015 年以来，我们先后积极聘请了佛山市第一中学、华英中学、华南师范大学附属南海中学、沧江中学、三水第一中学等重点中学的思想政治学科高级教师作为兼职导师（已聘请近 30 人为兼职导师），通过直接参与人才培养方案制定、学术讲座、课程教学、见习指导、实习指导、成果考核、论文指导、论文答辩、就业指导等，以提高教育硕士（学科教学·思政）研究生的人才培养质量。

《中学生公共参与素养育成研究》一书在某种程度上就是上述这种理论与实务相结合的小成果。负责理论研究的指导老师要了解中学思想政治课教学问题；研究生要通过教育见习、教育实习，以及中学思想政治学科高级教师的专题学术讲座等，来领悟相关学术问题，并深入中学和中学生中进行调查了解。这不仅是理论研究的指导老师的业务成长过程，更是研究生的学业成长过程。

说到研究生的学业成长，还要讲得法。希望所指导的教育硕士（学科教学·思政）学生，在学业成长过程中，力求做好三件事情：一是学好中学思想政治教育基本原理，把握其理论前沿；二是坚持在导师的指导下持续做理论研究和论文论著的写作发表；三是深入了解中学思想政治教育面临的热点、难点、痛点，并加强教学技能实训。做到了、做好了，就足以成为优秀的毕业生。

凡是过往，皆为序章。《中学生公共参与素养育成研究》的付梓，得以划上一个小逗号，而新的篇章正待持续谱写。在此，衷心感谢对本著作的写作与出版予以关注和支持的佛山科学技术学院马克思主义学院党委书记杜环欢教授、副院长吴新奇副教授和王卫副教授，人文与教育学院院长刘永峰教授、副院长莫运平教授，学生工作部部长余俊渠教授等领导老师。

谨以为记。

林瑞青

2022 年 5 月 6 日